李铜玉 著

杏坛撷粹

【三十载中学历史教学智慧】

暨南大学出版社
JINAN UNIVERSITY PRESS

中国·广州

图书在版编目（CIP）数据

杏坛撷粹：三十载中学历史教学智慧/李铜玉著 . —广州：暨南大学出版社，2016.6
ISBN 978 - 7 - 5668 - 1801 - 0

I. ①杏… II. ①李… III. ①中学历史课—教学研究—文集 IV. ①G633.512 - 53

中国版本图书馆 CIP 数据核字（2016）第 086665 号

杏坛撷粹：三十载中学历史教学智慧
XINGTAN XIECUI：SANSHIZAI ZHONGXUE LISHI JIAOXUE ZHIHUI
著　者：李铜玉

出 版 人：徐义雄
策划编辑：黄圣英　郑晓玲
责任编辑：郑晓玲　牛　攀
责任校对：黄志波
责任印制：汤慧君　周一丹

出版发行：暨南大学出版社（510630）
电　　话：总编室（8620）85221601
　　　　　　营销部（8620）85225284　85228291　85228292（邮购）
传　　真：（8620）85221583（办公室）　85223774（营销部）
网　　址：http：//www.jnupress.com　http：//press.jnu.edu.cn
排　　版：广州市天河星辰文化发展部照排中心
印　　刷：佛山市浩文彩色印刷有限公司
开　　本：787mm×960mm　1/16
印　　张：14.5
字　　数：300 千
版　　次：2016 年 6 月第 1 版
印　　次：2016 年 6 月第 1 次
定　　价：39.80 元

序

　　曾经有数次接到友人或晚辈的要求，希望我能帮忙写个序，每次都是诚惶诚恐地谢绝，生恐笔拙玷污了别人的一本好书。如今，铜玉兄命我捉笔，虽仍心有戚戚，却不敢不从。毕竟，大学四年同窗之谊非寻常可比，起码不用担心会因为没写好而挨骂。

　　铜玉给我最初的印象就是好学慎思。20世纪80年代的大学，不似如今有那么重的课业压力，文科生除了上课记点笔记应付考试外，剩下的时间就可以"天马行空"。这种自由的风气固然可贵，却也带来了选择的困难，如果不能把捉，难免有空耗光阴之叹。铜玉当年利用大学的宝贵时间，博览群书，因此他的思考总是会有不一样的深度。还记得我们寝室相邻，他每每会踱进我们房间，针对历史或现实问题发几句感慨，要言不烦却常常能切中要害，而这背后，自然有长期阅读形成的知识背景做支撑。

　　毕业之后，我们天各一方。铜玉先在江西，后到广东，虽然工作地点有变，但一直在教书育人，而且我从同学处及网络、媒体上每每能得到他的消息，知道他有越来越显著的成就。对教师，我内心一直心存敬意，他们的付出无论于个人还是于社会，都无法单纯用价值去衡量，我尊重这些用自己的心力去帮助人类成长的人。这些年和同学相遇，我发现，在中学做老师的，常常显得比在机关或其他行业的同学苍老一些，这种相貌上的差别，反映的其实是付出和得到的差距。中学教师劳心劳力，还要承受巨大的升学率压力，这些都是我们这些局外人难以体会的，而他们得到的，尽管现在已有所改善，但还是和付出难成正比。

　　在并不那么良好的条件下，铜玉兄能够坚持下来，既教书育人，又笔墨耕耘，经年下来，硕果累累，其间的付出和艰辛可以想见。翻读书稿，看得出来内容十分丰富，既有在中学历史教学中的经验总结，也有读史的心得和感悟。文集中有一篇文章名为"清风润眸　明泉洗心——谈唐宋诗词的德育功效"，我觉得用"清风润眸　明泉洗心"来形容铜玉本人十分合适，从大学初识到现在，他一直拥有一双温厚、善良而又不失敏锐和智慧的眼睛，这双眼睛后面流动的其实就是清风、明泉，相信他的这本书之于读者，也会有同样的感受。

黄道炫

2016年4月25日

前　言

悠悠三十载，杏坛细耕耘。自1986年从江西师范大学历史系毕业至江西省永修县第一中学任教，到如今在广州市天河中学任历史科组长，我与中学历史教学已结缘三十年。三十年来，我秉持"三好"（思想好、身体好、业务好）的教师观，兢兢业业从事中学历史教学与研究工作，形成了自己独到的教学理念和教学特色，对历史观念的阐述、对具体教学设计的呈现，尽可能多元化，对于学生历史思维能力和历史素养的培养，可谓不遗余力，力求营造轻松活泼的历史教学氛围，与学生一起走近历史，重新认识历史学科。

从教三十年来，我多次被评为县、校"优秀教师""优秀班主任""教研积极分子"，被聘为天河区中学历史科高中教学中心组成员，多次获得天河中学"高中毕业班工作突出贡献奖"。我所带的毕业班高考成绩多次名列省、市前茅，所教学生也多有表现优异者，如1993年高考有2名学生获得"殷氏奖"（九江市共10名）；1995年高考有1名学生单科成绩126分（120分以上江西省仅4人），名列江西省第二；1993年、1995—1999年、2001年永修县文科状元均出自我所带或任教的班级。中国农工民主党江西省委员会主编的《学习与工作》2001年第3期还专文刊发了《痴情执教　无怨无悔：记农工党员、青年教师李铜玉》一文。这既是对我教学成绩的积极肯定，也是对我以后工作的有力鞭策。

我一直认为，作为历史老师，其实可以做得更多，不仅应具有一线教师的实践精神，还应具有学者的探究精神。因此，在忙于展开教学实践的同时，我时刻不忘将教学过程中的所思所想凝结为文字，这既有利于总结反思，也便于与同行切磋提升。多年来，我一直笔耕不辍，先后写就多篇论文并公开发表，其中《传统美德教育与历史教学》《中国共产党三代领导集体和平解决台湾问题的战略构想》《中国抗日战争在二战中的作用与地位》《提取高考试题中图表背后的历史信息》《历史插图的教学功能》等获全国、省、市、区级奖项。同时，我还参与编写了《广东新教学·高三第一轮复习用书》《2011年广东省高考复习指导文科综合·历史》等书。

本书是我这三十年教学思考和心得体会的文章合集，从教学研究、高考直击、德育渗透、文史交融、教学随笔五个方面展开，将理论分析和教育教学相结合，在阐述具体问题时注重穿插教学案例，对于中学历史教学实践有一定借

鉴意义。少数文章虽发表于早期，但所论述的问题依然具有现实意义，收入本书时对标题、内容等进行了完善。书中所归纳的特征记忆法、压缩记忆法、口诀记忆法、联想记忆法、等距离记忆法、中外对照记忆法、谐音记忆法、因果关系记忆法、顺序记忆法、归纳记忆法等历史知识记忆方法，充分利用了人脑对输入信息的编码、存储和提取的记忆规律，有助于学生深度记忆历史信息。我所提出的对历史地图的充分利用，则借助于历史地图形象、直观的特点，帮助学生建立空间概念，能使学生更深刻地理解地理环境对历史发展的影响，形成完整的历史概念，加深对历史现象的理解。书中围绕"史由证来"和"论从史出"的历史教育核心，展开论述研究性学习在历史试题中的渗透，强调"材料处理—历史理解—历史解释—历史评价"这一历史思维的发展，对于学生学会学习、可持续学习具有重要意义。书中强调在历史教学中渗透语文教学的文史交融教学法，跳出"公式化""概念化"框架，有利于进行学科间的知识渗透，提升学生的综合素养，符合当今人才培养的大趋向。简言之，本书汇集了一位奋斗在教学一线三十年的普通高中历史教师默默耕耘、教书育人的所思所想，不敢敝帚自珍，权当抛砖引玉。

由于本人水平所限，书中不成熟乃至错漏之处在所难免，期盼读者不吝赐教。

李铜玉

2016 年 2 月 25 日

目录
CONTENTS

教学研究

教师的文章离不开课堂，离不开课堂教学中发生的故事。这是教师拥有的"专利"，是所有专家无法取代的"先天"优势，只是需要平时不断积累。

——华东师范大学聂幼犁教授

历史教师的科研离不开课堂，课堂实践是历史教师成长的基石，也是历史教师产生教育灵感的源头，更应该是历史教师从事教育科研的着眼点和归结点。

——上海市晋元高级中学特级教师李惠军

世界近代史总复习纲要

一、一个社会，三个内容

世界近代史从 1640 年英国资产阶级革命开始到 1917 年俄国十月革命为止，约 277 年，这一时期主要是资本主义社会的历史。它包括三个方面的内容：

（1）资本主义的发展史：讲的是资本主义的产生、发展及从自由资本主义进入帝国主义。

（2）国际共产主义运动史（工人运动史）：讲的是无产阶级从产生、发展、壮大以及登上政治舞台，进行夺权斗争，到最后取得部分胜利的历史。

（3）民族解放斗争史：讲的是亚、非、拉人民反对殖民主义并英勇斗争的情况。

二、两个时期，三个特点

世界近代史以 1871 年巴黎公社运动为界分为两个时期：

（1）从 1640 年英国资产阶级革命开始至 1870 年普法战争，是资本主义上升时期，即自由资本主义的发展时期。其特点是：

①资本主义制度代替封建制度，资产阶级专政代替封建专制，在欧、美、亚洲产生了资本主义国家。西欧是资本主义的发源地，随后资本主义就从西欧发展到美、亚洲。如：英国通过资产阶级革命，首先建立起君主立宪制的资产阶级专政，随后美国、法国也建立起资产阶级专政，到 19 世纪中期资本主义突破西欧发展到东欧和亚洲。如：俄国废除农奴制，日本进行"明治维新"，这两国都走上了资本主义发展的道路。

②资本主义大机器生产代替工场手工业生产，普遍建立起大机器生产的工厂，使社会生产力得到迅速发展。如：英国的工业革命从 18 世纪中期开始，到

19 世纪上半期完成，其后，法国、美国也进行了工业革命。资本主义国家通过工业革命，发展了社会生产力，使资本主义国家的力量得到增强。

③无产阶级与资产阶级的矛盾逐渐代替了农民阶级与地主阶级的矛盾。无产阶级由形成、发展到壮大，由自发斗争发展到自觉斗争，由捣毁机器发展到独立工人运动，登上政治舞台——以至于产生科学共产主义，建立起国际工人组织。

（2）从 1871 年巴黎公社运动到"一战"结束，是资本主义衰落时期，由自由资本主义过渡到帝国主义时期。其特点是：

①随着资本主义的发展，逐渐出现银行资本与工业资本的融合，形成金融资本，出现金融寡头，建立起大资产阶级专政，对内镇压工人运动，对外发动侵略战争。如：三国同盟与三国协约的出现、"一战"的爆发。

②随着社会生产力的发展，工业革命又进入了一个新时期，这就是电气化时期。如：发电机、电灯、内燃机、电话、电报的发明，使得人类在科学技术上有了新的突破，工业发展有了巨大的进步。由于生产规模愈来愈大，集中程度也就愈来愈高，生产和资本的集中引起了垄断，自由资本主义过渡到帝国主义时期。

③随着资本主义的发展，无产阶级力量更加壮大，马克思主义的传播深入群众，因而无产阶级就要起来推翻资产阶级统治，建立无产阶级专政，巴黎公社运动就是划时代的革命。巴黎公社运动失败后，各国建立起无产阶级政党，在此基础上，1889 年建立起第二国际，1903 年产生了列宁主义，使工人运动进入了一个新的发展阶段。

三、三条线索，四个转折点

1. 三条线索

（1）资本主义这条线，讲的是资本主义的产生、发展及进入帝国主义。

①17 世纪中期是资本主义制度产生的时期，标志是 1640—1688 年的英国资产阶级革命。16 世纪英国处在封建关系解体、资本主义产生、发展的过程中。新航路开辟后，欧洲的主要商路和贸易中心从地中海地区转移到了大西洋沿岸，对英国工商业的发展起了推动作用，手工工场建立，毛纺织业成为全国性工业。资本主义的发展受到斯图亚特王朝专制统治的阻碍，于是产生了资产阶级革命。在革命中，新贵族与资产阶级联合利用人民群众的力量推翻斯图亚特王朝，建立了资本主义制度，开辟了资本主义的新时代。

②18 世纪中期资本主义机器生产制度开始建立，标志是 18 世纪 60 年代开始的英国工业革命。由于英国资产阶级革命扫除了资本主义发展的障碍，解放了生产力，确立了资产阶级统治，使英国首先产生工业革命，第一个建立起以

机器生产为主的资本主义生产制度，使社会生产力迅速提高，大机器生产的出现标志着资本主义生产制度的确立。

③18 世纪 70 年代资本主义制度开始在美洲建立，标志是 1775—1783 年的北美独立战争。18 世纪中期北美殖民地的资本主义经济有了发展，英国殖民统治阻碍了其发展，于是产生了独立战争，建立起美利坚合众国。资本主义制度开始在美洲建立。

④18 世纪晚期资本主义制度在欧洲进一步确立，标志是 1789—1794 年法国资产阶级革命和拿破仑的统治。1789 年法国爆发了资产阶级革命，由于人民群众积极参加，三次推动和挽救了革命，彻底推翻了封建统治，是世界史上一次资产阶级完全战胜封建贵族的革命，后来拿破仑对欧洲发动了一系列战争，削弱了当地的封建势力，使欧洲许多国家的政治、经济发生了很大变动。

⑤19 世纪上半期资本主义迅速发展，标志是英国完成了工业革命，法、美等国也先后进行了工业革命，工业革命的扩大、发展，促进了资本主义的迅速发展，从而使资本主义的根本矛盾日益暴露，1825 年英国爆发了第一次资本主义经济危机。

⑥19 世纪中期是资本主义体系在世界范围内取得胜利和确立的时期，标志是 1861—1865 年的美国南北战争、1861 年的俄国农奴制改革、1868 年开始的日本明治维新以及 19 世纪 70 年代德、意的统一，这为发展资本主义扫清了道路，资本主义在欧、美、亚洲确立起来。

⑦19 世纪 70 年代巴黎公社建立。巴黎无产阶级推翻了资产阶级统治，建立了无产阶级专政，第一次摧毁了资产阶级的国家机器。

⑧19 世纪 70 年代到 20 世纪初是资本主义开始向帝国主义过渡，最后进入帝国主义的阶段，标志是世界上主要的几个资本主义国家（美、英、法、德、俄、日等）进入帝国主义后，为瓜分世界形成两大军事集团——三国同盟与三国协约。

⑨20 世纪初是帝国主义危机开始的时期，标志是 1914—1918 年的第一次世界大战。在大战中，德国爆发了革命，俄国爆发了二月革命和十月革命。十月革命的胜利开辟了人类历史的新纪元，世界近代史结束。

（2）无产阶级这条线，讲无产阶级的形成、壮大和独立登上历史舞台及夺权斗争。

①19 世纪 30—40 年代是欧洲工人运动兴起和登上政治舞台的时期，标志是 1831 年、1834 年法国里昂工人起义，1836—1848 年英国宪章运动，1844 年德意志西里西亚纺织工人起义。无产阶级成为独立的力量登上了政治舞台。

②19 世纪 40 年代是科学共产主义诞生的时期，标志是 1848 年《共产党宣言》的发表，同时法国工人举行六月起义，这是无产阶级与资产阶级之间的第一次伟大战斗。

③19 世纪 60 年代是无产阶级国际团结的加强时期，标志是 1864 年第一国际的建立。

④19 世纪 70 年代是无产阶级夺取资产阶级政权、建立起无产阶级专政的第一次伟大尝试，标志是 1871 年巴黎公社的成立。

⑤19 世纪 80 年代工人运动进入一个新的阶段，标志是在各国建立社会主义政党的基础上产生了第二国际。

⑥19 世纪 90 年代第二国际修正主义泛滥，恩格斯逝世后资本主义由自由资本主义进入垄断阶段，并产生了修正主义。

⑦20 世纪初列宁主义诞生，列宁高举反对修正主义的大旗。

（3）民族解放运动这条线，讲的是亚、非、拉人民反对殖民主义的英勇斗争情况。

①18 世纪末到 19 世纪初的拉丁美洲独立运动，特点：a. 从任务看——反抗最早的殖民主义统治者；b. 从性质看——属独立战争，主要力量是奴隶，最后都获得独立；c. 从作用看——摧毁西班牙、葡萄牙的殖民统治，建立了一系列独立国家。

②19 世纪中期的亚洲革命风暴，特点：a. 从任务看——反抗殖民主义和封建主义，主要是反英；b. 从性质看——是农民起义，基本力量是农民、手工业者，以农民战争形式出现，并且带有宗教色彩；c. 从作用看——是亚洲民族解放运动的第一次高潮，打击了封建主义者和殖民统治者，尤其是英国。

③19 世纪末 20 世纪初的亚、非、拉民族民主运动，特点：a. 从任务看——反帝反封建；b. 从性质看——是资产阶级民族民主运动；c. 从作用看——在亚洲掀起了第二次革命高潮，在非洲打击了英、意帝国主义，在墨西哥推翻了迪亚哥反动政权，打击了美国；d. 工人阶级作为阶级力量登上政治舞台，如：1908 年印度孟买工人总罢工、1914 年墨西哥工人组织"红色大队"。

2. 四个转折点

（1）1640—1688 年的英国资产阶级革命是西欧从封建社会开始进入资本主义社会的转折点，是人类历史上资本主义制度的一次重大胜利，从此英国走上了资本主义发展的道路，揭开了欧美资产阶级革命的序幕。

（2）1871 年的巴黎公社运动是自由资本主义由上升时期开始走向衰落的转折点。它沉重打击了资本主义制度，使资本主义开始衰落。

（3）19 世纪末 20 世纪初是自由资本主义进入帝国主义的转折点，资本主义国家生产日益发展，集中程度愈来愈高，最终产生垄断。

（4）第一次世界大战中的十月革命是人类历史发展的转折点，它开辟了人类历史的新纪元，改变了世界历史发展的方向，划分了整个历史时代。

四、四对矛盾

1. 资产阶级、人民群众同封建主义的矛盾

因为封建专制阻碍了资本主义的发展，封建贵族剥削人民，尤其是农民，因此就有了这对矛盾，这对矛盾表现为资产阶级革命尤其是早期资产阶级革命。如：英、美、法资产阶级革命，资产阶级对革命起了领导作用，人民群众则起了很大的推动作用。

2. 无产阶级同资产阶级的矛盾

由于资产阶级对广大人民群众，尤其是对工人阶级进行剥削，必然产生矛盾，这对矛盾表现在整个资本主义社会中。工业革命是资本主义生产方式的大变革，在大机器的轰鸣声中，生产力迅速提高，欧美各国率先步入工业社会，但大机器生产的结果，又孕育了资产阶级的"天敌"——工业无产阶级。工业化过程中无产阶级的悲惨际遇，导致各国逐步产生了无产阶级的早期反抗斗争（捣毁机器等），当无产阶级在严峻的现实面前渐渐意识到上述幼稚的举动并不能从根本上改变自己的命运时，为了寻求自身的解放，便开始呼唤科学理论的指导，因此19世纪40年代马克思主义应运而生，马克思主义的出现，标志着无产阶级有能力推翻资产阶级，其后在1848年欧洲革命中，无产阶级便充当了革命的主要动力，以自己的行动，要求和影响了这次革命，使其深深打上了无产阶级的烙印，促使无产阶级与资产阶级的矛盾日益成为社会的主要矛盾。社会出现了一种正相关效应：工业革命愈深入，无产阶级的队伍便愈壮大；无产阶级的队伍愈壮大，马克思主义的传播便愈广泛；马克思主义传播愈广泛，无产阶级和资产阶级的斗争便愈尖锐复杂。资产阶级把无产阶级当作主要敌人的结果，是其革命性的逐渐丧失，开始走上了与封建主义妥协的道路。无产阶级革命的结果，则产生了1864年的第一国际，最终又产生了1871年的巴黎公社，巴黎公社的出现标志着无产阶级已具有推翻资产阶级的实力，表明无产阶级与资产阶级的矛盾已发展到使社会主义产生的地步。此后便进入了无产阶级社会主义革命的尝试时期，最终在1917年产生了十月革命，诞生了社会主义的苏俄。

3. 殖民地、半殖民地人民同殖民主义者的矛盾

由于殖民主义者对殖民地、半殖民地人民进行掠夺剥削，殖民地、半殖民地人民必然起来反抗，这对矛盾表现为被压迫民族要起来斗争，进行民族解放运动。工业革命对生产力的极大解放和推动，又使得资本主义世界的原料和市场问题日益突出，资产阶级为了获得巨额利润，匆匆奔走于世界各地，以廉价的工业品和"船坚炮利"的物质文明打开亚、非、拉各国的门户，以换取和掠

夺丰富的原料和广大的市场，在冲击和破坏亚、非、拉旧有经济体系的同时，也给这些地区注入了新的生产因素，但资产阶级为维护自己的利益，又千方百计阻挠这些因素的正常发展，迫使这些地区先后沦为殖民地和半殖民地，这样一来，又产生了世界近代史上的一大矛盾——先进民族与落后民族、压迫民族与被压迫民族之间的矛盾，民族解放运动遂应运而生，以拉美民族独立运动为开端，到19世纪中期，则出现了亚洲民族解放运动的全面高涨。

4. 资本主义国家之间的矛盾

由于资本主义国家要争夺殖民地、势力范围，彼此之间必然会产生矛盾。工业革命影响下的世界市场扩大的结果，是形成了自由资本主义，在自由竞争的前提下，英国最早进行资产阶级革命和工业革命，因而成为当时世界上最强大的国家，其殖民地面积超过本土的百倍以上，法、俄、西、葡等资本主义国家不甘示弱，起而竞争，激烈竞争的结果是，到19世纪80年代，世界各地大致已被瓜分完毕。在争夺原料和市场的过程中，只有实力雄厚者才有希望取胜，因而渐渐促成工业与资本的集中，最终形成垄断，产生了垄断资本主义，垄断资本主义的出现充分表明，各资本主义国家之间的矛盾无法调和，在世界市场已被瓜分完毕的情况下，后起的资本主义强国（美、德、日等）要争得与自己实力相匹配的地盘和利益，唯一的途径就只有诉诸战争，通过武力较量来解决，这就导致了1898年的美西战争、1904—1905年的日俄战争，然而局部战争只能解决局部问题，帝国主义各国间矛盾全面激化的结果，最终导致了1914年第一次世界大战爆发。

五、其他

（1）欧美资产阶级取得政治权力，进一步发展资本主义大致有以下三种方式：

①英、法、美等国是通过资产阶级革命的方式使资产阶级获得政治地位，并扫除资本主义发展道路上的障碍的。

②日、俄等国是通过改革来实现上述目标的，如日本明治维新、俄国1861年改革。

③德、意是通过统一战争的形式来取得资产阶级的政治地位和有利于资本主义发展的条件的。

（2）从工业革命的结果来看，19世纪70年代以前在政治领域内世界上有三股进步的历史潮流。

①资产阶级革命和改革。如：1848年欧洲革命，德、意的统一，俄国废除农奴制，日本明治维新等。

②民族解放运动。如：伊朗巴布教徒起义、中国太平天国运动、印度民族

起义等。

③工人运动与社会主义运动。如：法国里昂工人起义、英国宪章运动、1848年巴黎工人六月起义、《共产党宣言》发表、第一国际建立等。

（3）资产阶级在三个时期的主要政治倾向：

①1789年（早期资产阶级革命），当时资产阶级处在上升时期，对革命起了领导作用。

②1848年，欧洲资产阶级迫害无产阶级，镇压六月起义，资产阶级已经开始走向反动。

③1871年巴黎公社运动时期，资产阶级血腥镇压无产阶级革命，制造了"五月流血周"，这说明随着资本主义向帝国主义过渡，主要资本主义国家的资产阶级开始走向全面反动。

（原载《中学历史教学》1994年第1期，略有删改）

中国近现代经济史中几个重点问题的解析

一、封建自然经济、外国资本主义经济、民族资本主义经济

自然经济是封建社会经济的基本形式，基本特征是"自给自足"，这里的"足"并非富足，而主要是指维持较低生产力水平上的男耕女织和较少的商品交换。其发展趋势是走向解体，但长时间存在并占主导地位。它是晚清政府、北洋军阀政权的经济基础，是中国社会生产力落后和阻碍中国进步的根源，因此中国要富强就必须反封建。外国资本主义企业是为满足西方列强侵略需求而在中国出现的经济形式，在两次工业革命的推动下，其势力突飞猛进，从 19 世纪 60 年代起至 19 世纪末 20 世纪初，逐渐控制了中国经济命脉，政治上外国侵华势力事实上成了凌驾于清王朝之上的"太上皇"。中外反动势力勾结是造成中国人民生活苦难、阻碍中国发展的主要因素，因此中国要富强也必须反侵略。中国民族资本主义，是近代前期最进步、最革命的经济成分，主要表现是为戊戌变法、辛亥革命、五四运动等提供了经济基础。但半殖民地半封建的社会性质决定了民族资本主义的缺陷——先天不足、后天畸形。"一战"期间，民族工业在得到长足进步后仍然无法改变这一局面。从分布区域上看主要集中于东南沿海；从资金技术上看难以与外资抗衡；从部门上看主要是轻工业；从发展原因上看客观上是由于西方列强之间的矛盾为民族资本主义的发展提供的一个机会等。从中不难看出其发展的艰难与自身的软弱，这也必然决定了资产阶级政治运动的缺陷和失败。

二、官僚资本主义和新民主主义经济

官僚资本主义是中国的"土产"，但它并不代表中华民族的利益，而是为了适应列强在华倾销商品、资本输出和掠夺资源而产生的，它依附于外国资本

主义经济。它产生和发展的规律与西方资本主义截然不同，尤其能表现中国半殖民地半封建的社会经济的特点，是中国经济发展的必然结果，起步就以垄断的形式出现等。新民主主义经济是"革命型"经济，但它并不是一种完整的经济形式，是由中国半殖民地半封建的特殊性质决定的处于资本主义到社会主义转变过程中的过渡形式。新中国成立以前的新民主主义经济是中国共产党领导下的根据地或解放区的经济基础。正如民主革命阵营由多个革命阶级阶层组成一样，它本身又是由多个经济形式构成的——个体小农、小工商业者、开明的地主富农、民族资本企业以及带有社会主义萌芽性质的农业互助经济和公有性的军事与民用企业等。正因为是作为革命过程的过渡经济，所以才表现为革命经济政策：没收地主土地，实行农民土地所有制，保存或限制富农经济，保护中小工商业者，反对官僚资本主义和外国资本主义。新民主主义经济是中国共产党领导的新民主主义革命的经济基础，代表着民主革命各阶层的经济利益。新民主主义经济发展的过程就是不断改变半殖民地半封建社会经济的过程。

三、中国近代经济形式的发展趋势和相互关系

这一时期并存的经济形式有：封建自然经济、外国资本主义经济、民族资本主义经济、新民主主义经济以及官僚资本主义经济。相互关系：①自然经济依附于外国资本主义经济和官僚资本主义经济，阻碍民族资本主义；同时其他四种经济形式的发展都在瓦解着自然经济。②外国资本主义经济与官僚资本主义经济相互勾结、依赖又相互矛盾。③民族资本主义经济在封建自然经济、官僚资本主义经济和外国资本主义经济的夹缝中生存，具有革命性，同时又具有依赖性。④新民主主义经济的发展受到中外反动势力的重重阻碍，同时其发展在日益改变着中国半殖民地半封建状况。

发展趋势及政治影响：①民族资本主义经济在中外反动势力的压制和排挤下日益萎缩，证明在中国走资产阶级共和国的道路行不通。②封建自然经济、外国资本主义经济、官僚资本主义经济处于衰落消亡的过程中，中国反动势力和与帝国主义相勾结的国民党政权走向覆灭。③新民主主义经济日益发展并成熟壮大，中国共产党领导的新民主主义革命走向胜利，中国半殖民地半封建社会最终结束。

四、新中国的经济发展趋势

（1）1949年至1952年经济恢复时期，从经济基础角度看应该是新民主主义经济确立的时期。具体内容包括土地改革确立农民土地所有制，没收官僚资本建立国营经济，允许私营工商业的发展等。这些政策是由中国的国情和中国

革命实际决定的，是半殖民地半封建社会的中国走上社会主义道路的必经阶段，其主要特征是在社会主义国营经济领导下，多种经济成分并存。

（2）1953年开始的社会主义工业化直至1956年以后的全面社会主义建设，其主要特征是形成高度集中的计划经济体制。这种体制在当时的历史条件下不仅是必要的，而且在恢复经济、巩固政权和建设社会主义方面发挥了巨大作用，只是随着经济建设的不断深入发展，才越来越显露出与生产力不适应的某些方面。其形成原因是：对苏联经济模式的借鉴；中共缺乏经济建设经验，从而把政治斗争方式照搬过来；新中国成立初期，在极端困难的形势下与中外反动势力斗争的需要等。

（3）过渡时期中共对两种性质的资本主义经济成分采取了两种不同的政策：没收和赎买。这主要是由它们各自的本质和作用决定的。官僚资本主义是中外反动势力勾结的产物，是中国半殖民地半封建社会形态的经济基础，是压在中国人民头上的"三座大山"之一，是蒋介石反动统治的基础，所以中共采取没收官僚资本的政策。民族资本主义经济也带有剥削性，但中共实行赎买政策实现了私有制到公有制的过渡，其原因是：①中国民族资产阶级有反帝反封建的革命要求，是民主革命的动力之一。②在半殖民地半封建社会，民族资产阶级曾为挽救民族危亡和振兴国家做出过有益的贡献。③新中国成立初期，民族工商业为国家经济的恢复发挥过积极的作用。④民族资产阶级拥护党的领导，大多愿意接受社会主义改造。

五、"过渡时期"的社会性质及其特征

依其性质被称为新民主主义社会。其主要特征是：政治上是由工人阶级领导的，以工农联盟为基础的人民民主专政；政权方面可明显看出与十月革命的俄国苏维埃有重大区别，在中国建立了中国共产党领导下的多党合作的民主协商的人民民主政权，扩大了社会主义民主政治的基础。经济上在国营经济领导下的多种经济成分并存，通过和平方式、通过"三大改造"建立了社会主义的经济基础。"三大改造"完成后，进入了社会主义初级阶段。同时要认识"过渡"的历史必然性：首先，国家要独立富强，就必须实现社会主义工业化；其次，新中国成立后，经过三年努力，国民经济已根本好转，人民政权巩固，对资本主义工商业的改造势在必行；再次，对个体农业、手工业进行社会主义改造，是促进我国生产力发展和改善人民生活的客观要求。

六、民族独立和国家近代化的关系

中国近代历史上的两个任务：民族独立和国家近代化（富强）。独立和富

强这两大任务是互相关联的。没有民族独立就不可能有国家富强，而国家不富强，民族独立也就没有保障。从洋务派到资产阶级改良派乃至革命派，基本指导思想是先富强后独立，而事实证明：不推翻帝国主义和封建主义，中国永无富强的可能。新中国诞生前的 110 年里，民族独立问题是占第一位的问题，新中国成立后，近代化的问题就成了占第一位的问题。这是一个历史性的变换，也就是说历史由解决生产关系为中心，进步到以解决生产力为中心了。新中国 50 多年的历史证明，中国人民仍在为更好地解决这两个问题而继续努力：一个继续是集中全力推动中国在现代化的道路上前进；另一个继续是不断巩固我们民族独立的地位，捍卫民族尊严，保证国家现代化的顺利进行。

（中国近现代经济史是历史教学的重点，也是各类历史考试的重点之一，尤其是中国近代经济形式的发展趋势和相互关系易混易错，故写下此文。原载《考试报·高考历史》2004 年 6 月 11 日）

多媒体环境下历史图像在
"课程整合" 中的使用

"图像就是形象的历史"，信息技术的发展，使我们进入了"读图时代"。多媒体技术使我国古代"左图右史"的优良史学传统得以发扬光大。历史图像作为历史信息的重要载体，应该在历史"课程整合"中得到足够的重视和正确的使用。

一、历史图像在历史教学中的重要地位

教学实践证明，学生对图像的信息接收要比对语言文字的接收快。心理学家通过具体的实验证实：一般而言，人类要表达清楚一个信息，通过语言描述需要 28 秒钟，通过线条描绘需要 15 秒钟，通过图像需要 9 ~ 12 秒钟，通过实物需要 7 秒钟。因此，历史图像在历史教学中具有重要地位。

1. 历史图像是历史教学重要的课程资源

虽然历史教材以文字为主，但历史图像可以弥补文字表达之不足，比文字叙述更简洁、鲜明、生动和真实。随着教材的更新换代，历史教科书上的图像数量不断增加，图文并茂的新版教材，为历史教学提供了大量形象化的史料。这不仅有助于学生产生历史的真实感，而且有助于学生加深对史实的认识与理解，进而形成正确的历史观。从素质教育的角度看，历史图像涉及政治、经济、文化艺术（音乐、书法、绘画、舞蹈、饮食文化、服饰文化）、民族、军事、地理等方面的内容，可以全面培养学生的综合能力和人文精神，符合"综合"科目的发展方向。因此，作为一种重要的课程资源，历史图像必然要在"课程整合"中占有重要的地位。

2. 历史图像成为高考命题的重要信息载体

在注意征引文字材料的同时，重视图像材料的采撷和使用，编制图文并茂的图像型试题，是进入新世纪后高考历史试题（含文综卷中的历史题目）一个引人注目的特点。高考历史上海卷领风气之先，最早进行这方面的探索，连续

推出"汉代燕王夫人头像""秦砖汉瓦与东汉画像石""百年上海""唐代女陶俑""世界眼光""徐家汇掠影"等上乘好题。全国文综卷紧随其后，如2001年第25题选用了"圆明园遗址"图像，2002年第39题选用了《清明上河图》局部图，2003年的第37题是一道以长城为切入点、纵贯古今的图像材料问答题，2004年广东、广西卷第26题引用了唐朝长安城、北宋东京城、《清明上河图》局部图，2004年豫、冀、鲁、浙、闽文综卷又出现了考查提取历史信息能力的图像选择题（如第18、19题）……用图像格式把一段活生生的历史展示出来，为学生营造了一个激发历史思维的场景，颇受各方好评。

图像型试题的出现绝非偶然：

（1）这是历史研究和历史教学返璞归真的必然结果。历史并不是由一条条结论构成的，历史考试不能只考教材上的现成结论。历史是真实、具体而丰富的。借助史料中介再现、感知、认识和反思历史，是学习历史的最基本途径。在史料中，文字材料和图像材料是最重要、最常见的两种。图像材料的优点是真实、直观、形象。引图像材料入题可使历史试题具有更鲜明的学科特点。

（2）这是高考历史命题改革从"知识立意"向"能力立意"深入转化的必然产物。将图像作为历史试题的重要材料甚至是主要材料，为能力考查提供了更广阔、更合适的空间，并促使能力考查的重点转向创造能力。

（3）这是新的阅读方式和风气在高考中的反映。当今世界已进入"读图时代"，阅读的这一走向自然会影响考试题目的走向。可见，图像型试题的出现有其必然性。

图像型试题的出现促进了高考历史命题改革的发展，因为它不仅丰富了试题的外在形式，而且引起了试题内在的、质的变化。首先，这种新型试题实际上是设计出一个微型研究课题，要应试者按一定的要求、循一定的方向去探讨、研究，并在规定的时间内将自己获得的结论表述出来。这样一来，解题过程就成了应试者进行研究性学习的过程。其次，这种新型试题，无论是结构还是征引的材料和答案，都是开放的。它一般没有"标准答案"，更拒绝"唯一答案"，凡言之有理、持之有据者均可得分，甚至得到高分。最后，这种新型试题对应试者的能力提出了更高的要求，能力考查的重心已转移到创新能力上来了，创新能力的高低与成绩的好坏成正比。总之，在图像的背后，潜藏的是研究性、开放性和创造性的本质特征。这种试题代表着高考历史命题改革的发展趋势，有明显的导向性和旺盛的生命力，今后会继续出现在高考试卷上。既然高考在相当长的时间内还会继续发挥"指挥棒"的作用，那么我们面对高考历史命题这种新的信息表达形式，在开展信息技术与历史教学的"整合"过程中，在高三历史的复习过程中，是否应该有所应对呢？

二、如何在多媒体条件下开展历史图像教学

由于传统教学手段和纸质媒体的局限性，教科书上的很多现成图像并不能充分发挥其教学效果。而在多媒体教学中，可以将无序分散的图形信息组成能够有效阐释历史概念的"图式文本"，充分发挥历史图像的教学价值，把历史图像用"准"、用"好"、用"活"。

1. 选用历史图像的真实性

真实性是历史图像选用的最基本原则。对每一幅图像，从标题到内容，我们首先要看它是否传达了正确的历史信息。例如宋人张择端的著名风俗画《清明上河图》，它既体现了北宋的"社会美"，又表现了宋人的"艺术美"，比文字教材更具体、形象地再现了历史。教学时，不妨向学生展示长达五米多的全图，让学生在宏观上体会画面的宏阔。北宋的建立，结束了五代十国以来的分裂局面，在人民的辛勤劳动下，农业、手工业生产得到了很大的发展，从而促进了商业的兴盛和城市经济的繁荣。北宋的都城汴京（即东京）作为当时全国的政治、文化和交通的中心，是一个拥有20余万人口的大城市，其规模之大和繁荣豪华都是独一无二的。据《东京梦华录》卷二记载：东京（开封）大街小巷，店铺林立。如高级酒楼有72家，称为"正店"；还有众多的小饮食店，称为"脚店"。当铺随处可见，金帛、彩帛的交易所更是豪华富丽。还有许多称为"瓦肆"的娱乐场所，有演戏、讲小说或耍杂技的，极为热闹。所有这一切，无不在画者匠心独运的勾勒中"跃然纸上"。看似薄薄的一张画，竟成了北宋东京城内汴河两岸繁荣景象的一个缩影。任何观者驻足于画前，断不会有半点"国破山河在，城春草木深"的悲凉感叹。事实恰好相反，图中"重髫之童，但习鼓舞，斑白之老，不识干戈"的一派太平盛世景象，不知使多少南宋爱国志士在与现实"骨肉流离，不知死所"的对照中追慕不已。"劳动创造了美"这一主题在画中被刻画得淋漓尽致。

2. 选用历史图像的代表性

在制作课件时，如何对多幅表现同一内容的历史图像进行选择？这就要选择最有代表性、最有表现力的一幅。历史教育家赵恒烈教授说："收集历史材料要竭泽而渔，尽其所有；再建历史形象则要选择典型，突出特征。"在这里，所谓"典型""特征"，就是其代表性。例如，古往今来的画家创作了众多孔子的画像，究竟哪一幅最能表现孔子的精神风貌？从画家的知名度和作品的表现力来看，唐代吴道子的"先师孔子行教像"应该是首选。

3. 选用历史图像的启发性

历史图像在CAI课件中的选用，从浅层次上说，是为了达到形象、直观的

视觉效果；从深层次上说，是要启发学生的历史思维，以形成正确的历史表象，进而理解历史概念。形象性要为思考性服务，不能单纯为了生动、形象、有趣。因此在课件中选用历史图像时，还要通过教师的解说、提示、对比等方法，运用启发性原则，尽力挖掘图像的信息含量，刻意引导学生去观察、想象、理解，在师生互动中使多媒体技术更好地为历史教学服务。

（1）激发兴趣。兴趣是最好的老师。图像恰当运用，能大大激发学生的兴奋点和求知欲，从而进行积极的探索、敏锐的观察、牢固的记忆和丰富的想象以及创造性的运用。如学习世界史"美苏争霸"一节，在介绍古巴导弹危机过程之后，指导学生观看图像"一幅有关古巴导弹危机的漫画"，漫画中的人物是赫鲁晓夫和肯尼迪，他们正在起劲地掰手腕，说明古巴导弹危机是两国实力的较量，是美苏争霸的表现。他们的另一只手则分别摁向控制对方的导弹按钮，这反映当时美苏关系极为紧张，战争一触即发。通过这幅图学生能深刻理解当时美苏关系的紧张程度。"以图夺人"就像磁铁一般吸引学生的注意力。学生由"要我学"变为"我要学"，课后有学生就提出能否提供一些有关古巴导弹危机和美苏争霸的历史资料。

（2）提示启发。如教材选用的秦始皇画像图片，是著名画家刘旦宅于1959年参考"历代帝王像"的古画风创作的，很有千古一帝的威严气势。面对大屏幕展示的秦始皇画像，如果教师从学生的认知水平出发，适当解说、提示，就可以使学生加深对"封建皇权"概念的理解：请看秦始皇的冕冠两侧，各系一根丝带，在丝带经过两耳的位置处，各垂一颗黄色的珠玉，表示对所谓的"谗言"可以"充耳不闻"；冕冠上的冕旒垂下来，正好要挡住视线，表示对臣下可以"视而不见"。再看秦始皇身穿的冕服，饰有12种图案，分别象征着日、月、星辰、天下万物。大家说，秦始皇的这一身打扮，集万物于一身，既要"充耳不闻"，又要"视而不见"，难道不是要体现一种"独断专行"的"至高无上"地位吗？针对图像采用提示启发，就能取得良好的教学效果。

有的历史图像场面宏大、人物众多，特别是对一些画面上的细节内容，教师更要给学生以适当的提示，才能使学生获得深刻而又生动的历史感受，正所谓"外行看热闹，内行看门道"。例如法国现实主义画家大卫的历史名画《拿破仑加冕》，记录了法兰西第一帝国成立的历史。画面上约有100个可以辨认出来的人物，不同身份、不同服饰、不同表情，构成一个恢宏的历史场景。而场景的焦点是拿破仑出人意料地突然从教皇手中夺过皇冠，戴到自己头上，这就打破了欧洲历史上必须由教皇亲手给皇帝或国王加冕的惯例。这个戏剧性的细节，既是艺术的精髓，也是历史的真实。教师可提示学生：在傲慢无礼的拿破仑面前，教皇和红衣主教们为什么敢怒不敢言？拿破仑为什么敢于打破惯例给自己加冕？我想，学生在教师的提示启发下，经过仔细品味和思考之后，是能够比较真实地体会到"拿破仑是一个以军事起家的资产阶级皇帝"这一历史论断的。可见，多媒体手段对于开展启发式教学是一种有效的辅助。

（3）对比启发。利用多媒体技术进行历史图像的对比，增强学生的理性认识。例如，在"辛亥革命"的教学中，经常会用到两张历史图像：一是《孙中山主持召开第一次国务会议》；二是《袁世凯在北京就任临时大总统》。而这两张图像的相关内容在教材体系中分属不同章节，如果我们单独播放，就如蜻蜓点水，一带而过，就很难启发学生的思维；而如果在讲到"袁世凯的独裁统治"时，对比这两张图像，启发学生："从这两幅照片上的人物着装看，孙中山政府与袁世凯政府有什么区别？"这时学生经过仔细观察就会发现：袁世凯政府的成员绝大多数是穿军装的人，这说明袁世凯政府是军阀政府；而孙中山主持召开的国务会议上，没有穿军装的人，这说明孙中山政府是国民政府。在这里，现象和本质是一致的。"国民政府"和"军阀政府"两个重要概念是通过对历史图像的比较、观察、思考得来的，这给学生的印象是比较深刻的。

又如在讲到工业革命时，大家知道，1765年英国纺织工人哈格里夫斯发明了"珍妮纺纱机"，能同时纺出 16～18 根纱，从而大大提高了纺纱速度。这是一个历史性的标志，从此引发了生产力的飞速发展，这显然是教学的重点。如果仅仅用教师的语言去描述、强调，很难使学生产生深刻的理解，而使用图像对比的方法，将它与 15 世纪佛罗伦萨的手工纺织图像对比，就可以收到事半功倍的效果，能使学生形象直观地体验到机器的发明是如何提高生产力的。相似的还有《汉代牛耕图》和《唐朝曲辕犁》的比较等，这说明在使用图像时，要建立前后联系，在联系中帮助学生形成对历史概念的完整认识。

（4）互动启发。在多媒体条件下的图像教学中开展认知互动，让学生"动"起来，有利于激发学生的思维活动。例如在"秦朝的统治"的教学过程中，笔者在讲完"统一文字"后，又拓展教材，别开生面地联系学生在观赏文物古迹时要经常辨认一些古代文字的生活经验，将秦代《峄山碑》的拓片文字播放出来，让学生识别，看谁认得多。主体认知活动被富有情趣的"任务驱动"推向了高潮，学生在互动中获得了对秦代小篆的心理体验。

又如宋代名画《清明上河图》，在初、高中历史教学中都是重要内容。如何利用信息技术使学生在鉴赏、交流的互动过程中，感悟到宋代经济的高度繁荣，体验到《清明上河图》所蕴含的历史价值和艺术水平？在多媒体播放的《清明上河图》画面上，让学生指认宋代的各种交通工具，这就使学生进入一种历史的体验中。当然，如果技术条件允许，还可以让学生浏览全图，再辨认各种人物的不同身份、各种店铺的不同经营门类，这样就能使学生的体验更加全面和深刻。

（5）发展能力。历史教学大纲明确指出：要培养学生阅读、理解、分析问题的能力。这就要求我们改变学生传统的死记硬背、被动的学习方式，代之以主动、积极、探究性的学习方式。利用图像有助于培养学生的观察、分析和思

维能力。如讲到世界史"垄断资本主义形成"的问题时，引导学生观察《垄断资本家控制下的美国参议院》图，学生通过对资本家和议员的形象及行为的观察，捕捉到这些信息：各垄断资本家身躯庞大、气势汹汹，不但堵住会场进口，而且使参议员坐立不安，说明资本家势力强大；而议员们的发言、决议也要听从垄断者的意见。为什么会这样呢？同学们进一步思考后得出结论：第二次工业革命后，随着经济实力的增长，垄断资本家越来越多地干涉国家政治、经济生活，以攫取更多的利润。可见利用图像指导学生进行观察能培养学生的观察力和思维能力，使学生由"看"而"得"，即得到启示，由图像创设思维情景，以趣引思，可使学生由"学会历史"变为"会学历史"。

另外，运用图像还可以培养学生的审美和鉴赏能力。如《敦煌莫高窟壁画》《清明上河图》《云冈石窟》，世界史中的彩图《蒙娜丽莎》以及《天鹅湖》剧照等，无不放射出耀眼的艺术光芒。当学生欣赏到这些精美的画面以及气势雄伟、巧夺天工的艺术作品时，必能得到审美的感悟和艺术感染。

在历史"课程整合"中，要充分利用多媒体技术培养学生"看图说史"的能力，使学生通过联想形成对历史现象的体验，促进学生的再造想象，突破时空限制，达到"以图引思"的目的；要利用信息技术培养学生"借图说理"的能力，挖掘历史图像的内涵，揭示历史现象的本质，引导学生的思维向高层次发展，以达到"以图启智"的目的。

（历史图像是历史教学重要的课程资源，是高考命题的重要信息载体，在多媒体条件下开展历史图像教学，有助于培养学生的观察、分析和思维能力。原载《教育信息技术》2005 年第 7 期）

浅谈历史记忆法

一、特征记忆法

根据独特之处来加深印象的记忆方法。

（1）"一肩挑两头"年代：中间一个数，"挑"左右两个相同的数组成的年代。如313年，基督教在罗马帝国取得合法地位；383年，淝水之战；494年，北魏孝文帝迁都洛阳；626年，"玄武门之变"，唐高祖把帝位传给李世民；646年，日本"大化改新"，从奴隶社会过渡到封建社会；676年，新罗统一朝鲜半岛，并从奴隶社会过渡到封建社会；979年，北宋结束五代十国的分裂局面等。

（2）"反复"年代：后两位年代数是前两位年代数的反复。如：1414年，奥地利称大公国，成为德意志诸邦中最大的公国；1616年，努尔哈赤建立后金；1919年，"五四运动"爆发等。

二、压缩记忆法

在充分理解的基础上，化繁为简，把内容压缩成少数几个字的记忆方法（答题时应还原）。如：邢州的白瓷像银像雪，越州的青瓷像玉像冰。压缩成：邢白越青。

三、口诀记忆法

把较难记的史实编成口诀来记的记忆方法。如：明朝中后期，商品经济有了发展，全国出现了30多座较大的城市，苏州、杭州是丝织业最发达的城市，松江是棉纺织业的中心，景德镇是制瓷业的中心，成都是著名的茶市，武昌是著名的木材市场，扬州有大量食盐集散。广州、宁波、泉州和福州是对外贸易

的主要港口。可压缩编为：景瓷成茶武昌木，苏杭丝、松江棉，广宁泉福港、扬州盐。

四、联想记忆法

将已有的知识加以改造或联想，赋予新的含义的记忆方法。如，《天津条约》可记作"公开行贿"。"公"是指外国公使可以进驻北京，"开"是指增开南京、汉口等十处通商口岸；"行"是指外国商船和军舰可以在长江各口岸自由航行；"贿"（与钱财有关）是指英法两国得到巨额赔款。1901 年，清政府被迫同英、法、美、俄、德、日、意、奥等国签订了丧权辱国的《辛丑条约》。主要内容有：①清政府赔款白银 4.5 亿两，分 39 年还清，本息共计 9.8 亿两。可简化为"钱"。②要求清政府严禁人民反帝。可简化为"禁"。③允许外国驻兵于中国铁路沿线。可简化为"兵"。④划定北京东交民巷为"使馆界"，允许各国驻兵保护。可简化为"馆"。这四项内容可简化串联记作："前进宾馆出新丑。"第一次鸦片战争以后，1842 年 8 月清政府被迫同英国侵略者签订了中国近代史上第一个不平等条约——中英《南京条约》。条约的主要内容是开放宁波等五个通商口岸并割让香港岛，简化后可串联记作："宁（宁波）上（上海）广州，不（福州）下（厦门）香港。"

五、等距离记忆法

根据几个历史年代间的相等差距的记忆方法，这种方法只要记住了其中一个年代就可推算出其余的几个年代。如相距两年：1911 年辛亥革命，1913 年二次革命，1915 年护国运动，1917 年护法运动，1919 年五四运动，1921 年中国共产党成立。

六、中外对照记忆法

中国		年代		外国
鲁国"初税亩"	←	前 594 年	→	雅典梭伦改革
李自成率起义军进入河南	←	1640 年	→	英国资产阶级革命爆发
太平天国运动失败	←	1864 年	→	第一国际成立
中国同盟会成立	←	1905 年	→	日俄战争结束
皖南事变	←	1941 年	→	太平洋战争爆发

七、谐音记忆法

用谐音的方法，赋予人为的意义，以增添兴趣的记忆方法。如：1492 年，哥伦布到达美洲，发现新大陆。1492 年可用谐音"医师救儿"进行记忆。

八、因果关系记忆法

依据历史事件、现象之间的内在联系和逻辑关系记忆历史年代的方法。如：要记住共产党的成立时间是 1921 年，就把这个时间与当时国内外大事相联系，找出前因后果。共产党成立前的大事有：1917 年，俄国十月革命；1918 年，"一战"结束；1919 年，巴黎和会、五四运动；1920 年，各地建立了共产主义小组；1921 年，中国共产党成立。中国共产党成立后的大事有：1922—1923年，全国工人运动第一次高潮；1924—1927 年，第一次国共合作等。

九、顺序记忆法

根据历史事件发生的年代顺序去记忆。如，美国内战的经过：1860 年，林肯当选总统（导火线）→1861 年，南方挑起内战（开始）→1862 年，林肯政府颁布《宅地法》《解放黑人奴隶宣言》，扭转战局（转折）→1863 年，北方军队转入反攻→1864 年，谢尔曼率军突入南部→1865 年，北方军队胜利，内战结束。

十、归纳记忆法

将所记忆内容按不同属性加以归纳，然后分门别类地记住这些内容及其属性的记忆方法。如："文革"中的主要建设成就可归纳为"成昆湘黔，二汽十堰，南京长江，胜利油田"，即成昆铁路和湘黔铁路、十堰的二汽、南京长江大桥、山东东营胜利油田。

（记忆方法对于学习历史非常重要。原载《考试报·高考历史》2005 年 9月 23 日）

古代希腊智者学派与苏格拉底对"人"的看法的异同

公元前 5 世纪中叶以后，古代希腊城邦奴隶制民主政治发展到了顶峰。城邦民主制的发达使人们更多地参与到政治生活中来，这样人在社会中的地位显得日益突出。于是有些学者开始怀疑社会现实和宗教，把研究重点转移到"人"本身上来。下面笔者通过比较古希腊智者学派与苏格拉底对"人"的看法的异同，进一步认识和理解古代希腊思想体系的内容。

（1）相同点。

①人的需求是衡量事物的标准，所有的人都是平等的。

②主张人要"认识自己"，关注人的价值，强调人是认识的主体。

③认为对个人和社会的了解比对自然的了解更为重要。

④努力去提高个人的素质，并且认为，通过教育可以完成此项事业，重视教育的作用。

⑤把"人"作为哲学研究的中心，研究人类社会的伦理道德、人生哲理、法律等内容。

⑥把人类及其环境作为探究的课题，认为人生的幸福和伦理道德是人类应当探究的重要问题。

⑦强调道德在人类社会中的作用，并主张"德行可教"的观点。

⑧对神的存在表示怀疑甚至否定。

⑨重视论辩术、修辞学。

（2）不同点。

①智者学派的"人是万物的尺度"的观点认为，判断事物是什么，要以人的感觉为标准，把"人"作为研究的中心，是西方人本主义的最初表现。这一学说本质上很容易产生将人的主观感觉和思维看得高于一切的危险，从而陷入主观唯心主义的"泥坛"。因为客观事物的存在并不以人是否感觉到而存在，且客观事物的性质也不是以人是否感觉到它而发生变化。苏格拉底对智者学派的"人是万物的尺度"的说法进行了修改，提出"有思想力的人是万物尺度"，

反对智者学派的唯我主义和怀疑主义，认为真理应有其客观标准。

②苏格拉底更重视人的伦理道德，追求人生真谛，从三个方面对"人"的本质进行了界定，即人应有自重；人应该去发现自我的本质；人必须确立理性的至高无上。

③智者学派认为"知识就是感觉"，主张只要借助感觉就可获得知识。苏格拉底主张德性就是知识，即所谓"知德合一"。苏格拉底认为"美德即智慧"，看到了人的美德与智慧之间的内在联系，强调教化人民，改善人的灵魂。

④智者学派与苏格拉底都主张人要"认识自己"，但苏格拉底对"认识自己"提出了新的观点：认识自己并不是认识人的外表和身体，而是要认识人的灵魂；而认识人的灵魂，不在于认识灵魂的其他方面，而在于认识灵魂的理性部分，只有认识了灵魂的理性部分，才算真正认识了自己。因为人性的本质在于理性，所以人生的最高目标就应当是追求正义和真理。苏格拉底关注的中心问题是个人品德的完善和人的道德所能达到的最高境界。他认为：人是宇宙的中心，理性是人的中心，而道德应当是人生追求的中心目的。希腊人文主义在苏格拉底身上得到了最高体现。

（比较古希腊智者学派与苏格拉底对"人"看法的异同，可以进一步认识和理解古代希腊思想体系的内容。原载《考试报·高二历史》2005年10月14日）

历史地图的教学功能

　　历史地图与抽象、枯燥的文字叙述比起来，具有形象、直观的特点。在教学中，教师应当明确历史地图的教学功能，重视对历史地图的教学，积极鼓励学生多运用历史地图。

　　历史地图有哪些功能呢？①有助于学生建立空间概念，从而进一步理解和运用历史知识。②有助于使学生更深刻地理解地理环境对历史发展的影响。例如，最早产生资本主义萌芽的意大利为什么没能持续发展，进而较早地进行资产阶级革命？仔细分析《新航路的开辟》《宗教改革后的新旧教并立》等图，就可以得出意大利资本主义未能持续发展的原因：政治方面，封建割据；经济方面，未能形成统一的国内市场；思想方面，未能突破天主教会的精神独裁。③增强学生对历史的兴趣和对历史对象的直观印象，帮助学生形成历史概念。历史地图直观地反映了一定时期政治、经济、民族关系和对外关系的发展趋势，有助于形成完整的历史概念，加深对历史现象的理解等。所以，我们要重视对历史地图的教学。

　　（1）加强对学生进行历史地图知识学习的指导，培养学生形成图文结合、时空结合，全方位掌握历史知识的学习方法和习惯。

　　①借助地理学科的知识，使学生明确一些重要的地理概念及所涉及的地区，以此作为学生学好历史地图知识的基础。如世界地理中的三大洋及其沿岸的重要地区和国家，对世界历史进程影响较大的国家的相对位置，世界历史中涉及的重要地区及其范围（如西欧、巴尔干半岛、北美、北非、东南亚）等。

　　②指导学生结合高三历史学习的知识系统，对涉及的地图知识内容进行系统归纳、总结，形成有关地图知识的体系，并融入高三主体知识体系之中，以形成立体、完整的知识结构，为运用这些知识解决问题做好准备。

　　（2）加强对重要历史地图知识的复习，力求做到知识落实与能力培养的有机结合。

　　①突出教材的重点知识，做到图文结合。

　　②结合有关地理知识，注重对历史教学中涉及的重点地区（如中国古代史

中的有关大河流域范围，西北、东北、西南地区等边疆省份所涉及的中央政权设立的管辖机构、行政归属、名称沿革等）的相关知识的归纳。

（3）注重对历史地图知识间的变化、联系及相关基础知识的对照与结合，充分挖掘其中隐含的动态知识，培养学生归纳、概括、综合图文知识分析问题的能力。对包含丰富文字知识的单幅地图的教学，引导学生分析图中所反映的政治、经济、对外关系及国际关系等相关基础知识，并进一步引导学生分析形成历史现象的背景及其影响等理解性的内容。对相关知识组合的地图，引导学生分析历史地图变化中所反映的历史发展趋势。如，西方国家强迫中国开放通商口岸示意图反映了不同时期西方国家对中国侵略的发展趋势，欧美各国殖民地范围变化图反映了不同阶段资本主义国家对外扩张的趋势，资本主义兴起后的不同时期资产阶级革命和改革运动分布地区图反映了资本主义制度在世界范围内的产生、发展进程等。

（4）在进行专题复习时，可以结合不同历史阶段相同方面的地图，加深对历史知识线索或专题的理解。例如，比较《鸦片战争形势示意图》《第二次鸦片战争形势示意图》《帝国主义国家在华划分势力范围示意图》等图可以看出，主要资本主义国家开辟通商口岸的特点是：从东南沿海到整个沿海地区，从沿海到长江中下游，直至西南内地，总的来说就是步步深入。把以上信息放到当时中国的大背景中去分析，可以得出以下认识：资本主义国家用枪炮打开了中国的大门，大量的商品输入一方面造成白银外流，给中国带来灾难；另一方面，破坏了中国自给自足的自然经济，客观上为民族资本主义的产生创造了条件，充当了"历史的不自觉的工具"。

（5）在高三总复习时，可以运用中外同一时期不同方面或不同时期相同方面的地图，通过比较分析，加深对历史知识体系的理解。如总结"康乾盛世"时，可结合《清前期疆域图》和《尼德兰资产阶级革命》《英国资产阶级革命》《法国大革命》等图进行比较分析。从《清前期疆域图》可以看出，康乾时期，疆域广大、政治稳定、经济发展，是我国统一多民族的封建国家的巩固和发展时期，被称为"康乾盛世"。从《尼德兰资产阶级革命》《英国资产阶级革命》《法国大革命》等图中可以看出，与康乾盛世同时的欧洲各国，如荷兰、英国已经确立了资本主义制度，法国大革命正在轰轰烈烈地进行，这说明东西方世界之间的差距已明显拉大。

（历史地图直观地反映了一定时期政治、经济、民族关系和对外关系的发展趋势，有助于形成空间概念、历史概念，加深对历史现象的理解等。原载《广东教育》2006 年第 4 期）

近代世界科学技术专题复习

一、近代世界科学技术知识结构图

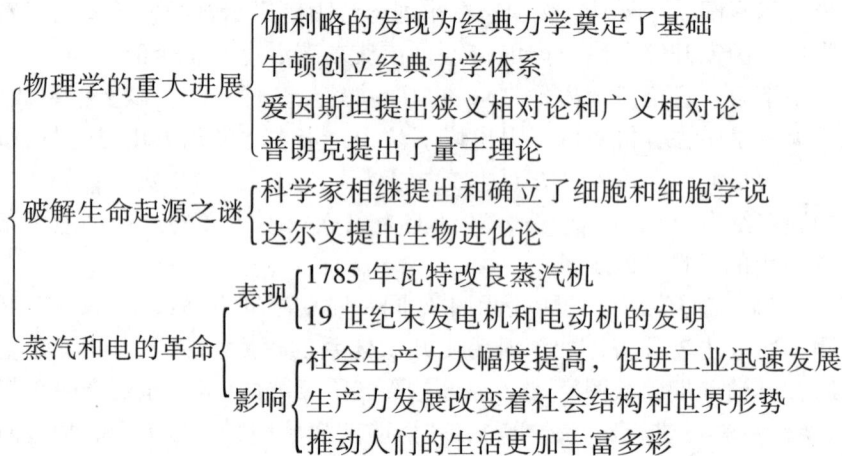

物理学的重大进展 {
- 伽利略的发现为经典力学奠定了基础
- 牛顿创立经典力学体系
- 爱因斯坦提出狭义相对论和广义相对论
- 普朗克提出了量子理论
}

破解生命起源之谜 {
- 科学家相继提出和确立了细胞和细胞学说
- 达尔文提出生物进化论
}

蒸汽和电的革命 {
- 表现 {
  - 1785 年瓦特改良蒸汽机
  - 19 世纪末发电机和电动机的发明
  }
- 影响 {
  - 社会生产力大幅度提高，促进工业迅速发展
  - 生产力发展改变着社会结构和世界形势
  - 推动人们的生活更加丰富多彩
  }
}

二、近代世界科学技术知识概要

学习本专题，一要理清一条基本线索：近代科学技术的发展。二要突出四个重点：了解经典力学的主要内容，认识其在近代自然科学理论发展中的历史地位；简述进化论的主要观点，认识科学与宗教在人类起源问题上的差异；以蒸汽机的发明和电气技术的应用为例，说明科技进步对社会发展的作用；了解相对论、量子理论的主要内容，认识其意义。三要形成两个观点：近代以来，科学与技术逐步走向结合，大大推动了社会经济的发展；相对论和量子理论是现代物理学的基础，是对经典力学的继承和发展。

近代以来科学技术的发展，是历年高考考查的重点之一。从内容上看，三次科技革命的重大科技成果、物理学取得的重大成就，尤其是蒸汽机、电力的广泛应用所产生的重大影响都是高考的重要命题点。从命题的角度来看，主要侧重于就科学技术的发展对社会经济、政治、国际关系产生的影响等方面进行考查。

三、重点解析

1. 近代以来世界科学的发展历程

（1）文艺复兴后，面向现实世界，重视实践和理性的风气促进了近代科学技术的产生和发展。17 世纪初，意大利物理学家伽利略将科学实验与数学相结合，发现了自由落体定律，确立了匀速运动和匀加速运动两个新概念，从而为经典力学的创立奠定了基础；17 世纪后期，牛顿提出了物体机械运动的三大定律和万有引力定律等，形成了经典力学体系；19 世纪末 20 世纪初，相对论和量子理论的出现，掀起了物理学的革命，构成了现代物理学的基础。

（2）19 世纪中叶后，英国生物学家达尔文出版了《物种起源》一书，创立了生物进化论，生物学领域终于迎来了革命性的变化。

（3）18 世纪 60 年代，工业革命首先在英国发生，瓦特在此期间改良了蒸汽机，从而出现了发明和使用机器的热潮，把人类社会带入了"蒸汽时代"；19 世纪晚期，发电机和电动机的发明，使电力得到广泛的应用，推动了社会各个方面的巨大变革，从而把人类社会带入了"电气时代"。

（4）20 世纪 60 年代，互联网的产生使人类开始跨入信息社会，人类的生产、生活、工作及学习和思维方式随之发生了深刻变化；随着现代信息技术的发展，20 世纪 90 年代，知识经济在美国首先产生并在世界各地得到全面发展。

2. 达尔文的进化论

（1）达尔文进化论诞生的条件和原因：①思想文化基础：经过文艺复兴、宗教改革和启蒙运动的洗礼，基督教神学遭受重创，面向现实世界、重视实践、崇尚理性的追求蔚然成风；资产阶级革命的进行、科学技术的进步使人类的思想更加开放。②物质基础：工业革命的进行使资本主义经济得到迅速发展。③理论基础：19 世纪前期，德意志人施莱登和施旺相继提出和确定了细胞和细胞学说，为进化论的创立奠定了基础；在此期间，有些生物学家，如法国的拉马克确立了早期的生物进化思想，这为进化论的确立奠定了重要的理论基础。

（2）达尔文进化论诞生的标志和内容：①标志：1859 年，英国生物学家达尔文《物种起源》一书出版，标志着生物进化论的诞生。②内容：达尔文认为，一切生物都经历了由低级向高级、由简单到复杂的发展过程。他提出，生物不是不变的，而是会发生变异，生物界现存的物种具有共同的原始起源，不同物种的变异是"自然选择"的结果。生存竞争和自然选择是生物界的普遍规

律。生物为了生存和繁育后代，不仅要适应或应对周边环境的挑战，还必须与其他种类的生物相互竞争，同时生物个体之间还存在着本种类内部的竞争。在这个过程中，凡是能够较好地适应环境和发生变异的个体，将获得较多生存和繁殖的机会，而那些发生了有害变异的个体则将遭到淘汰。这个过程实际上就是生存斗争和自然选择，那些被自然选择了的、微小的有利变异，通过世世代代的传递，逐步积累为显著的变异，从而形成生物新种。这就是以自然选择为基础的生物进化学说。

（3）达尔文进化论的意义：①对欧洲思想界：达尔文进化论的提出，是对封建神学创世说的有力挑战，直刺神学的要害；它把发展变化的思想引入生命世界，使人们不再把动物和植物之间、动物和人之间的区别看作是绝对和神圣的。②对欧洲科学界和宗教界：它引起了一场轩然大波和激烈争论。③对中国思想界：引起中国思想界的巨大震动，晚清中国进步知识分子对进化论进行积极的宣传和介绍，他们著书翻译，宣传进化论，唤醒国人，以免亡国灭种。

3. 世界市场的形成过程与阶段特征

时　　期	推动因素	主要资本	显著特点	主要途径	影响（世界市场进程）
工场手工业时期（16世纪—18世纪中期）	新航路的开辟	商业资本	暴力掠夺	殖民扩张、掠夺	初现端倪
自由资本主义时期（18世纪中期—19世纪中后期）	工业革命	工业资本	商品输出	武力侵略、商品倾销	初步形成
垄断资本主义时期（19世纪中后期以来）	第二次工业革命	垄断资本	资本输出	瓜分世界	最终形成

4. 中国未赶上或没有及时赶上世界三次科技革命的原因及启示

原因：

第一次，明清时期：①自然经济限制生产力发展，不能对科技提出迫切要求（缺乏推动力）；②重农抑商政策限制资本主义发展，使之缺乏物质条件；③文化专制使知识分子脱离生产，不务实际，不利于自然科学研究。

第二次，19世纪中期：①民族资本虽有发展，但发展程度不高，不能对第二次科技革命提出迫切需求和提供基础；②列强侵略的加深，主权进一步丧失，帝国主义的掠夺使重工业无从发展；③清政府的腐败，科技水平不高，不具备扩展条件。

第三次，20 世纪四五十年代到 20 世纪 70 年代：①新中国成立前，中国正在进行内战；②新中国成立初期，巩固政权、恢复经济是主要任务；③帝国主义封锁包围，苏联背信弃义，从而限制中国与世界科技的交流；④犯了"文革"等"左"倾错误，自我封闭。

启示：①经济和科技发展需要稳定的社会环境；②国家独立是经济发展和科技发展的前提；③要顺应时代潮流积极进行对外开放，促进科技的交流与发展；④要抓住机遇，与时俱进。

5. 近代自然科学发展的三个阶段

文艺复兴以后，理性主义的确立促进了科学和文学艺术的迅速发展。近代自然科学成就巨大，出现了高等数学；建立了牛顿力学体系和相对论力学体系；生物进化论学说诞生；物理、化学等也有突出成就。近代自然科学的发展大体经历了三个阶段：

（1）兴起阶段：近代自然科学的开端就是天文学革命，自然科学的创始人哥白尼的"太阳中心说"动摇了封建神学的基础。笛卡尔创立了解析几何，成为数学中的转折点。牛顿力学体系建立标志着近代科学的形成，这是人类认识史上对自然规律的第一次理论性的概括和综合。把实验法引进化学的波义耳成为近代化学的创始人。哈维的血液循环学成为现代生理学的起点。

（2）19 世纪综合化阶段：电磁感应现象的发现是电磁学的辉煌成就。电磁学的建立，为人类打开了"电气时代"的大门。道尔顿建立的科学的原子论开创了人类在物质认识方面的新纪元。物质的分子——原子结构学说的确立使化学取得了飞速发展。门捷列夫发现化学元素周期律，制定了化学元素周期表。周期律的发现，是无机化学的系统化和大综合。达尔文创立的生物进化论学说，是对生物学的伟大综合，从根本上推翻了统治生物学的"神创论"思想。爱因斯坦提出的相对论是天体物理学和宇宙学的基础，是利用原子能的理论基础，是物理学思想的一场重大革命。

（3）飞跃阶段：20 世纪四五十年代兴起的新科技革命即第三次科技革命，以原子能技术、航天技术、电子计算机的应用为代表，还包括人工合成材料、分子生物学和遗传工程等高新技术。新科技革命使科技在推动生产力的发展方面起着越来越重要的作用，科技转化为直接生产力的速度加快。科学和技术密切结合、相互促进。随着科学实验手段的不断进步，科研探索的领域不断开阔。科技各领域之间相互渗透。一方面学科越来越多，分工越来越细，研究越来越深入；另一方面学科间的联系越来越密切，科学研究朝着综合性方向发展。

6. 西方近代科学与技术兴起的原因

（1）社会对科学进步的需求。包括经济与生产技术方面的需求，国际竞争、国家安全等方面的需求。近代自然科学是资本主义生产发展的产物，手工工场、大机器生产不断采用新工具、使用新能源，追求最高的劳动生产率，在

生产和技术上向科学家提出新的任务和要求，这是推动自然科学创立与发展的前提。

（2）思想解放运动的促进。文艺复兴、宗教改革、启蒙运动解放了人们的思想，为近代科学的产生奠定了思想基础。

（3）社会能为科学研究提供充裕的物质条件。能够支持、吸引和稳定一批优秀的科学人才，并能够为他们提供基本的科学研究的条件。

（4）整个社会能为科学发展提供充分的学术自由和尊重知识、尊重人才、崇尚科学、鼓励创造的良好文化氛围和社会环境。

（5）建立了良好的科学教育基础和保持较高的科学普及水平。科学不可能孤立地产生，必须有相应的科学普及、有较高程度的科学教育才有可能产生一定数量和水平的优秀科学家队伍。

（6）政策保护。欧洲先进国家施行保护科学发展的政策，允许自由讨论学术问题，保障学术思想的自由发展等，又为近代科学的创立和发展提供了极为有利的条件。

（7）科学的方法。16—17世纪，伽利略、培根、笛卡尔等人创立的科学方法论，为人们进行科学研究提供了指导性原则。

（近现代科学技术的发展，是历年历史考试重点之一，主要侧重于就科学技术的发展对社会经济、政治、国际关系产生的影响等方面进行考查。原载《中学政史地·高中文综》2008年第3期，略有删改）

加尔文宗教改革对欧洲政治格局变迁的影响

　　加尔文宗教改革产生于 16 世纪，深受马丁·路德宗教改革的影响和文艺复兴时期人文主义的影响。加尔文深入研究《圣经》，宣传宗教改革，创立了加尔文教（又称加尔文宗），是基督教新教主要宗派之一，与路德教和安立甘教并称新教三大主流派别。信徒主要分布在瑞士、法国、英国及美国。1842 年，加尔文教传入中国。

　　加尔文主张《圣经》是最高权威，反对教皇权威；主张简化宗教仪式；个人通过《圣经》可直接与上帝沟通，主张"信仰得救"；主张废除天主教的主教制度和烦琐的宗教仪式，代之以共和式的长老制，建立起政教合一政权。加尔文宗教观的核心是"先定论"，认为得救在于信仰而不在于善行；得救与否取决于上帝预先的安排。上帝事先早已把人分为"选民"和"弃民"。选民发财致富、万事顺利，死后进入天堂，弃民则相反。用这种思想武装起来的加尔文教徒都坚信自己是上帝的选民，在事业上得到上帝的帮助与肯定，在激烈竞争中奋起拼搏，百折不回，全力以赴，在挫折中增强信心，在失败中鼓起勇气，力求最终获得成功，以最后证明自己是上帝的选民。选民要具有高尚的品德，顺从上帝的号召，在各自的职业中追求与获取财富，使财富的积累成为完全合情合理的事，这是上帝所允许并加以支持的。加尔文宣扬有节制的生活和限制浪费，符合资产阶级原始积累的需要，鼓舞了资产阶级的进取精神，促进了资本主义经济的发展，从而加速了欧洲政治格局的变迁——从封建主义过渡到资本主义。

　　加尔文宗教改革是新兴资产阶级在宗教外衣掩饰下发动的反对封建统治的政治运动，给欧洲政治格局的变迁带来了巨大的影响，促进了欧洲民族意识的高涨和民族国家的发展。

　　在日内瓦，1536 年加尔文开始在此传教，并创建了共和化、民主化的加尔文教，在它的指导下，建立了资产阶级共和式的长老制教会。它有力地维护与

巩固了日内瓦的资产阶级政权。加尔文以此为基地，多方宣传其教义，使加尔文教迅速在尼德兰、法国、苏格兰、英格兰等资本主义较发达的地区传播开来。

在尼德兰，加尔文教迅速传播开来。从1566年起，尼德兰加尔文教信徒掀起反天主教会的"破坏圣像运动"，他们在推翻西班牙的封建专制统治后，以加尔文教教义为指导思想，以日内瓦神权共和国为蓝本，创立了荷兰共和国。

在英国，资产阶级革命也在"加尔文教中给自己找到了现成的理论"。英国的清教徒们将加尔文教教义与其政治目的相结合，经过激烈的斗争，国王查理一世被送上了断头台，新成立的独立派国会通过一系列立法废除了贵族院，规定了一院制国会为全国最高立法机关，以克伦威尔为首的国务会议掌握了行政权，国会正式宣布英格兰为共和国。英国资产阶级革命的意义远远超出了尼德兰资产阶级革命的范畴，这两次革命都打出了加尔文教的旗帜，但尼德兰资产阶级革命只是局部性的胜利，而英国的资产阶级革命则在世界范围内开辟了一个新的时代——资本主义时代。

在法国，加尔文教被称为胡格诺派。该派反对国王专政，曾于1562—1598年间与法国天主教派发生胡格诺战争，16世纪末，法国国王亨利四世颁布南特敕令，宣布天主教为国教，但允许胡格诺派教徒享受宗教信仰自由，有权担任国家官职，胡格诺派在法国取得了合法地位。

16世纪正值欧洲封建社会向资本主社会过渡的转折时期，加尔文宗教改革运动促进了这次历史的转折，它加速了转折的到来，瓦解了西欧当时的封建制度，对当时欧洲不同国家、地区的革命方式与程度有着深浅不一的影响，加速了欧洲政治格局的变迁。这说明历史的发展并非单一的，不仅仅有经济条件决定历史的变迁，思想理论领域里革命对社会政治制度的变迁也往往起着重大的作用，一旦理论正确，它往往反作用于生产力，促进社会经济的发展，反之则会阻碍社会的发展。

（加尔文宗教改革运动促进了欧洲封建社会向资本主义社会的过渡，对当时欧洲不同国家、地区的革命方式与程度有着深浅不一的影响，加速了欧洲政治格局的变迁。原载《考试报·高中历史》2008—2009学年选修1第5期）

中华人民共和国成立知识要点解读

一、知识概要

<table>
<tr>
<td rowspan="6">新中国的成立</td>
<td colspan="2">历史条件</td>
<td>①政治上：国民党反动统治已被推翻，需要建立一个统一的革命政权；②理论基础：中共七届二中全会决议和《论人民民主专政》做了理论准备；③军事上：人民解放战争在全国范围内基本胜利；④群众基础：全国人民热烈拥护在共产党的领导下成立中央人民政府；⑤组织、法律上：中国人民政治协商会议召开，"共同纲领"通过</td>
</tr>
<tr>
<td rowspan="3">中国人民政治协商会议第一次全体会议</td>
<td>时间地点</td>
<td>1949 年 9 月，北平</td>
</tr>
<tr>
<td>议题</td>
<td>讨论成立新中国的问题</td>
</tr>
<tr>
<td>内容</td>
<td>①决定成立中华人民共和国；②通过了《中国人民政治协商会议共同纲领》，"共同纲领"起了临时宪法的作用；③选举了中央人民政府委员会，毛泽东为中华人民共和国中央人民政府主席；④确定了首都、国旗、国歌；⑤决定在天安门广场建立人民英雄纪念碑</td>
</tr>
<tr>
<td colspan="2">成立</td>
<td>1949 年 10 月 1 日，中央人民政府举行第一次全体会议，接受"共同纲领"为施政方针，任命周恩来为政务院总理兼外交部部长。开国大典，宣告新中国诞生</td>
</tr>
<tr>
<td colspan="2">历史意义</td>
<td>国内：推翻三座大山，民主革命基本胜利，半殖民地半封建时代结束，人民站了起来，成为国家的主人；向社会主义过渡，进入历史的新纪元。国际：冲破帝国主义的东方战线；壮大世界进步力量；鼓舞被压迫民族和被压迫人民进行解放斗争</td>
</tr>
</table>

二、考情分析

近年高考中考查中华人民共和国成立的相关知识，主要是以选择题的形式出现，非选择题往往与其他历史时期的内容相结合。这些试题涉及的知识点主要有：中华人民共和国成立的意义、第二次历史性巨变、中共领导的多党合作和政治协商制度的形成、人民政协诞生的背景、"共同纲领"在新中国历史上的重要地位、"中国人民从此站立起来了"的含义、中华人民共和国建立的影响等。

三、学习策略

在学习时，要注意从新的角度思考各知识点，同时要从纵向和横向对知识进行归纳与整合。尤其要注意与半殖民地半封建社会相比新中国的诸多"新"特色；从世界历史的角度分析新中国诞生的意义。命题趋势：①共产党历史上几次正确的工作重心转移；②由毛泽东的两个"务必"要求联系党的反腐败，加强自身建设的有关史实；③新民主主义革命胜利的原因；④"共同纲领"的地位及人民政协的作用，中国共产党领导的多党合作和政治协商制度，人民代表大会制度；⑤新中国成立60年来中国发生的巨大变化。

四、重难点剖析

1. 阶段特征

从1949年新中国成立到1956年社会主义改造完成，是新民主主义向社会主义的过渡时期，带有新旧社会交替时期的特征。

（1）社会性质：新民主主义社会——社会主义社会：①政权形式（由工人阶级领导的、以工农联盟为基础的人民民主专政）和经济基础（国营经济领导下五种经济成分并存）——过渡时期是新民主主义国家。②实质和发展方向——过渡时期是社会主义国家。过渡时期就其整体而言，不完全是社会主义，但政治、经济、文化都是社会主义的因素，是起决定作用的因素，不能把新民主主义同社会主义截然分开。这是从不同的角度对不同的侧面加以强调的结果，没有根本的区别。从这一时期中共采取的政策来看，有些具有新民主主义的性质，如土地改造；有些具有社会主义的性质，如三大改造；有些兼而有之，如没收官僚资本。

（2）经济基础：国营经济领导下多种经济成分并存——社会主义公有制：①在进行社会主义改造之前，五种经济成分并存（社会主义国营经济、合作社经济、个体经济、国家资本主义经济、私人资本主义经济）。②经过三大改造，社会主义公有制经济成分完全占据了主导地位，社会主义基本制度确立。

（3）政治制度：政协——全国人大；政治协商制度；民族区域自治制度：①在过渡时期，中国人民政治协商会议代行全国人民代表大会的职权，"共同纲领"起临时宪法的作用。1954年第一届全国人民代表大会召开并通过了《中华人民共和国宪法》，实行人民代表大会制度。②1949年，初步建立中国共产党领导的多党合作的政治协商制度，人民民主统一战线继续发展。③实行民族区域自治制度。

（4）社会主要矛盾：无产阶级与资产阶级之间的矛盾；先进制度与落后生产力之间的矛盾：①新民主主义革命的胜利，使中国人民同帝国主义、封建主义、官僚资本主义之间的矛盾基本得到解决。②过渡时期的主要矛盾是无产阶级和资产阶级之间的矛盾。③三大改造完成后，主要矛盾转化为先进的社会制度同落后的社会生产力之间的矛盾。

（5）阶级关系：无产阶级确立领导地位；国民党反动派被消灭；随着社会主义改造的完成，资产阶级成为社会主义劳动者的一部分。

（6）外交关系：独立自主和平外交政策。

2. 1946年政治协商会议与1949年政治协商会议

1946年政治协商会议：国民党主持；国民党、共产党、民主同盟、青年党、无党派人士参加会议；围绕政权和军队（政治民主化、军队国家化）展开激烈的争论；会议结束后召开国民大会制定宪法；政协协议不久就被国民党反动派撕毁。

1949年政治协商会议：中国共产党领导；中国共产党、各民主党派、无党派民主人士、人民解放军、各人民团体及各地区、各民族、海外华侨代表出席会议；讨论成立新中国事宜，通过了一系列民主政治法案；会议制定的"共同纲领"作为国家的临时宪法；为新中国的成立做了重要的筹备工作。

3. 中华民国与中华人民共和国

（1）两者都是近代资产阶级民主革命的产物，是中国在20世纪发生的两次历史性飞跃。前者属于资产阶级领导的旧民主主义革命，并未实现发展资本主义的根本目标。后者属于无产阶级领导的新民主主义革命，结束了中国半殖民地半封建社会的性质，顺利实现了向社会主义的过渡。

（2）两者都结束了专制独裁，建立起先进的民主制度。前者民主制度遭到各种势力的破坏，并未真正贯彻；后者真正实现了人民当家做主、民族区域自治、多党合作民主协商，民主政治日趋完善。

（3）两者都革除了旧的生产关系、扫除了经济发展的障碍，推动社会经济发展。前者并未触动农村的生产关系，产生的推动有限；后者彻底根除了各种旧的生产关系，建立起新型的社会主义生产关系，为生产力的发展开辟了更为

广阔的道路。

（4）两者都曾面临着帝国主义的包围和封锁。前者以承认一切不平等条约为条件换取帝国主义国家的支持，但最后深受帝国主义的侵害，国际地位没有得到提高。后者实行独立自主的和平外交政策，废除了一切不平等条约，建立起新型的外交关系，以独立自主的姿态活跃于国际舞台。

所有的这些差别，不仅在于开国者们的领导水平和斗争艺术，而最重要的是根源于他们所属阶级的特性，受制于当时的国际环境，也与他们实行的治国措施密切相关。

（从 1949 年中华人民共和国成立到 1956 年社会主义改造完成，是新民主主义向社会主义的过渡时期，带有新旧社会交替时期的特征，其发展趋势和相互关系易混易错。原载《考试报·高中历史》2009—2010 学年必修 1 第 10 期）

研究性学习在历史试题中的渗透

美国心理学家吉尔福特曾提出，研究性学习的六种重要能力归结为一点，就是通过已知去探求未知并解决问题的能力。从获得知识的先后顺序来说，当然已知在前未知在后。从理解和掌握新知识来说，必须运用"已知"这把钥匙来打开"未知"这把锁。

研究性学习表现在试题中是引入相当比例的材料或论点，营造历史情境，以考查学生对第一手史料的阅读、理解、综合分析能力，除考查学生的历史知识外，还考查学生是否掌握了研究性学习的基本方法。了解事实、占有材料是研究的起点。现阶段高考是闭卷考试，材料由命题者提供，包括文字（如史料、语录、诗词等）、图像、图表、地图等。以下三例可以体会到历史科目的考试中研究性学习的理念和方法。

【例1】（2003年上海卷第13题）新疆有一座晚清名臣的祠堂，悬挂一副楹联："提挈自东西，……十年戎马书生老；指挥定中外，……万里寒鸦相国寺。"它颂扬的是

A. 曾国藩　　　B. 左宗棠　　　C. 李鸿章　　　D. 张之洞

【解析】引联入题，丰富了题文的表现手段，考查了学生阅读史料、迁移知识的能力。其文字内容，单从语文角度来看，学生不一定全部理解，但从历史角度来说，根据楹联内的"晚清"（时间）、"新疆"（地点）、"戎马"、"指挥"（内容）及"名臣"（人物身份）等词语的提示，学生可以从容确定它颂扬的是左宗棠。左宗棠率军收复新疆，维护国家领土完整，受到各族人民的颂扬。学生作答的过程，是其学习过程和学习方法的检测与运用过程，也是研究性学习的过程。

【例2】2000年北京老山汉墓被确认是汉武帝儿子燕王夫人之墓。科学家对女主人的头像进行复原后，意外地发现她极像西域女子（图略），这引起了人们的关注和猜测：她是今新疆地区人？是古代中亚人？是有西域民族血统的汉族人？

还是西域以外的人？你倾向于哪一种说法？请简要说一说你的理由。(3分)

【解析】本题以最新考古成就为背景来考查学生应用知识的能力，并且考古学界对此尚无统一认识，以不明确的内容来考查学生的探索思考能力，更富有研究性学习的探究性特征。评分标准也极具开放性。如参考答案仅规定：能以一定的史实为依据(1分)；能结合史实，逻辑合理(2~3分)。试题利用考古材料设计了一个有待学生进一步探究的问题情境，选材十分贴近现实和生活，把研究性学习引入了考题，直接创造了研究性学习的实践性情境，让学生以现场考古者的身份参与其中。老山汉墓女主人究竟属于哪一民族？学生往往局限于直截了当地回答女主人属于新疆人或中亚人或其他地区人，但没有分析归纳出理由。可参考以下说法：西域各民族政权的统治者为维护自己的统治，也可能采用西汉政府对匈奴曾经用过的方法——和亲，即把当地的西域美女嫁到中原，从而得到暂时安宁，所以老山汉墓女主人极有可能是今新疆地区人。尽管上述推理只是一种说法，且并不一定很科学，但能自圆其说。结论同样是重要的信息来源，是解题的线索。题目本身已告知答题的结论：女主人可能是今新疆地区人或古代中亚人或有西域民族血统的汉族人或是西域以外的人。此外，试题还提供了一幅头像复原图。审题时，可以由结论逆推。如通过插图，可看到女主人的上下眼角是分开的，距离十分明显，前额突出，前额与后脑勺的距离较大，这与蒙古人种的特征截然相反，这些头部特征恰巧又是古代中亚人(如塔吉克斯坦人、哈萨克斯坦人)的明显特征，因而她可能是古代中亚人。(假如学生已参与了课题研究实践，就很容易从以往学习的实践中找到正确的答案，因为这些方法在已往的研究和学习中曾经尝试过。否则，将很难对这个问题做出较好的回答。)

【例3】下表是某中学研究性学习课上，三个研究小组展示的材料和所得的结论。

组 别	材 料	结 论
东汉组	史料记载，东汉桓帝是中国第一位实行道教及佛教教化政策的帝王，他也支持翻译佛经和其他佛教活动。 ——古正美《从天王传统到佛王传统》	佛、道思想是中国传统思想的主流
宋代组	游酢和杨时去拜访老师程颐，程颐正用佛家打坐法瞑目而坐。游、杨二人遂恭敬地站在其身旁，等候良久，直到程颐发觉。 ——朱熹《近思录》	中国古代有尊师传统

（续上表）

组　别	材　料	结　论
晚清组	孙家鼐建议京师大学堂应"以中学（中国传统学术与政治思想）为主，西学为辅；中学为体，西学为用"。 ——孙家鼐等《议复开办京师大学堂》（1896 年）	这份奏折中，孙家鼐认为中学比西学重要

请回答：

（1）上述各组的结论，哪些是从材料可以直接推导出来的？（1 分）

（2）上述各组的结论，哪些是不能从材料直接推导出来的？你认为应补充怎样的材料或者修改成怎样的结论，才能使结论与材料相符？（若修改结论，不得照抄材料）（5 分）

（3）本堂课的主题是"中国传统主流思想的演变"。请结合所学知识，紧扣主题，重新分析各组的材料，建立材料与主题的联系，说明中国传统主流思想在东汉、宋代、晚清三个时期的变化。（8 分）

【解析】该题创设了"研究性学习的报告展示"这样的新题型，设置三个问题，由易到难、层次分明，有效地体现了"历史研究性学习"的全过程——分析材料，获取材料，推导结论。该题的表格是学生研究成果的呈现，表格内容既包括材料，又给出结论；材料为部分史实的叙述，结论为学生的研究成果，研究气息很浓。第（1）（2）问的设置是典型的史论结合模式，考查材料与结论是否吻合，如果不合，那么应该补充一些什么材料，或怎样修改结论。第（3）问考查学生综合说明评述的能力。整个设问环环相扣，由易到难，考查学生运用所学知识分析、解决问题的能力，较好地体现了学习和解决历史问题时所经历和采用的一些过程与方法，也较好地反映了史论结合、论从史出的唯物史观。该题在重点考查学科能力以及学习过程与方法的同时，还涉及了基础知识和思想认识等方面的考查。诚然，学科能力是建立在基础知识之上的，没有基础知识肯定无法进行正确"研究"。如要回答第（1）（2）两个问题均需联系已学过的知识，第（3）问既是对史实、能力的考查，又引导学生对中国传统主流思想形成正确认识。通过一定的过程与方法获得知识与能力，形成较为稳定的情感态度与价值观，这是历史教学的目的和归宿。

研究性学习强调历史学习的"过程和方法"，与研究性学习一样，高考试题同样注重"材料处理—历史理解—历史解释—历史评价"这一历史思维的发展，同样围绕历史教育的核心——"史由证来"和"论从史出"而展开。除了历史思维能力的考查，试题答案不唯一，鼓励学生大胆探索，符合新课程的改革精神，体现了多元化和开放性，将 SOLO 分类评价方法引入考试评价体系，

发挥批判性思维和创新精神，挣脱"标准化"和"唯一性"的束缚。

[研究性学习强调历史学习的"过程和方法"，同样，高考试题注重"材料处理—历史理解—历史解释—历史评价"，围绕历史教育的核心——"史由证来"和"论从史出"而展开，答案不唯一，挣脱"标准化"和"唯一性"的束缚。原载《天河——天河中学新课程改革探究与实践文集》（第二集），人民日报出版社 2010 年版]

高考直击

我们必须认真地对待高考，因为它代表了社会的公信；但是，只有高于高考，才可能有效地赢得高考！

——华东师范大学聂幼犁教授

中国诸多考试受关注之甚，恐无过于高考，不啻因为考生人数众多，考试结果直接关乎考生眼前"命运"，还因为高考事实上"领导"着教学，表达着众多的教育诉求。正因如此，每年高考过后，高考试题都会成为热议话题，而教师则希望借助研究高考试题来反思教与学得失，寻找到解决教学问题的正确路径，通过分析高考试卷来寻求某种"确定性"。

研究性学习在高考历史上海卷中的渗透

美国心理学家吉尔福特曾提出，研究性学习的六种重要能力归结到一点，就是通过已知去探求未知并解决问题的能力。从获得知识的先后顺序来说，当然已知在前未知在后。从理解和掌握新知识来说，必须运用"已知"这把钥匙来打开"未知"这把锁。高考历史上海卷试题有一个突出特点，就是检验学生是否具有较强的研究性学习能力，是否能有效地启动知识积累和能力素质，借已知求未知，解决现实中遇到的各种问题。

一、研究性学习试题的一般特点

1. 围绕主题命题

研究性学习是围绕一个个主题进行的，同理，研究性学习试题也是"以问题为中心、以人类所面临和关心的或现实、重大的社会问题为素材的主体设计思想"，设计出一个个问题考查学生的探索研究能力。

2. 提供必要的材料

了解事实、占有材料是研究的起点。在平时的研究性学习中，材料主要由学生搜集。现阶段高考是闭卷考试，材料由命题者提供。材料是多种多样的，文字（包括史料、语录、诗词等）、图像、表格、地图等材料既可以是显性的，也可以是隐性的。通过历史文献、历史文物以及其他资料间接地、具体地去重构和再现消逝了的过去是历史学科的突出特点之一。无论是学习和研究历史都不能离开材料，历史考试也是如此。

3. 重视思维的逻辑性

研究性学习试题提高了对考生能力，尤其是以创造能力为核心的综合能力的要求，它要求考生能够较熟练地运用归纳、演绎、分析、比较等逻辑方法。在高考试卷上，每一道研究性学习试题的解答往往都要运用多种逻辑方法，这是试题综合化的一个表现，其实质是考查综合能力。

4. 让解题过程成为浓缩的研究过程

研究性学习试题重过程、重体验。考生解答此类题目的过程是一个浓缩了的研究过程，而不是背诵、默写教材上某一段文字和再现某一现存结论的过程。从考试的角度看，可分为如下三步：阅读→思考→解答。研究性学习试题要求考生在阅读和思考两个环节上，尤其在思考上多下功夫，而不是在书写答案上费尽全部或大部分力气。

5. 明显的开放性

研究性学习试题具有开放性，既表现在问题的选择和对思维的要求上，又表现在答案上。从答案看，研究性学习试题原则上拒绝"唯一正确的答案"，不仅允许而且提倡答案的多样性，包括观点、内容和表达方式的多样性。

①答案观点的多样性。提倡"百花齐放，百家争鸣"。无论考生发表什么看法，只要符合四项基本原则和党的方针政策，凡言之有理的都应肯定或部分肯定，不以中学教材的观点判断是非。

②答案内容的多样性。一些较大的问题，考生可从不同方面、不同角度和不同层次来回答，答案不是唯一的。

③答案形式的多样性。提倡个性化的表达方式，文、图、表均可，白话、韵文不限。

二、研究性学习试题在上海卷中的渗透

研究性学习试题最早走进高考是 2001 年的上海卷，在选择题、简释题、问答题、材料分析论证题四大题型板块中都有所渗透和体现。

贴近现实、显示人文精神、不避热点是上海卷的一贯特色。2001 年的试卷中直接联系现实、贴近热点的试题涉及国际格局多极化、对邓小平的评价、中共建党 80 周年、南北经济关系、考古新发现、日本历史教科书问题等富有时代感的热门话题。2002 年的试卷特别注重历史与现实的结合，如对发行"欧元"组织的解释、美国"9·11"事件与德意日法西斯之间的关系、对上海 160 多年不同时期的历史变化的思考和启示等。2003 年的试卷涉及中国近代化历程、世界政治格局演变、科技发展与创新精神、欧洲一体化进程、政策方针与大众利益等一系列热门话题，透露出命题人员关心社会、经世致用的理念和导向。通过古为今用、洋为中用，在遥远的历史时空中架起了一道过去与现在交流的桥梁，对中学历史教学加强理论联系实际，突出以史为鉴、资政教化，引领学以致用的学风，都有十分重要的导向作用。

上海卷试题取材丰富，"杂"而不乱，形式灵活多变，在考查能力方面作用突出。2001 年试卷所引的图文材料，有文句摘录、建筑物楹联、漫画、地图、统计数据、教科书引文、考古新发现、时事新闻等。2002 年的试卷有奏

章、译文、唐诗、宋词等文字材料，也有"秦砖""汉瓦""东汉画像石"拓片和"法国十九世纪骑兵"的意象画及表格，还有"欧元"图片、中国古代水利工程现代"靓照"、美国"2001年纽约'9·11'事件""希特勒和他的主要将领"及上海市从开埠前至成为"东方明珠"的五幅照片。2003年的试卷所取材料，有诗歌民谣、漫画、文物照片、外国邮票、名人言论、史书摘记、数字统计表、条约抄件、议事和会议场景等，真可谓诗情画意皆入题。2003年的"材料型"试题大幅度增加，全卷36道试题中，有20道属于"材料型"试题，占全部试题的二分之一以上。在试卷四大题型中，除问答题题型外，其余三大题型中都大量采用"材料型"试题。"材料型"试题在选择题中占二分之一，在简释题中占六分之五。2003年的新题型——历史作文题，也是根据图文材料撰写小论文，以生动的历史载体，给考生们营造了"活生生"的历史世界。让学生直接接触第一手材料，有助于培养他们阅读和理解史料，正确评价历史现象的实际操作能力。这些能力是综合考查必不可少的，也是今后发展的方向。试题体现了上海高考历史命题"能力立意"的进一步强化，贯彻了新课程改革的精神，也应该是未来全国高考历史命题的方向。

为了改变注重求同思维，对于答案设计标准化这种相对封闭的局面，上海卷已做了不少探索，如1995年的"戊戌变法评价"题、1996年的"西学东渐"题、1998年的"贺龙帽徽"题等，在开发求异思维方面都有良好的反响。2001年、2002年、2003年的试卷在此基础上增加了半开放性、开放性题目和研究性学习试题，特别强化了简释题的考查功能。简释题是上海卷特有的一种题型。简释题可以从不同角度全面考查学生的知识面和识记、理解、分析、比较、归纳、概括的学科能力，给命题和答题双方都留有充分发挥的余地。

例如，2001年的第28题、第35题和第37题都显示了历史的时空延展性，而且答案不是唯一的，甚至教材外的内容，只要符合条件也可入题。这给了学生充分的想象空间，有利于开发、培养学生的发散性思维。

2001年第39题以"公开信"的形式出现，从结句上看，丰富了试题表达方式，开发了试题新的考查功能；从内涵上看，体现了惩恶扬善、经世致用等历史古训和褒扬正义、捍卫真理的历史责任感，给人以耳目一新之感。当然，这也对学生的文史表达能力等综合素质提出了更高的要求。从语文角度讲，要注意格式、对象、语气，不能写成抗议书，如外交照会；从历史角度讲，要注意"史由证来，证史一致""论从史出，史论结合"这些特点，有据有理有情；呼吁正视历史，引以为训。答案适当增加弹性。一方面，主观性题目的答案仍以原有的要点得分为原则；另一方面，答案有伸缩度，或允许多项中任选一项，或允许有不同答法，或只要意思到位、观点正确，不硬求文句相同、事例划一。这样，既尊重传统习惯，又鼓励自由发挥，处理较为得当。

2002年第28题也是典型的研究性学习试题，从"秦砖""汉瓦""东汉画像石"等文物中捕捉和发现有效信息、理解信息，来考查考生能否将在商周青铜器学习中习得的理解历史的方法用于理解"新"的文物，体现了历史教学的直观具象性，也使考生获得了初步的文物知识。论从史出、史从证出。研究和学习历史，离不开史料，其中，遗址、遗物作为第一手资料是尤为重要的"证"。此题运用作为第一手资料的"秦砖""汉瓦"和"东汉画像石"等遗物，创设了现实生活中可能遇到的问题情境，要求学生通过已学过的历史知识分析其中透露出的历史信息。这个导向很有意义。这种情境，在日常生活中、在度假旅游中，都可能碰上，在一定程度上也显示了历史学科的实际应用性。

第 29 题，要求考生分析唐朝元稹的《连昌宫词（节录）》诗，体现了处处有历史的思维和理念，使历史的广博和深刻的内涵显露无遗。第 31 题，用学术界对日本明治维新的三种说法，来考查学生对不同观点的理解水平，试题突破了以往开放题只提供两种观点或看法的常规做法，首次将开放题导向多元化（三种观点），而且是最近学术界的新成果，具有很强的开放性，以开放的姿态鼓励考生畅所欲言，打破"非此即彼"的思维模式，体现了"史实是唯一的，历史结论和观念不是唯一的"教育理念。第 33 题还特别命制了一道与英文有关的判断题，要求考生指出"Emperor Kuang Hsu had read the works of Cheng Kuang Ying"中"Kuang Hsu"（光绪）正确译名并说明理由。首次借用了英语翻译情境，体现历史知识的跨学科应用，符合课改理念。这道题考虑到考生今后个性发展和当今全球化趋势，把历史学习、历史兴趣和历史研究紧密结合起来，是一道具有开创性的历史好题；2003 年第 30 题再次出现双语题，从形式到内容更贴切、自然，令人耳目一新。第 35 题，以"水是生命之源，水利是农业的命脉"为引言，以都江堰、大运河的照片为背景，渗透的是一种环保意识和现代意识。第 36 题，以 2001 年美国纽约"9·11"事件等现实材料作为背景切入，虽然考查的是"二战"前后的历史知识和经验教训，但题干部分中的黑体字（江总书记的讲话）"社会制度与意识形态不相同的国家能够联合起来，共同对付人类生存与发展面临的挑战"特别富有现实意义和教育作用。其作为一种导向，也可以促进中学历史教学在理论上与时俱进，从"冷战思维""斗争哲学"中升华，站在人类生存与发展的高度和现实的立场上来看历史。

以往中学历史教学对个性发展的倾向与水平不够重视，高考也回避了这一考查目标。个性发展的倾向与水平相对应的最佳测量方式是个别化测量。在高考这样的大规模考试中，测量考生个性发展的倾向与水平确实是个新课题，最大的难点是类似于语文学科作文的阅卷评分问题。即使是同一个史实、同一组史料，因为个人的立场、观点、方法不同，无论是立论、推理，还是选择用什么材料中的什么信息都可千差万别，比作文有更大的自由度，会使阅卷评分产生更多的误差。2002 年第 37 题就设计了一道准小论文式的大型试题，为学生个性发展提供了空间，较好地解决了这一问题，是研究性学习试题的典型例证。

题干采用了上海外滩及附近地区在近代以来不同时期的五幅图片，要求学生从图片上获取信息，指出上海在这 160 余年间所发生的变化，并结合国内外的历史背景论述其变化的原因，思考并归纳这一沧桑巨变对今天建设有中国特色的社会主义有何启示，并结合上海申办世博会的契机，利用外滩及其附近的历史性特征，自己选题加以史论结合地论证，提出创意、贡献智慧。此题考查的是学生创新和探究的能力。这种题型为正在开展课改中的研究性学习提供了可资借鉴的案例，使学生能够充分利用已学的历史知识，展示自己的才华。试题没有设置固定的参考答案，既有鲜明的区域性、时代性、现实性，也有多学科的综合性、探究性，较为完善地体现了研究性学习的实践性、创造性等主要特征，是一道"全方位开放"的研究性学习试题。

2003 年第 28 题"唐代女俑图"，通过三组"唐代女俑图"，考查学生从历史图片获取历史信息的能力。通过对这三幅"唐代女俑图"的观察，可以捕捉这些历史图片的表层信息，诸如：唐代陶俑生动逼真，女俑发式多样、服饰华丽、文武才艺兼备等。在这些表层信息的基础上，通过分析、判断等抽象思维，又可得到该组图片的深层信息，诸如：通过女俑发式、服饰的多姿多彩，判断出唐代宫廷的时尚；通过女俑文武才艺兼备，了解唐代妇女在社会生活中的活跃等。第 30 题从外表形式看，是一道双语材料题，而从考查要求看，是一道多元选择讨论题。题干选用三枚外国邮票，属于直接史料；原文不加注释，保持原汁原味，这样对学生的阅读能力提出了更高的要求。多元评论的角度从 2002 年专家学术论述改为 2003 年的中学生民意调查，更为贴近学生实际，容易使学生在心理上产生亲和感。该题不仅仅是要求在三个事例中选一两个全面评估，更重要的是传达一个信息：鼓励各抒己见，提倡合作精神。从历史的眼光看，"和而不合"体现了中国古代先贤的社会处世观点，"求同存异"反映了中国现代外交的和平共处原则。那么，作为当代人更要注意合作与交流，尤其是在学习上更应如此。对于求学者来说，自己的知识和技能在学术交流中非但不会减少和丢失，反而还可以有机会学习、采纳他人之长，甚至产生新的思想火花，从而使交流者彼此激活，产生共振。除了提倡交流外，更希望在探讨和交流中以宽容的心态，克服"非此即彼"的思维模式，尊重别人的不同观点，采纳对方的合理之处。这对于治学处世都是一种有积极意义的启示。

2003 年第 36 题是"材料型"试题，但在题型上有重大突破，历史材料作文题被引入高考历史试卷中，其能力考查的作用已被初步验证。学生的学习、研究和表达能力，在此题中得到了比较全面的发挥，这是研究性学习试题的又一典型例证。本题要求考生根据中国近代史、现代史上六组不同时期的历史事件、历史人物活动的图片，前后贯穿中国近现代 160 余年历史，但并无明确的提示说明，要求考生自定主题、自拟题目写小论文，显然对审题论述和写作能力提出了更高的要求。单一材料作文，主题比较容易把握；多例材料作文，要兼顾所有材料，主题较难把握，不能很好地兼顾其他材料，不能从多例材料的整体角度、系统地利用材料史实阐述观点，就不可能得到高分。选取什么角度切入，确立什么论点展开，既要切合材料，又要有利于自己知识优势的发挥。如何运用试题所提供的材料论证观点，既要根据试题要求，用到所有材料，又要根据自己的论点有所侧重，为我活用。如材料"《南京条约》抄件"，如果从抗争史的角度运用该材料，重点在于说明条约对于中国的危害；如果从经济发展史的角度运用该材料，则主要论证外国侵略客观上对中国经济的瓦解作用。六组历史图片蕴含丰富的历史信息，展现漫长的历史场景，给了考生沉思畅想的广阔历史时空，能力考查作用十分突出。研究性学习同课堂内的接受式学习有很大的不同。它要求学生自拟课题，通过搜集资料、调查访问、科学实验等步骤和方法来论证主题、寻求答案、解决疑难。这对于参与者来说是一次亲身感受科学研究过程的模拟和实习。2003 年第 36 题就在一定程度上考查了学生参与研究性学习的阶段性成果。

近年来，上海高考通过新材料的运用、新情境的创设、"问题核心"的突出，对问题解决能力、求异思维、探究意识的考查逐步加强，其用意不言而喻：让"指挥棒"对中学历史教育进行引导，"逼迫"中学师生转变学习方式和教学方式，并探索适合开放性试题的评分方法和组织手段。与研究性学习一样，高考试题同样注重"材料处理—历史理解—历史解释—历史评价"这一历史思维的发展，同样围绕历史教育的核心——"史由证来"和"论从史出"而展开。除了历史思维能力的考查，试题还从"历史假设与探究意识""历史证据的寻求""学术视野和宽容度"等方面做出了许多有意义的探索，旨在拓宽学习者的知识面，让他们关注社会现实，以古鉴今、学以致用，培养批判性思维和创新精神，突破"标准化"和"唯一性"的束缚。因此，尽管高考是大规模的选拔性考试，不能代替研究性学习，但其改革趋向与研究性学习的理念是一致的。

新的学习方式要求与之相适应的新学习评价方式，研究性学习试题是学习方式转变的产物，它的出现和推广又必然会促进广大中学生学习方式的转变。上海高考历史研究性学习试题体现了开放性情境设计、多元化评价标准；在发挥甄选作用的同时，充分尊重了学生的个性，贯彻发展性评价的理念；灵活运用了学科知识，体现和发掘科学理论的应用价值；体现了课程改革的精神，发挥了考试"指挥棒效应"对研究性学习的正导向作用。担心"研究性学习是否会变成新的应试模式"是没有必要的，因为这种"应试"能力的提高，同时也就是解决问题的能力和终身学习能力的提高。因此对研究性学习，我们在教学中应该认真研究，把研究性学习的教育理念与学科教学结合起来，加强对研究性学习与学科教学的整合，加强对研究性学习理念的渗透。根据学科教学和知识结构的特点，发挥学生的主体作用，实施和指导学生进行研究性学习，通过

研究性学习让学生获得亲身参与研究探索的体验，学会分享与合作，培养他们发现问题和解决问题的能力，培养收集、处理信息的能力，培养他们研究问题的科学态度和对社会的责任心、使命感。

（上海高考历史研究性学习试题体现了开放性情境设计、多元化评价标准，体现了课程改革的精神，发挥了考试"指挥棒效应"对研究性学习的正导向作用。原载《历史教学》2003 年第 11 期，并被中国人民大学书报资料中心复印报刊资料《中学历史、地理教与学》2004 年第 2 期全文转载，略有删改）

提取图表背后的历史信息

——以几道高考历史试题为例

一、高考对提取信息能力的要求

《普通高中历史课程标准（实验）》对学生学科能力提出的要求是"在掌握基本历史知识的过程中，进一步提高阅读和通过多种途径获取历史信息的能力；通过对历史事实的分析、综合、比较、归纳、概括等认知活动，培养历史思维和解决问题的能力"。根据课程标准，2004年高考历史科考试大纲将要进一步细化："对材料进行去粗取精、去伪存真、由表及里、由此及彼的整理，最大限度地获取有效信息。充分利用有效信息，并结合所学知识对有关问题进行说明、论证。"近年来，高考中频繁出现以图表考查学生提取信息能力的试题（尤其是上海卷）。如2003年全国文综卷第37题是最明显的考查提取信息能力的试题，该题第二则材料引用了4幅《嘉峪关地区魏晋墓砖壁画》，该题第2问直接提出了信息提取的要求："嘉峪关魏晋墓砖壁画生动地反映了当时河西地区的经济发展与社会风貌，透过材料二你获得了什么重要历史信息？"2004年广东、广西卷第26题引用了唐朝长安城、北宋东京城、《清明上河图》局部图，该题第2问直接提出了信息提取的要求："从图2、3提取历史信息，说明北宋东京与图1所示城市相比，在商业活动方面发生了什么变化？"2003年上海卷第28题也有类似的要求："文物是物化的历史，它为后人留下了丰富的历史信息，观察下列关于唐代妇女的三彩陶俑照片，回答……从这些陶俑中可以汲取哪些历史信息？"2004年上海卷第31题（徐家汇掠影）也是要求："从上面图片中可以看到和汲取哪些历史信息？"2002年上海卷第28题也直接提出了信息提取的要求："文物是形象的历史，人们从商周青铜器不仅看到了那一时期的各种器皿、兵器和工具，而且了解到当时的冶炼技术、生产水平、文字、艺术和社会生活等各种情况。从下列秦砖、汉瓦与画像石中，你能获得哪些历史信

息？"……

一般而言，史料有不同的形式，既可以是文献资料，也可以是实物资料（如遗迹、遗物、遗址）；既可以是文字资料，也可以是音像、图片资料。由于技术（尤其是印刷技术的进步使试卷中出现清晰图片成为可能）和观念的进步（强调图片的史料价值、新的研究方法如统计方法引入历史学等），近年来的高考试题中非文字信息源比重越来越大，其中以图表（尤其是实物图片）最为突出，如 2000 年全国卷的第 32 题、2001 年全国卷的第 32 题、2001 年全国文综卷的第 38 题、2003 年全国文综卷的第 41 题、2002 年上海卷的第 32 题、2003 年上海卷的第 32 题等都是表格类材料题。2001 年全国文综卷的图片资料达到了 12 幅，2002 年上海卷图片资料达到了 14 幅，2003 年上海卷图片资料达到了 19 幅，2004 年上海卷图片资料多达 24 幅。历史图表包含历史地图、图片、漫画、文字材料和各种数据统计等。图表的运用可以使学生直观地感知历史，增强历史的时空感，考查学生获取、分析历史信息的能力，从而激活学生的思维。因为从测量评价的角度看，只有在新的情境下才能真实地考查到学生对历史的理解和应用能力。

二、解读图表背后的历史信息

图片资料题对考生的要求首先是仔细观察图像，捕捉图像的历史信息，这是解题、答题的基础。其次是对观察获得的历史信息充分提取，"由表及里"地解析，反映本质特征，这是解题、答题的关键。如 2002 年上海卷的第 28 题要求从"秦砖汉瓦"中提取信息，并在题干中做了提示："人们从商周青铜器不仅看到了那一时期的各种器皿、兵器和工具，而且了解到当时的冶炼技术、生产水平、文字、艺术和社会生活等各种情况。"这段提示提醒考生，不仅应注意表面现象（即显性信息），如"各种器皿、兵器和工具"，而且要深入思考，发现表面现象背后的深层问题（即隐性信息），如"冶炼技术、生产水平、文字、艺术和社会生活等各种情况"，遗憾的是不少中学生却无法从秦砖汉瓦所显示出的文字看出中国文字的变化（由小篆向隶书的变化），无法从秦砖汉瓦中看出秦汉时期建筑技术的进步。

如 2003 年上海卷的第 28 题："文物是物化的历史，它为后人留下了丰富的历史信息。观察下列关于唐代妇女的三彩陶俑照片（略），回答问题：从这些陶俑中可以汲取哪些历史信息？"题干中有"观察下列关于唐代妇女的三彩陶俑照片"字样，对图片做了重要补充，它透露出以下信息：时间属唐代；主要对象是妇女；原素材是唐三彩陶俑（俑是古代的一种殉葬品，往往与当时的现实生活有着密切的联系）。一般来说，解读这类试题应从两方面入手：其一是从它的表面（即显性的）信息，如形状、容貌、服饰、体态等，这些妇女在做什么，也就是这些照片是什么；其二是深层次（即隐性的）信息，要回答为什么是这样，如从这些表面的信息中看唐代历史发展的特征，需要考生"迁移"历史知识，从唐三彩联想到唐朝的手工业发展水平如陶瓷工艺、造型艺术的发展等，再联系到唐朝社会发展特色，如民族融合、社会风尚、审美观念等。通过对这三幅"唐代女俑图"的观察，绝大部分学生能从照片中获取唐代陶俑生动逼真，女俑发式多样、服饰华丽、文武才艺兼备等表层信息。但很少能从这些服饰、生活片断中认识到唐代社会经济的发展、人们生活的改善等方面的深层信息，诸如：通过女俑发式、服饰的多姿多彩，判断出唐代宫廷的时尚；通过女俑文武才艺兼备，了解唐代妇女在社会生活中的活跃；从妇女骑着高头大马得出唐代妇女拥有较高的社会地位；通过唐三彩这一重要信息，得出当时陶瓷工艺具有较高水平等。

2003 年全国文综卷第 37 题的材料二也有一小段文字提示"嘉峪关地区魏晋墓砖壁画"，这几个字透露出以下信息：时间是魏晋时期；地点是嘉峪关地区（西部地区）；原素材的载体是墓砖壁画（这里的墓砖壁画与上例的俑一样，它并非人们刻意追求的艺术，而是当时人们认为人死后仍在另一个世界中生活，仍有一些物质和文化需求，从而将现实生活浓缩成绘画），这些信息对学生作答同样具有十分重要的价值。《沙漠之舟》的显性信息是骆驼是沙漠中的主要交通工具，而隐性信息则是商旅往来；《犁耕》的显性信息是牛耕方式的采用，而隐性信息是联系图外提示"魏晋时期""嘉峪关地区（西北边陲）"等得出的牛耕是当时一种先进的耕作方式（因为西汉时期铁器和牛耕才在中原地区普遍推广）。如果孤立地分析 4 幅壁画，很难得出满意的结论，如《沙漠之舟》一图可以反映出以下信息：骆驼是沙漠中的主要交通工具；西部沙漠中有人员和物资来往等。只有将这幅图与《龟兹妇女采桑图》《驿使》联系起来才能得知骆驼所装载的物资中丝绸占有一定的比例，才能得出丝绸之路畅通的信息，从而得出与丝绸之路相关的一些结论。

早在 1986 年的高考试题中，就出现了以漫画考查学生提取信息能力的试题《时局图》（绘于 19 世纪末，是一幅寓意深刻、具有警世作用的政治性漫画）。

下图是清末爱国人士所画的《时局图》（略）。请指出：①这幅画揭露了中国当时处在什么样的时局？（1 分）②图中有代号的形象各代表哪个国家？（3 分）

a.（熊）_____　　　b.（太阳）_____

c.（肠）_____　　　d.（狮）_____

e.（青蛙）_____　　　f.（鹰）_____

根据《19 世纪末帝国主义列强在华划分的势力范围示意图》，我们完全可以解读《时局图》中有代号的形象代表的国家：熊代表俄国，它的四爪已踏上

中国的北方，而眼睛还逼视着南方；肠代表德国，它盘绕山东半岛，率先在中国划分势力范围；狮代表英国，它吞噬了长江流域，尾巴还勾住山东的威海卫；青蛙代表法国，把云南、两广揽在怀中；太阳代表日本，它不仅占据台湾岛、澎湖列岛，还染指福建，太阳的光芒说明它对中国全境的野心；鹰代表美国，它在刚刚结束美西战争后来迟一步，故而凭借其强大的经济实力向列强提出"门户开放"的照会。图的下面还有一群摇旗呐喊的怪兽，代表伺机而动的其他侵略者，正在觊觎中华大地。总之，列强掀起瓜分中国的狂潮，这幅画揭露了中国面临帝国主义瓜分的严峻局势。

2002 年上海卷第 37 题以"上海的变迁"为主题，精选了一组反映上海外滩近代以来五个历史时期不同"面貌"的图片，要求考生从图片中获取信息，通过观察其变化、理解其背景、透析其启示，自拟题目，结合史论加以阐述，并就利用外滩历史性象征的资源为 2010 年在上海举办的世博会服务提出自己的创意。显然，现成的答案在课本中是找不到的，它需要考生不仅能以历史学科为基础，整合多门社会学科的知识，还能运用获取信息、领会解释、分析综合、评价论证等多种能力进行探究。命题者独具匠心，巧妙地利用多个设问，在过去、现在与未来之间架起了沟通的桥梁。既引导考生通过观察外滩的五幅图片来聚焦、解读上海昨天的历史；又启发考生通过分析外滩发展演变的背景来品味、感悟上海今天的历史；更激励考生通过为世博会"贡献智慧，提出创意"来展望、描绘上海明天的历史。

2003 年上海卷第 36 题是"图片式材料型"作文题，给出了有关《南京条约》、总理衙门、《马关条约》、新文化运动与五四运动、中美关系"解冻"和十一届三中全会六幅图片，前后贯穿中国近现代 160 余年历史，每组图片含有丰富的历史信息，提供给考生组材作文的很多角度，但并无明确的提示说明，要求考生在世界大背景中理解中国的大变局，自定主题、自拟题目，写一篇既联系所有给定的材料，又突出一个重点的小论文，显然对审题论述和写作能力提出了更高的要求。这六幅图片反映了中国 160 余年的历史，是物化的历史。首先，要准确解读图片，提炼、理解有关信息，透过现象分析本质，并从中提取有效信息（含隐性信息）。如从签订《南京条约》这幅图画下面的注释"是'万年和约'还是千年变局"中，我们可以获取的信息是要侧重"《南京条约》对中国近代历史的影响和危害：导致了中国近代屈辱历史的开始"；透过《马关条约》的注释信息"闯入中国的'春帆'不仅是日本"，可以获取的信息是"19 世纪末列强掀起了瓜分中国的狂潮"。其次，在获取图片有效信息的基础上，迁移、融合有关的史实和信息，题目的要求"以世界眼光观察和理解"这些图片，并"必须联系世界史内容进行论证"，即提示我们要把这六幅图片反映的历史事件放到当时的世界大环境中去分析，与世界史有机地结合起来。如要把《南京条约》的签订和英国工业革命的影响、《马关条约》的签订和日本明治维新、第二次工业革命及垄断阶段的形成、新文化运动和世界资本主义浩荡发展潮流、中国恢复在联合国合法席位以及美苏争霸、中美关系改善等事件结合起来，加深对材料的贯通理解。最后，选取一个角度切入，确立一个主题展开，既要切合材料范畴，用到所有材料，又要根据自己的论题，有所侧重，有利于自己知识优势的发挥。单一材料作文，主题比较容易把握；多例材料作文，要兼顾所有材料，主题较难把握。不能很好地兼顾其他材料，不能从多例材料的整体角度、系统地利用材料史实，阐述观点，就不可能得到高分。如材料"《南京条约》抄件"，如从抗争史的角度运用该材料，重点在于说明条约对于中国的危害；如从经济发展史的角度运用该材料，则主要论证外国侵略客观上对中国经济的瓦解作用。如果以世界的眼光来观察与理解这些材料，就很容易得出"中国近代化"这样一个主题，再通过"政治民主化""经济工业化"和"抓住历史机遇"三点来论证，就不难得到高分了。六幅历史图片蕴含丰富的历史信息，展现漫长的历史场景，给了考生沉思畅想的广阔历史时空，能力考查作用十分突出，具有导向性作用。

　　数值表格也是近年来在高考试卷中经常出现的题型，这是历史研究需要加强的基本分析方法，是历史知识和数学方法的整合。表格中的数字既是死的，又是活的。说它死，是因为它是发生在某一时期的某一历史事件的客观反映，与特定的历史时期、特定地点、特定条件相联系，所以是无法也不应该被人随意更改的；说它活，是因为人类历史是一个不断发展、变化的过程，这些数字与历史的发展变化相联系，反映了历史发展变化的过程。定量分析是学史的重要方法之一，考查学生处理数据、分析各类统计表格的能力是对考生综合能力的考验。如 2001 年全国卷的第 32 题、2001 年上海卷的第 32 题、2002 年上海卷的第 32 题、2003 年上海卷的第 33 题以及 2003 年全国文综卷的第 41 题等。一般来说，数据分析题偏重于经济史，考查的要求往往有两个方面：其一，要求看出数据变化的轨迹，能从静态的数据看出动态的走向，属于"是什么"的范畴。一般双向数值表有两种分析法，如 2002 年上海卷第 32 题，该表由于 Y 轴（行）特定的历史含义不明显，所以适宜 X 轴（列）分析。①依列（资本、借款、船只吨位、运费收入、付出借款利息）按行（年代）分析数值的变动方向，目前一般能分析出正逆方向即可。② 分析两个相关列变化的相关度，目前一般能分析出正逆方向即可。把以上的分析一点一点写出来，就可以较好地回答第一小题。第二小题的答案 2 分中，至少有 1 分可以从数值表中得出，如私人资本、借款、船只吨位等。如 2003 年上海卷第 33 题的表格中，从横向审视，可知三个时期的三项产值都在增长，但工业增长速度快于农业；从纵向排列，可见三个时期的总产值在提升，但工业产值的比重逐步上升，也就是说国家工业化的程度在提高。其二，要求透过现象看本质，说明影响数据变化的历史背景，属于"为什么"的范畴，这是重心所在。通过阅读表格，有针对性地分析

历史现象的成因、发展和影响，可以帮助我们认识历史发展的一般规律，提高辩证思维和联系地、发展地看问题的能力。

2003年全国文综卷第41题第2小题引用了4幅饼状图表，要求从中概括出2001年我国跨省流动人口的主要流向。图表中的"其他"事实上就是起干扰作用的无效信息，中国有34个省级行政区，表中四川、安徽、湖南、江西、河南、湖北6省流出人口占总流出人口的59.3%，而其他28个省级行政区合计流出人口才占40.7%，这足以说明流动人口以以上6省为主，这6个省处于中国内地，相对于东部沿海地区而言属于经济欠发达地区，结论已经可以得出了。另一组即"流动人口城乡结构"也属无效信息，对解答这一题不起决定性作用，因为这一组能提取的信息是人口由乡村流向城市，但选项中没有类似的表述。

图表解析题中的定量分析若与定性判断相结合，可以提供更宽广的视角和更全面的分析手段，当然也增加了解题的难度。从高考的实践来看，绝大部分考生还不能规范地读表答题，答得较随意，看到一点写一点，不容易得高分。

三、培养提取信息的能力

图片和表格更多地作为材料的呈现形式，反映了历史学科并不满足在高考改革中已经取得的成就。针对这一新的变化趋势，中学教学界必须采取相应的措施来培养学生提取信息的能力。

目前，学生在提取信息能力方面的主要缺陷表现为：①提取信息不全面；②提取信息不准确；③不能剔除无效信息。明白不足是改进的前提，发现问题是解决问题的第一步。需要强调以下两点：

（1）将审题训练发展为提取信息能力的培养。长期以来，一线教师都比较注意审题的训练，各种有关审题的文章也很多，这为培养提取信息能力提供了扎实的基础，因为审题本身也是一种提取信息的过程。在审题训练中，我们强调审时间、地点，审关键词，审提示语，审材料来源，审问题（根据材料提出的问题，这些问题有时又可以反过来给人以提示），这些都可以作为培养提取信息能力的基本方法。阅读材料不仅要读正文（或表格内数据、图片的主体），还要读提示语（含表内提示语、表外提示语）、注释、材料来源、标点符号、图片的背景等，不要放过任何细节；既要考虑显性信息，又要注意联系所学知识分析隐性信息；既要重点突破，又要兼顾全局。

（2）加强对非文字信息源的关注。材料解析题自1989年在高考中出现，已经十多年了，师生对一般的文字材料已经具备了丰富的应对经验，但非文字信息源的大量采用是近年来高考的重要特点，也是未来高考命题的一种趋势。新一轮课程改革也突出了图表的地位，它不再是教材的点缀，这是史学"左图右史"传统在新时代的表现。近年来的各种模式的高考卷中出现了地图、图片、漫画、普通表格、柱状图、曲线图和饼状图等多种类型的图表，各种类型图表的采用，是将其他学科的一些科学方法用之于历史学，是学科整合的结果，这也是新一轮课程改革的要求。因此，加强对非文字信息源的关注是应考师生的当务之急。

[高考中频繁出现以图表考查学生提取（显性、隐性）信息能力的试题，必须引起重视。原载《历史教学问题》2005 年第 4 期，略有删改]

高考历史小论文题与研究性学习

近年来，高考历史上海卷题型稳中有变，通过新材料的运用、新情境的创设，进行新探索，以达到平稳过渡，主要体现在出现了历史小论文题（也称"材料分析论证题"），论文题有导向性作用：让"指挥棒"对中学历史教育进行引导，使中学师生转变学习方式和教学方式，并探索适合开放性试题的评分标准和组织手段。师生如果不把研究性学习请进课堂而是继续游离于教改之外，将越来越难以适应高考改革要求。

自从2001年高考历史上海卷推出了小论文以后，小论文写作就成为高考历史题的一道风景线，为广大考生所瞩目。这不仅仅是它赋分的比重越来越大，其写作的优劣从某种程度上往往决定了考生这张试卷的命运，更主要的是历史小论文出题方式的灵活性和理论观点的前瞻性使许多考生为之"衣带渐宽"。从2001年的"公开信"题（第39题，18分）到2002年的"上海巨变"题（第37题，23分），再到2003年的"中国近代化"题（第36题，30分），2004年的"人类文明的传承与交流"题（第36题，30分），小论文题的分值不断增加，试题的开放度也不断增加，逐步成为完全意义上的历史小论文题。在这一背景下，怎样撰写历史小论文的问题，也被提上了议事日程，日益为广大师生所重视。

2001年第39题以"公开信"的形式出现，从文句上看，丰富了试题表达形式，开发了试题新的考查功能；从内涵上看，体现了惩恶扬善、经世致用等历史古训和褒扬正义、捍卫真理的历史责任感，给人以耳目一新之感。当然，这也对学生的文史表达能力等综合素质提出了更高的要求。

以往中学历史教学对个性发展的倾向与水平不够重视，高考也回避了这一考查目标。个性发展的倾向与水平相对应的最佳测量方式是个别化测量。在高考这样大规模的考试中，考量考生个性发展的倾向与水平确实是个新课题，最大的难点是类似于语文学科中作文的阅卷评分问题。即使是同一个史实、同一组史料，因为个人的立场、观点、方法不同，无论是立论、推理，还是选择用什么材料中的什么信息都可能千差万别，比作文有更大的自由度，会使阅卷评分产生更多的误差。2002 年第 37 题就设计了一道准小论文式的大型试题，为学生个性发展提供了空间，较好地解决了这一问题，是研究性学习试题的典型例证。该题题干采用了上海外滩及其附近地区在近代以来不同时期的五幅图片，要求学生从图片上获取信息，指出在这 160 余年间所发生的变化，并结合国内外的历史背景论述其变化的原因；思考并归纳这一沧桑巨变对今天建设有中国特色的社会主义有何启示，并结合上海申办世博会的契机，利用外滩及其附近的历史性特征，自己选题加以史论结合地论证，提出创意，贡献智慧，考查的是学生创新和探究的能力。这种题型为正在开展课改中的研究性学习提供了可资借鉴的案例，使学生能够充分利用已学的历史知识，展示自己的才华。试题没有设置固定的参考答案，既有鲜明的区域性、时代性、现实性，也有多学科的综合性、探究性，较为完善地体现了研究性学习的实践性、创造性等主要特征，是一道全方位开放的研究性学习试题。

2003 年第 36 题在题型上有了重大突破，历史材料作文题被引入历史高考试卷中，成为完全意义上的历史小论文题。学生学习、研究和表达能力的强弱，在此题中得到了比较全面的展现，这是研究性学习试题的又一典型例证。本题要求考生根据中国近现代史上六组不同时期的历史事件、历史人物活动的图片（前后贯穿中国近现代 160 余年历史，但并无明确的提示说明），自定主题、自拟题目写小论文，这显然对审题论述和写作能力提出了更高的要求。六组历史图片蕴含丰富的历史信息，展现宏大的历史场景，给了考生沉思畅想的广阔历史时空，能力考查作用十分突出。研究性学习同课堂上的接受式学习有很大的不同，它要求学生自拟课题，通过搜集资料、调查访问、科学实验等步骤和方法来论证主题、寻求答案、解决疑难。这对于参与者来说是一次亲身感受科学研究过程的模拟和实习。2003 年第 36 题就是在一定程度上考查了学生参与研究性学习的阶段性成果。

2004 年的第 36 题引述了美国哈佛大学燕京图书馆内悬挂着的一副清末民初一位诗人写的对联："文明新旧能相益，心理东西本自同。"对联赞叹了人类文明在时间和空间上的传承与交融。哲学家、社会学家、经济学家、科学家、文学家……各有评论。该题提出：假如你是历史学家，对这副对联作何评论？请自拟一个题目，写一篇历史小论文。此题改变了过去两年以提供多幅图片作为写作题材的特点，旨在考查学生的高级思维能力和个性倾向，考生只要围绕这一主题，就可以从多角度进行论述，但必须突出材料主题、中外联系论证，达到"以史为据、论从史出、史论结合"的要求。

从以上分析可以看出，高考试卷中的历史小论文题一般有两种类型：一是史料题，要求考生从给出的史料中提炼出文章的主题，然后自拟标题，谋篇布局，撰写论文。2003 年第 36 题的"中国近代化"题，就是典型的史料题。二是史论题，要求考生证明某一历史观点是正确的或是错误的。2004 年第 36 题

的"人类文明的传承与交流"题，就是典型的史论题。应对高考要求，撰写一篇好的历史小论文，要尽量做到论题新、论点新、角度新，文笔清新流畅，既有较强的可读性，又有较深的启发性。

撰写历史小论文是研究性学习大举渗入高考试题的表现，引起了诸多变化：①通过提供新材料创设新情境，小论文题实际上已成为微型研究课题。②应试者解答此类试题的过程实际上已成为研究性学习或者说是模拟性研究的过程，也是体验历史的过程，在体验中有所感、有所思、有所悟，就会有更多的收获。③此类题目的答卷实际上是研究性学习或模拟性研究的成果，小论文的撰写要求考生调动自己的各学科知识，而不局限于历史学科，这是一种科学研究的行为，也体现了知识的联系性和综合性。同时，在这一过程中，考生能切实感受到"史由证来"和"论从史出"，这对培养严谨求实的学风有着十分重要的作用。④一篇好的历史小论文除了在写作、观点上符合题目的要求以外，还要做到观点明确、史论结合，论证富有较强的逻辑性，文字精练、文笔优美等。这些要求决定了考生在平时的学习中必须注重历史基础知识的学习，除掌握扎实的历史基本功以外，还要培养自己的材料阅读、分析能力和文字表达能力，做到运筹帷幄。考生是在规定的时间、规定的篇幅中进行写作的，这就限定了考生思考、构思的时间，要在短时间内写出一篇好的论文，必须掌握好写作技巧，这样才能在写作中做到落笔有神。

（高考历史小论文题属于研究性学习渗入试题，对学生的文史表达能力等综合素质提出了更高的要求，学生学习、研究和表达能力的强弱能得到比较全面的展现。原载《广东教育》2005年第3期，原标题为"高考导向：高考历史小论文题与研究性学习"）

高考历史对"情感态度与价值观"的考查

对"情感态度与价值观"的考查是近年来高考试题改革的一个"亮点"。新一轮课程改革刚刚开始的时候，就明确地提出要以高考的改革来推动课程改革。《普通高中历史课程标准（实验）》（简称《课程标准》）把"课程目标"定位为"知识与能力、过程与方法、情感态度与价值观"三维目标。我们欣喜地看到了高考试题已经较好地体现了新课程改革和《课程标准》的理念，"知识与能力""过程与方法""情感态度与价值观"等在试题中均有体现。

情感态度与价值观属于精神的范畴，考查其优劣好坏的基础是实践。通过实践的量化，方可对之做出定性的评估。情感态度与价值观属于精神层面的东西，通过文字的形式虽然无法从根本上检测考生的这种"实践的量化"，但考生面对考题作答则是一种实践性的行为，其在作答的过程中，必然有其"精气神"的活动。所以，只要试题本身编拟得好，把情感态度与价值观作为试题的立意，融入试题当中去，也可以使考试测量成为在情感态度与价值观方面再教育的过程；也可以改变以往从知识和能力来制定评分标准的方法，把情感态度与价值观列为评分标准之一。情感态度与价值观是可以在一定程度上考查的。近几年的高考试题中，如2000年考查了对人类基因组意义的评价；2001年以有位老人节衣缩食13年，用节省下来的数万元资助了40多名贫困学生为例，设计人生价值观的辨析题，开展对道德活动的讨论；2003年考到了对生态入侵的看法；2003年文理综合试题的第42题就"大米草泛滥带来生态危机"问题，说明对待物种引进的正确态度；2004年上海文综卷第48题关于"设计公益广告词"，2004年文综卷第37题关于"战争的国际法问题"等，都是旨在考查考生对"情感态度与价值观"的探索，引导考生对问题解决过程的关注，注重考查考生在解决问题时的情感态度与价值观。

在这方面，历史试题（全国卷、文综卷，尤其是上海卷）走到了各学科的前面，并逐渐加大了对情感态度与价值观的考查，反映在一些新情境、新形式的题目上。考查的落脚点在情感方面，主要是考学生能否心态平和、严谨细致、

实事求是地回答问题；态度方面主要是衡量考生是否有毅力、有韧性、有追求真理的科学态度、有良好的思维品质；价值观方面主要是鉴别考生对学科价值和基本人生观的认识理解程度。下面以几道非选择题为例来分析说明：

2003年上海卷第30题从形式上看，是一道双语材料题；从考查要求看，是一道多元选择讨论题。题干选用三枚外国邮票，属于直接史料；原文不加注释，保持原汁原味，这样对学生的阅读能力提出了更高的要求。多元评论的角度从2002年专家学术论述改为2003年的中学生民意调查，更为贴近学生实际，容易使学生在心理上产生亲和力。该题不仅仅是要求在三个事例中选一带二全面评估，更重要的是传递一个信息：鼓励各抒己见，提倡合作精神。从历史的眼光看，"和而不合"体现了中国古代先贤的社会处世观点，"求同存异"反映了中国现代外交的和平共处原则。那么，作为当代人更要注意合作与交流，尤其是在学习上更应如此。对于求学者来说，自己的知识和技能在学术交流中非但不会减少和丢失，反而还可以有机会学习、汲取他人之长，甚至产生新的思想火花，从而在交流者之间彼此激活，产生共振。除了提倡交流外，更希望在探讨和交流中以宽容的心态，克服"非此即彼"的思维模式，尊重别人的不同观点，汲取对方的合理之处。这对于治学处世都是一种有积极意义的民主理念。

2004年文综卷的"整体世界题"（第37题），突出了"知识与能力、过程与方法、情感态度与价值观"的考查目标。第（1）问以"公元1年、1500年、1800年"西方人对世界了解范围变化图设问，比较简单易答。第（2）问以哥伦布航行到美洲500周年一事，不同社会群体、民族有着截然不同的情感态度与价值观："许多国家纷纷举行纪念活动，但也引起美洲印第安人后裔强烈不满。"那么，中国当代中学生对此又该持怎样的情感态度与价值观？第（3）问主要考查20世纪初世界经济联系日益密切的表现及其受益国，要求从材料中准确提取信息，并考查学生的文字归纳、概括能力和语言表达能力。第（4）问考查对经济全球化两重性的认识与发展中国家的对策。此题要求考生了解和运用基本历史知识、历史唯物主义的基本理论和方法认识历史与现实问题，逐步形成科学的世界观和历史观。在答题过程中，既有基础知识的考查，又有能力的训练，还有史学方法的运用，更有情感态度与价值观的体验。试题三则文字材料及设问贴近中学生语言，给予考生人文关怀，彰显了历史教育的人文教化功能，使考生在答题过程中，学习知识、提高能力、学会学习、学会做人。

上海卷取材生动、亲切，关注人文精神的培养，具有较强的情感色彩，这在2001年的试题中已有所体现，2002年、2003年又有进一步的发展，2004年对情感体验和价值观的考查更是屡屡出现。如：第28题以复旦大学赠送切尼的礼物为话题，体现了对中华文化的认识问题，有利于激发学生对我国传统文化的自豪感；第30题将史实放在一个全新的情境下，以温家宝总理答记者问为出题的背景，引出《春愁》这首诗，并配以"阿里山云海"的图片为背景。茫茫云海、美丽富饶的宝岛，和上这首《春愁》，一种思恋故土、痛恨侵略、渴望统一的强烈爱国情感和早日实现祖国统一的历史责任感跃然纸上，从而非常巧妙地将当今热点"台湾问题"镶嵌其中，使历史与现实有机结合，让学生回到历史，进而回顾台湾发展道路的不平坦，激发学生的爱国情感和希望台湾早日回归的热切期盼。第 31 题以徐家汇今昔的建筑风貌的变化图片为材料出题，是对上海乡土历史的考查，实际上是借此反映家乡上海的变化与发展，此情此景难道不会使学生的自豪感油然而生，同时还被一种奋发向上的时代精神所激励吗？对情感态度与价值观的考查是十分自然而妥帖的。培养学生积极向上的情感态度，是历史教育的责任，关注学生的健康发展，更是历史教育的责任，作为有导向性的高考命题，理所当然要树立好榜样。

如何使我们的高考历史试题"考"出考生的情感态度与价值观，选拔出"德才兼备"的人才呢？笔者认为：

1. 试题的素材应与现实生活和社会发展密切相关

《课程标准》提出："（历史课程）应坚持基础性、时代性，应密切与现实生活和社会发展的联系。"高考命题对现实的关注无疑是对这一改革理念的呼应。注重试题的现实性不是简单地考"热点"、简单地图解历史，而是通过对考点的选择体现当今社会和世界的重大问题与整体走向，拉近历史与现实的距离。

现实社会的重点、热点问题，考生的生活实际问题，与考生的关联直接。根据心理学原理，现实的问题与我们的关联度越大、越直接、越紧迫，我们的心理活动就会越强烈，其中的情感态度与价值观的展现就会越充分。在道德教育领域，20 世纪 70 年代由美国心理学家科尔伯格提出，随即风靡世界很多国家的发展道德认识的"道德两难问题讨论法"，就是让学生在最现实的道德两难之中做出选择，以此为切入点，从而培养、发展学生的道德能力，使学生逐渐发展成为道德上完善的人。反过来，让考生解析将现实社会的重点、热点，与考生的实际生活紧密相连而编拟的试题，其答案、行文一定会在某种程度上透露出其情感态度与价值观的信息，或者说其情感态度与价值观会有一定的反映，从中我们只要进一步做一些技术性处理，就能考查出考生的情感态度与价值观。

贴近现实、不避热点是历史试题的特色，通过古为今用、洋为中用，拉近历史与现实的距离。以现实作为历史探索的切入口，引导学生关注国内外大事，体现时代特色。关注国内外重大时事是近年来高考历史命题的趋势，其目的就是要适时地引导学生身在课堂，心怀天下，学习历史，关注生活，关注社会，关注世界。试题的情境营造贴近社会生活，贴近学生生活的氛围，体现了命题对"从生活走向历史，从历史走向社会"理念的探索，现今的高考已经在这样做了。不管是全国的四套文综题，还是省市区自命的八套综合（文史）题，80% 以上的试题

都直接或间接地反映了这一主题，比较充分地体现了教育部考试中心的命题设计："以问题为中心，以人类所面临和关心的或现实、重大的社会问题为素材"，目的就是要"实现对考生情感，态度与价值观的引导与考查"。

2. 试题应具有开放性、多元性

所谓开放性的试题，就是试题的结构是开放的，即试题的材料、题干、答案三大部分至少有一部分是开放的。考生可以根据自己的知识结构、兴趣爱好、价值取向做出选择。所谓多元性的试题，就是试题的素材应有多元性，包括原始材料的多元性和观点的多元性。多元性试题一定是开放题。考生可以根据自己的知识结构、兴趣爱好、意志品质、人生观等做出选择。因为考生可以自主选择，所以开放性的试题和多元性的试题或者说开放的多元性的试题，不仅能考查考生的创新精神和创新能力，也能在一定程度上考查考生的情感态度与价值观，至少能为我们对学生实施情感态度与价值观教育提供具体的依据。

开放性表现在更加贴近社会和关注实际，努力做到材料和信息的开放。开放不仅在于形式上，更在于内容上。如 2004 年上海卷第 28 题提供了新的情境，并据此提出了问题，考查学生全面而多角度分析和认识问题的能力。这个情境就是 2004 年 4 月 15 日，美国副总统切尼在复旦大学的演讲。出题没有围绕演讲的内容，却是由一件礼物而引出的。复旦大学校方赠送的礼物究竟是什么，我们不知道，我们只能从材料中得知是孔子的画像以及有关的议论。这些议论分别涉及中国古代教育思想、弘扬中华文化和中国古代人权思想。我们要根据甲、乙、丙三种议论，各有侧重地对三种说法做出简要的解释。第 31 题选用了学生比较熟悉的生活素材来出题，将历史知识与乡土知识巧妙地结合起来，贴近现实生活，有浓郁的生活气息。而且设问是要求学生寻找可汲取的信息，具有明显的开放性，一定程度上检验了学生研究性学习的能力。同时答案不唯一，学生只要言之有理均给分，这就为学生提供了充分想象的空间，有利于培养学生的发散性思维，而且也能充分尊重学生的个性，有利于学生心智的发展。从某种角度看，历史是一种感受、一种体验，它会体现出多样性，对它的理解也是多元的，多元理解可以改变学生对历史人物和历史事件的评判取舍非此即彼的单一模式。

注重学生在现实生活的背景中学习知识，倡导他们在解决实际问题的过程中深入理解知识，倡导研究性学习，是新课程改革的重要理念。研究性学习具有重视"多元角度、创新意识、逻辑整合、情感体验、实践能力、个性发展"的诸多特点和"史由证来，证史一致，论从史出，史论结合"的史学原则。这个原则在 2001 年的上海卷中已初现端倪，2002 年、2003 年又有进一步的发展，2004 年则发挥得淋漓尽致，特别在体现"研究性、探究性学习"方面，更富有鲜明特色。整份试题都以材料作为题眼，其形式多种多样、灵活多变，运用的图片、文献、诗词、对联、漫画、地图、表格等材料都是原始的，并注明材料的出处，显示了材料的历史性、真实性、可靠性，表明了上海卷越来越注重学术规范的特点，试题本身就体现了情感态度与价值观。

3. 体现地方特色，发掘乡土历史资源

体现地方特色，发掘乡土历史资源，加强对地方区域史的考查，这显然是地方自主命题的特点。2002 年上海卷的那道"上海百年巨变"题（第 37 题）让人记忆犹新。2004 年文综春季卷中以珠江三角洲为切入点，以广州的发展变迁为主线进行考查；夏季文综卷第 39 题以"东北地区"为背景，从政史地学科综合考查东北地区工业振兴等相关知识。2004 年上海卷"猪形陶器"题（第 1 题）、"切尼在复旦演讲"（第 28 题）、"徐家汇掠影"（第 31 题）以发生在上海的事或反映上海变化的图片做材料，培养学生热爱家乡的情感。2004 年北京卷第 37 题设计了发生在近代北京的"抗争篇""新生篇"，要求学生编辑"北京地区人权历史报告"的资料卡片，使学生在组织材料作答的同时，受到强烈的爱国主义和革命传统教育。2004 年江苏卷第 11、26、30 题都考到了与江苏历史有关的内容，而第 20 题中"人们可以坐火车外出"也是 2004 年 4 月 18 日以后扬州人外出的一种选择（胡锦涛主席曾在"五一"期间到扬州为宁启铁路宁扬段正式运营剪彩）。2004 年天津卷有"当地民族工业内容"等。这样的试题易于激发学生的学习兴趣，培养热爱家乡的情感。立意好、形式新，将落脚点放到了培养和激发学生的情感态度与价值观上。

目前中学历史教材实行一纲（《课程标准》）多本，因此考试测量中基本知识点的确定应该遵循新课标，而不是具体教材。《课程标准》应该作为制定考纲的依据，高考改革也必然要关注课程改革。通过高考考试方式和命题改革，使高考与中学教学形成良性互动，使高考真正成为课改的延伸。新课程标准已颁布，新课程教材已在广东等四个省区全面展开。我们欣喜地看到了近几年高考历史试题已经较好地体现了新课程改革和《课程标准》的理念，试题体现的基础性、研究性和开放性，强调能力和素质，强调学科主干知识，强调理论联系实际（紧扣社会发展和学生生活实际），已成为实现"知识与能力""过程与方法""情感态度与价值观"等课程目标的有效载体。课程改革与高考改革相辅相成，高考改革是课程改革的重要内容，高考试题对中学教学方式的改变有明显的引领作用，必将在更深的层面上体现新课程理念。

（高考历史试题以立德树人为核心，强化考试内容的育人导向，逐渐加大了对情感态度与价值观的考查。原载《中国考试》2005 年第 6 期）

浅谈诗词在高考历史试题中的运用

中国是诗（含对联、歌谣）的国度，数千年文明史，诗词如林，蔚为大观。无数诗人通过具体、生动、典型的艺术形象，多方面地展示了广阔而复杂的社会生活，给我们留下了一首首描绘不同历史时期的政治、经济、军事、文化、社会风尚及历史发展趋势的"史诗"，也为当今的高考命题提供了素材。引诗入题，可以丰富历史试题的结构和呈现形式，展示历史文化的博大和深厚，使严肃的试题也多了些诗情画意的味道。《普通高中历史课程标准（实验）》提出了历史课程的"三维目标"，即"知识与能力""过程与方法""情感态度与价值观"，高考历史试题中恰当地引入一些诗词，既对增强考生学习历史的兴趣、提高文学修养、拓宽知识面有一定的意义，也有助于历史课程"三维目标"的落实。

一、引诗入题，开辟了命题的新途径、新空间

诗词作为文学的重要组成部分，与历史有着千丝万缕的联系，诗词中含有大量的历史典故，其丰富的内涵也堪称一座史料宝库。诗人用诗词反映当时的社会现实，吟咏王朝兴替、世事变迁。"诗圣"杜甫的诗因准确生动地刻画了当时社会，被称为"史诗"；毛泽东的诗词反映了中国革命的光辉历程，是一部形象的中国革命的伟大史诗。[①] 因此，以诗词为载体命制历史试题的做法，既符合"文史不分家"的传统，也不失为一条发掘文化遗产的途径。命题者利用诗词反映历史的特点，或以诗证史，或诗史互证，提供有效的历史信息，让考生运用所学知识、概念、理论来解决问题，开辟了命题的新途径、新空间。

二、引诗入题，增加了试题的可读性、艺术性

早在 1986 年的高考历史试题中，就曾有以毛泽东的《渔家傲》词来考查考

---

①　张金勇，狄玉虹．毛泽东诗词在中学历史教学中的应用．中学历史教学参考，2002（10）．

生提取信息能力的试题。近年来，高考历史试题频繁出现考查考生的知识面及综合分析能力的诗词题，极具中国诗情画意传统。如 2002 年文综卷文字优美、图文并茂，真正体现了文科的特点，命题者用诗一般的语言组织题干和选项，或以优美的诗词为题干，或以名画为引导，或以名句为导言，增加了试题的可读性和艺术性，如选择题第 31～35 题就用了"露从今夜白，月是故乡明""泪眼问花花不语，乱红飞过秋千去""寒波澹澹起，白鸟悠悠下""明月出天山，苍茫云海间""明月松间照，清泉石上流""星垂平野阔，月涌大江流""片云天共远，永夜月同孤""海上生明月，天涯共此时""月有阴晴圆缺，人有悲欢离合，此事古难全"等诗句。在主观题的材料中，选取了名文《岳阳楼记》、名画《清明上河图》等，较好地将理性思维（哲学常识）与感性认识（古诗词）有机结合，试题生动活泼，在很大程度上增加了亲和力。

三、引诗入题，有助于考生增强"知识与能力"

"舞是诗兮诗是史。"（谢觉哉《再看东方红》）诗词作为历史的一种特殊的表现形式，以生动精练的语言、具体感人的形象、耐人深思的议论，融艺术与史事于一体，义理深邃、寓意深远。引诗入题，有利于考生回顾学过的知识，提高思维能力。如 1988 年全国卷选择搭配第 1 题引用曹操的"白骨露于野，千里无鸡鸣"等名句入题，要求考生选择合适的作者、时期与其搭配，不但生动活泼，考查了考生对历史时序性、空间性的掌握，还拓宽了知识面，实现了文与史的关联。

毛泽东的诗词是记载中国革命历程的史诗。2002 年高考上海历史卷第 17 题引用毛泽东 1927 年作的一首词："军叫工农革命，旗号镰刀斧头。……秋收时节暮云愁，霹雳一声暴动。"以此引出湘赣边界起义，进而考查与此相关的史事。2006 年广东历史卷第 6 题以曾在安徽芜湖地区流传的歌谣"天兵来杀妖，全为穷乡亲。打下南京城，就把田地分"来反映太平天国农民运动的史实；广东大综合卷第 9 题以"脚踏黄河水倒流，搬来泰山做枕头；决心苦战十五年，赶上英国不发愁"来考查这首新歌创作的时代背景；四川文综卷第 16 题引"危局如斯敢惜身？愿将生命作牺牲"入题，要求考生据此回答女革命家秋瑾在同盟会成立后领导浙皖起义的史实。这些非常简明扼要的语言、富有时代特色的诗句，既使考生能够在紧张的答题过程中不经意间领略到历史的意境和真实，又使考生感受到审美的愉悦。

1996 年上海历史卷第 40 题要求考生运用掌握的历史知识，为参加《红军不怕远征难（长征组歌）》合唱的同学解释"三十昼夜飞行军，突破四道封锁墙，不怕流血不怕苦，前赴后继杀虎狼。全军想念毛主席，迷雾途中盼太阳"中的"虎狼"和"迷雾途中"的含义。2005 年上海综合能力测试卷第 30 题以

唐代张继的诗"月落乌啼霜满天，江枫渔火对愁眠。姑苏城外寒山寺，夜半钟声到客船"入题，考查与该诗相关的桥名以及所在城市的名称。诗词入题，体现了史学的博大精深，也使得试卷诗意盎然、生动活泼，历史课程的"知识与能力"目标在试题中得到了较好体现。

中学历史学科的学习能力主要包括记忆能力、观察能力、表达能力和思维能力，其核心是思维能力。引诗入题，对培养考生的思维能力大有益处。如1993 年全国卷第 42 题引宋代文人刘迎的"迄今井邑犹荒凉，居民生资惟榷场。马军步军自来往，南客北客相经商"诗句入题，反映宋代融洽的民族关系和民族间的友好交往，引导考生进行"历史思索"，提高自己的思维能力。[1] 2000 年全国卷第 42 题以义和团的一份揭帖"神助拳，义和团，只因鬼子闹中原。……升黄表，焚香烟，请来各等众神仙。……挑铁道，把线砍，旋再毁坏大轮船。……一概鬼子都杀尽，大清一统庆升平"来组题，要求考生回答义和团当时所持的观点、有什么积极意义和局限性，较好地考查了考生的历史思维能力。2002 年上海卷第 29 题，节录了唐朝元稹的《连昌宫词》："开元之末姚宋死，朝廷渐渐由妃子。禄山宫里养作儿，虢国门前闹如市。"要求考生对其进行分析，考查考生的历史意识与迁移能力。2003 年上海卷第 29 题用了李纲的《述怀》诗："胡骑长驱扰汉疆，庙堂高枕失堤防。……退避固知非得计，威灵何以镇四方？中原夷狄相盛衰，圣哲从来只自强。"要求考生回答李纲为何如此"述怀"，渴望自强。与 2002 年元稹的《连昌宫词》题相比，在诗文意境上更为深沉，考查考生思维能力的要求有所提高。[2]

四、引诗入题，有助于考生重视"过程与方法"

课程改革理念之一就是教会学生善于发现、善于研究、善于从生活中提取信息，并将"过程与方法"作为历史学习的三大目标之一。引诗入题，用诗词创设情境，用意非常明显：从诗词中准确获取历史信息，关注学习的过程与方法。不仅如此，还可以培养考生学习历史的兴趣，促使考生探究意识的形成，这在某种程度上也反映了未来高考历史命题的趋势。

2001 年上海卷第 27 题引四川广安邓小平故居的一副楹联："扶大厦之将倾，……安邦柱国，万民额手寿巨擘；挽狂澜于既倒，……兴工扶农，千载接踵颂广安。"让考生根据所学知识推测此联的创作年代，考查考生准确获取历史信息的能力。2003 年上海卷第 13 题引新疆一座晚清名臣祠堂中的一副楹联："提挈自东西，……十年戎马书生老；指挥定中外，……万里寒鸦相国寺。"考

① 李铜玉. 文史交融 相得益彰. 当代教育，2005（1）.
② 徐国雄. 争奇斗艳出新意——评 2003 年历史高考上海卷. 中学历史教学，2003（8）.

查考生阅读史料、迁移知识的能力。引诗入题，无疑丰富了题文的表现手段，其文字内容单从语文角度来看，考生不一定全部理解，但从历史角度来说，根据楹联内的"晚清"（时间）、"新疆"（地点）、"戎马"与"指挥"（内容）、"名臣"（人物身份）等词语的提示，考生可以从容确定它颂扬的是左宗棠，考生作答的过程，也是其学习过程和学习方法的检测与运用过程。又如 2005 年全国文综卷 I 第 18 题，让考生根据"忆昔开元全盛日，小邑犹藏万家室""寂寞天宝后，园庐但蒿藜"所描述的社会生活情境来判断诗作者，考生要答对此题，必须知道备选项杜甫、陈子昂、孟浩然、杜牧几位诗人的大体生活年代以及各自作品的风格。由此可见，试题既考查了考生的文学素养，又考查了考生对历史信息的处理能力，其对学习过程与方法的考查也包含其中了。

2005 年广东卷第 26 题引张祜的诗："十里长街市并连，月明桥上看神仙。人生只合扬州死，禅智山光好墓田。"来考查考生提取唐代扬州经济繁荣的信息；全国文综卷第 20 题以"军叫工农革命，旗号镰刀斧头，匡庐（泛指江西）一带不停留，便向潇湘（泛指湖南）直进"为题干，要求考生从毛泽东诗词中正确解读秋收起义这一历史信息；上海卷第 6 题以唐诗"檐剪新叶覆残花，席上余杯对早茶""春泥秧稻暖，夜火焙茶香"入题，赋予试题以诗情画意的情景，考查考生提取历史信息和知识迁移的能力，使解答历史问题的过程成为一个感受美、欣赏美、判断美、追求美的过程。

五、引诗入题，有助于考生提升"情感态度与价值观"

诗词是具有强烈感情色彩的文学作品，对人的情感态度的熏陶感染和审美素质的塑造有着不可替代的作用。引诗入题，易于调动考生的情绪，引导考生进入一种或悲壮凄凉或欣喜愉悦或冷静思考的气氛之中，比平铺直叙地罗列史实以组织题干、列举选项的效果要好得多。如 1991 年全国卷第 9 题以《台湾行》之"我高我曾我祖父，艾杀蓬蒿来此土，糖霜茗雪千亿树，岁课金银无万数"为题干，指出台湾是"我高我曾我祖父"开辟出来的神圣领土，歌颂了中华民族开发台湾的艰辛历程，表达了割让台湾的悲痛心情和誓死捍卫台湾的坚强意志。1996 年上海卷第 39 题引用章太炎 1904 年为慈禧太后七十大寿所作的讽联："今日到南苑，明日到北海，何日再到古长安？叹黎民膏血全枯，只为一人歌庆有；五十割琉球，六十割台湾，七十又割东三省，痛赤县邦圻益蹙，每逢万寿祝疆无。"由此慈禧太后 40 年的罪恶史跃然纸上。诗词为了表达最深刻的思想或最强烈的情感，总是用极具风格的逻辑结构组织排列极简单、极鲜明的事实，最能吸引学生的注意，激起学生强烈的求知欲望。①

① 李铜玉. 让历史教学畅游在文学中. 广东教育，2003（6）.

2001 年上海文综卷第 28 题节录《秋收暴动歌》："拿起武器闹革命，工友农友真英雄。秋收起义成了功，一杆大旗满地红。"让考生谈对"秋收起义成了功"的理解，考生既可以认为"这句歌词不符合历史事实，因为起义军攻打长沙严重受挫"，也可以认为"这句歌词含义正确，因为秋收起义受挫后，毛泽东开创了农村包围城市、武装夺取政权的革命道路"。这样引诗入题的试题具有很强的开放性，既以开放的姿态鼓励考生畅所欲言，打破"非此即彼"的思维模式，又体现了"史实是唯一的，历史结论和观念不是唯一的"教育理念。①对开放性的试题，考生可以根据自己的知识结构、兴趣爱好、意志品质、人生观等做出选择与判断，不仅能考查考生的创新精神和创新能力，也能在一定程度上考查考生的"情感态度与价值观"。又如 2005 年全国文综卷 I 第 30～31 题以林则徐的名言"苟利国家生死以，岂因祸福避趋之"为题干，探讨人生价值观问题，让考生明确这种以国家利益为重、不顾自身利益的斗争精神是中华民族精神的一个重要组成部分，在建设和谐社会的今天，也有一定的现实意义。培养学生积极向上的情感态度，是历史教育的责任，关注学生的健康发展，更是历史教育的责任，作为有导向性的高考命题，理所当然地要树立好榜样并有效引导。

六、引诗入题，有助于提高考生的文学修养

1999 年高校保送生"综合能力测试"第 10 题是一道与诗有关的开放题："唐代诗人杜牧曾写过一首题为《江南春》的诗：'千里莺啼绿映红，水村山郭酒旗风。南朝四百八十寺，多少楼台烟雨中。'对这首诗，明代的文学家杨慎在《升庵诗话》中批评说：'千里莺啼，谁人听得？千里绿映红，谁人见得？若作十里，则莺啼绿红之景，村郭、楼台、僧寺、酒旗，皆在其中矣。'针对杨慎的意见，清代的文学家何文焕在《历代诗话考索》中曾进行了驳斥：'即作十里，亦未必尽听得着，看得见。题云《江南春》，江南方广千里，千里之中，莺啼而绿映焉，水村山郭无处无酒旗，四百八十寺楼台多在烟雨中也。此诗之意既广，不得专指一处，故总而名曰《江南春》。'要求：自拟题目，写一篇不少于300 字的短文。"

《江南春》通过对南朝封建统治者崇信佛教、广建寺院、劳民伤财导致南朝覆亡这段历史的追忆，讽喻唐代统治者崇信佛教、广建寺庙、浪费无度的相同做法，表达了诗人对晚唐国势日趋衰退所产生的忧患意识。考生如果把诗人"写景"与"抒情"结合起来分析，就能准确理解这首诗，不会被材料中明清两位文学家仅仅从"写景"角度分析这首诗的解读所左右，从而有助于明确议

---

① 李铜玉. 体现新课标理念的 2004 年上海高考历史试题. 历史教学，2005（6）.

论的立意，这是"文史不分家"的典范。

2005年全国文综卷Ⅰ第10～12题要求根据监测的叶绿素含量、水温和盐度垂直分布的数据合成图判断此次监测所处的时节是"长城内外——千里冰封，万里雪飘""江淮平原——草长莺飞二月天""燕赵大地——赤日炎炎似火烧""太行群山——霜叶红于二月花"中的哪个。试题用与时节相关的诗句组织选项，绝妙地将冷冰冰、单调抽象的水文监测图与情感丰富、生动形象的诗句完美结合起来，既考查了考生的地理常识，又用名人诗句把地理常识与文学艺术有机结合在一起，也考查了考生的人文素养。同样，第20题中毛泽东的诗句："军叫工农革命，旗号镰刀斧头，匡庐一带不停留，便向潇湘直进。"是让考生在掌握历史知识的同时，提高文学修养。[①]

七、引诗入题，有助于考查考生思维能力、展示个性

2004年上海卷第36题引"对联"入题，要求考生写一篇历史小论文，旨在考查考生的思维能力和个性倾向。上联"文明新旧能相益"是从人类历史的纵向角度点出历史的传承，下联"心理东西本自同"是从历史发展的横向角度点出东西方文化的碰撞。小论文形式的试题为考生个性发展提供了更大的自由空间，考生学习、研究和表达能力的强弱，在此也能得到比较全面的发挥，考生可以充分利用已学的历史知识，展示自己的才华。当然，是否每个考生都能充分展示自己，一则需要有相应的中国史与世界史知识的储备，这种储备并不在于简单的人和事的具体记忆，而在于对中国史与世界史及其相互联系、影响的宏观把握与理解；二则需要有较高的"史由证来，论从史出"的逻辑思维能力——史论之间的演绎、归纳、类推、假设和建构能力，以及一定程度的文字表达能力。本题引"对联"入题，以探究理念来提升基础知识，较好地实现了对考生发现问题、分析问题、解决问题能力和个性倾向的考查。

（以诗词入题，丰富了历史试题的结构和呈现形式，展示了历史文化的博大和深厚，使严肃的试题也多了些诗情画意的味道。原载《中学历史教学参考》2006年第10期）

---

① 朱可.2005年全国文科综合试卷探微.历史教学，2005（8）.

高考历史漫画试题解析

　　漫画入题，可以将繁杂枯燥的历史知识演绎成具有喜剧色彩的图文漫画，给人以新鲜感，使考生在读图时能有一些亲切感，并平添几分读图的乐趣，很好地体现了新课标的理念。在试卷中，配上一幅漫画，既画龙点睛又图文并茂，能够让考生在紧张的答题过程中不经意间领略到历史的意境和真实，又使考生感受审美的愉悦，因此深受考生的好评。

　　近年来，高考历史试题（尤其是上海卷）出现了漫画试题，不仅提供了生动活泼的试题意境，缩短了试卷长度，减少了文字阅读量，而且为考生答题提供了丰富的感性材料和直观印象，也为能力考查提供了更为广阔的空间，反映了试题形式改革的方向。

　　【例1】（2000年上海卷第38题）观察右图，结合"二战"后初期的有关史实回答：

　　（1）你认为，画面中的"医生"和"病人"分别指代什么？

　　（2）"医生"开的是什么"药方"？

　　（3）"药方"的实质是什么？

　　【解析】这是一道主观性漫画试题，必须将漫画与试题的背景材料联系起来分析。漫画中的文字（包括题干中、提问中的文字）对解读漫画起着提示、引导、补充、说明和深化的作用，绝不能忽视。根据题干中的说明性文字："观察右图，结合'二战'后初期的有关史实回答"，"观察"属题干中提出的一般性要求，"结合'二战'后初期的有关史实回答"是对漫画内容所做的一种限制和要求，对考生理解漫画起着指向性作用。漫画所折射的是教材知识，解题离不开

教材知识，因此在弄清漫画表意和寓意的基础上，必须回归教材，将漫画放在当时的历史背景中进行历史阐释，说明历史问题，分析评价，同时还要注意漫画具有夸张的特性，要从放大的事件中看到其本质。凡漫画试题，都会涉及漫画间的关系，或漫画与提问之间的联系，对此应多加注意。观察试题中的漫画，应先粗看全图，然后细看重点部位。重点部位在哪里？在绝大多数情况下，与试题所提问题直接相关的部位就是重点部位。如本题中的"你认为，画面中的'医生'和'病人'分别指代什么？'医生'开的是什么'药方'？'药方'的实质是什么？"画面中，"病人"身上已经贴了两片"膏药"，"膏药"上有美元"$"符号，"医生"正在继续往"病人"身上贴"膏药（美元）"，这反映了"二战"后初期，西欧各国普遍衰落，美国成为资本主义世界的头号强国，西欧国家不得不唯美国马首是瞻，受其援助和保护。美国开始实施国务卿马歇尔提出的对欧洲经济援助计划，即所谓的"马歇尔计划"，以扶持和控制西欧国家。

【参考答案】

（1）"医生"指代马歇尔（或杜鲁门、美国、美国总统）。"病人"指代"二战"后的西欧。

（2）"药方"指马歇尔计划（或欧洲复兴计划）。

（3）"药方"的实质是：复兴欧洲经济，加强美国对西欧的控制。

【例2】（2001年上海卷第10题）观察下图：这幅漫画的主题是

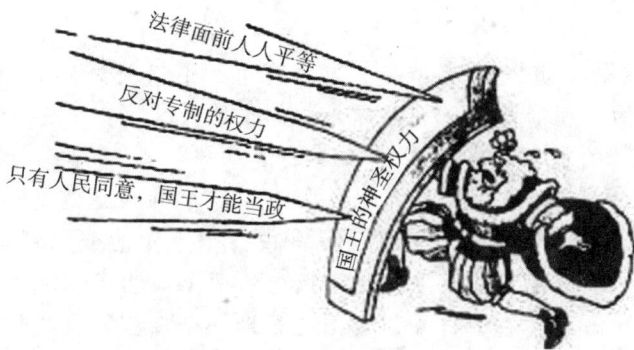

A. 宣扬"理性"反对君主专制

B. 痛斥资本主义是黑白颠倒的罪恶社会

C. 揭示了资本主义必然灭亡的规律

D. 深刻揭露了资本主义社会的剥削本质

【解析】 本题为漫画识图式选择题，旨在考查提取有效信息、利用有效信息分析问题的能力，生动活泼，给考生耳目一新的感受，同时也体现了课程改

革所倡导的人文主义精神。"法律面前人人平等""反对专制的权力""只有人民同意，国王才能当政"是17—18世纪启蒙运动中资产阶级启蒙思想家的主要思想，启蒙运动的核心是"理性"，即人思考、认识、判断和理解事物的能力。19世纪法国的空想社会主义者圣西门"痛斥资本主义是黑白颠倒的罪恶社会"，B项不符合题意；19世纪，马克思"揭示了资本主义必然灭亡的规律"，C项不符合题意；19世纪，马克思创立了剩余价值理论，"深刻揭露了资本主义社会的剥削本质"，D项也不符合题意；B、C、D三项从时间上看也不对。依据漫画中射向"国王的神圣权力"盾牌的"法律面前人人平等""反对专制的权力""只有人民同意，国王才能当政"之箭等信息分析，可知A项符合题意。正确的选项为A。

【例3】（2003年上海卷第14题）观察下列《英国的欧洲大陆政策》的漫画。作者表达的是英国意欲

A. 帮助欧洲大陆的弱小国家　　B. 打破欧洲的均势格局
C. 维持欧洲大陆的势力均衡　　D. 同欧洲列强结成联盟

【解析】这是一道漫画选择题，画面简单，不仅使试题具有形象可观性，也增强了试题的哲理喻意性。注意题干中的说明性文字："观察下列《英国的欧洲大陆政策》的漫画。作者表达的是英国意欲"，"观察"属一般性要求，"《英国的欧洲大陆政策》"指明了漫画的名称，"作者表达的是英国意欲"对考生理解漫画起着指向性作用。通过对漫画中三个人物的分析可知：戴着礼帽、穿着燕尾服的人代表英国，而坐在跷跷板上的两个人物代表欧洲大陆实力强弱不同的国家，从画面（右图）看，英国在帮助一个弱国，但我们还应看到，他在帮助弱国的时候，没有将强国打垮，而是使欧洲形成了一个均势，使两方保持了平衡，这正是英国想要达到的目的。综合上面分析，整幅漫画的喻意是"维护欧洲大陆的势力均衡"。正确的选项为C。

【例4】（2004年上海卷第27题）观察下列漫画，在各选项中为该画选择一个主题。

A. 美国南北战争爆发　　　　B. 德国东西分裂加剧

C. 世界两极格局解体　　　　D. 全球经济差距扩大

【解析】本题要求为漫画选择一个主题，其实就是要求揭示漫画所反映出的主要问题，考查考生的读图、分析、理解能力。首先，考生应该认真读图，分析其所描述的历史史实。图中有两个半球，其中一个上面有英文字母 N，另一个是 S，这通常是对北（North）和南（South）的表示。图中还有两个人，其中一个将标有字母 N 的半球当伞一样举着，正在遮挡从天而降的瓢泼大雨；而另一个瘦骨嶙峋的人躺在标有字母 S 的半球中，受着大雨淋湿的煎熬，并仰天哀叹："天哪，这不公平！"通过分析，可以得出漫画的主旨是说明北半球和南半球存在着巨大的不公平现象，即全球经济差距扩大。其次，考生应该联系选项和所学知识进行分析判断。A 选项认为主题应该是美国南北战争爆发，虽然南北战争涉及美国的南、北两个部分，但引发战争的根源是南北两种经济制度之间的矛盾，并非北部对南部的不公平；B 选项德国东西分裂加剧，东通常表示为 E（East），西则通常表示为 W（West），显然与漫画不相符合；C 选项认为是世界两极格局解体，即苏美两极格局解体，但两极格局的解体是东西问题，不是南北问题，因此 C 选项也不能反映漫画所表达的含义；选项 D 全球经济差距扩大，即发达国家与发展中国家之间的贫富差距扩大，因发达国家多在北半球，发展中国家多在南半球，因此这一问题又称"南北问题"。由于历史原因，加上经济全球化的发展，富的越来越富，穷的越来越穷，差距越来越大，发展中国家付出了资源、劳动力和生产，却不能改变其贫穷地位，因此喊出了不公平的声音，强烈要求建立国际经济新秩序，从根本上改变这种状况。可见，D 选项才是该漫画反映的主题。正确的选项为 D。

【例 5】（2007 年上海历史 A 卷第 11 题）有网友看了右侧这幅政治漫画后，表达了不同的看法，其中符合史实的是

A. 英法设计，美国造桥

B. 美国设计，英法造桥

C. 国会设计，总统造桥

D. 总统设计，国会造桥

【解析】该题从网友发表意见的角度创设情境，主要考查考生阅读史料、提取信息的能力和再现历史知识的能力。阅读本漫画，看到牌子上写有"国际联盟大桥由美国总统威尔逊设计"，便应迅速回归教材中有关"巴黎和会召开"的内容。"一战"使欧洲列强实力削弱，而经济实力迅速膨胀的美国企图主宰世界，总统威尔逊提出了建立国际联盟的计划，但英国、法国操纵了国联，美国反而没有加入国联。正确的选项为 B。

【例6】（2007 年上海历史 B 卷第 13 题）右侧是一幅政治漫画，画中的法国人和德国人正在讨论，最后达成的共识是

A. 我们太小，实在无奈

B. 他们相争，我们得利

C. 赶快联合，求得生存

D. 各奔东西，争取自保

【解析】该题通过漫画形式来考查考生对欧共体成立背景的理解。"二战"使西欧各国实力削弱，同时由于战后世界殖民体系的瓦解，加速了英法传统大国的衰落，西欧从此失去了世界中心的地位，唯美国马首是瞻。政治上，欧洲人通过对"二战"的反思，认识到在美苏争霸中，只有联合起来，尤其要消除法德矛盾，才能既抗衡美国又抵制苏联；经济上，20 世纪五六十年代，西欧各国出现了经济高速增长的"黄金时代"，发展了的西欧各国希望联合起来，保障自身安全和发展，在世界上发挥自己的作用；传统上，西欧各国有着共同的文化基础，经济、贸易往来密切。欧共体的形成，是战后资本主义世界经济进一步发展的产物，也是美欧之间控制与反控制的结果，是世界多极化的重要表现。看清两枚导弹上的美国、苏联国旗是成功解题的关键。正确的选项为 C。

【例7】（2007 年江苏卷第 21 题）下图是 1942 年的一幅战争宣传漫画海报，题名"绞死希特勒"。图中三只手代表着当时对德作战的三个主要国家，这三国是

A. 美国、英国、法国　　　　B. 英国、法国、苏联

C. 美国、英国、苏联　　　　D. 美国、法国、苏联

【解析】这是1942年的一幅战争宣传漫画海报，题眼是"1942年"，对德作战的国家不包括法国，因为法国已于1940年战败，故排除含有法国的选项；或是从漫画中三个袖口的国旗样式也能分辨出三个国家来。正确的选项为C。

【例8】（2008年上海历史卷第27题）下图是1908年《申报》上刊登的一幅反映清末立宪的漫画，作者的意图是

    A. 立宪制度与君主专制一脉相承   B. 立宪制度与君主专制性质相同

    C. 立宪制度与君主专制不能相容   D. 立宪制度与君主专制互不相干

【解析】解题的关键是读懂图意、厘清概念。立宪制度不同于君主专制，君权受宪法的限制，它是资产阶级的一种统治形式；君主专制是指皇权至高无上。A、B项不正确。清政府在实行"预备立宪"过程中，相应地对旧有政治体制进行改革，它缩小了皇帝与国会之间的权力比例，调整和改造了君主专制制度，直接冲击了两千多年的专制政体，不自觉地向政治近代化建制迈进，D项不正确。从漫画的画面上看，"专制"是树的下部，"立宪"在树的上部，中间是断开的，二者截然分开。正确的选项为C。

【例9】（2008年江苏卷第7题）如果看到右侧漫画，下列人物中最为愤慨的可能是

    A. 魏源

    B. 林则徐

    C. 洪仁玕

    D. 严复

人头猴身的达尔文

【解析】题目所给的漫画是讽刺达尔文的进化论的，而严复是将进化论引入中国的第一人、是该理论坚定的支持者。正确的选项为D。

【例10】（2008年天津文综卷第23题）对下图反映的信息理解准确的是

    A. 国际联盟在巴黎和会上诞生

    B. 英法操纵国际联盟

    C. 美国无法实现操纵国际联盟计划

    D. 国际联盟不能维护战后和平

漫画：希望注定要无情破灭

【解析】 注意观察漫画中的文字："希望注定要无情破灭""1919""凡尔赛宫""国际联盟"。"希望注定要无情破灭"实际上点明了漫画的主题，对考生理解漫画起着指向性作用。国际联盟于 1920 年初正式成立，总部设在瑞士的日内瓦，A 项不正确；B、D 项不能反映出漫画的主题；美国原本希望通过国际联盟达到称霸世界的目的，但由于英法的反对，其目的并没有达到，美国并没有加入国际联盟，美国的希望破灭。正确的选项为 C。

历史漫画旨在通过夸张、幽默的形式来表述历史事件或人物，具有趣味性和形象性，耐人寻味，为高考命题提供了珍贵的试题素材，多出现在选择题中，应值得我们重视。历史漫画试题的效果有：①读懂"历史"漫画的内涵，能清晰地了解当时的自然、社会、政治、经济、人文等方面的信息；②通过夸张的造型和丰富的想象力，来深刻反映事件的内在本质特征；③能初步掌握品读历史漫画的一些方法，并进一步培养从历史材料中获取有效信息的能力。

（以漫画入题，将繁杂枯燥的历史知识演绎成幽默有趣的图文漫画，给人以新鲜感，并平添了几分读图的乐趣，很好地体现了新课标的理念。此文是与天河中学吴玉琼老师合写。原载《历史学习》2008 年第 7～8 期，原标题为"高考亮点：漫画试题"）

高考历史文化常识题解析

2007 年高考历史试题一个新的变化，就是开始注重对文化常识的考查，如全国文综卷 I 第 12 题（"谥号"题），它给了只关注课本知识而忽视课外常识的考生一个"下马威"。2008 年高考历史试题则涉及 4 题，即全国文综卷 I、卷 II 的第 12 题（"阴阳"题）、宁夏文综卷第 24 题（"生肖"题）、海南卷第 1 题（"干支"题）。由 2007 年的 1 题增加到 2008 年的 4 题，这类试题涉及的内容绝大部分是考生必须掌握的基本知识。它给人们的启迪是：重视课外常识，重视文化常识题，注意中华文化中传统常识的学习与把握。

【例 1】（2007 年全国文综卷 I，12）帝王谥号主要依据其生前行为而定。下列各项中属于谥号的是

    A．秦始皇   B．汉武帝
    C．唐太宗   D．清康熙帝

【解析】这是一道考查考生是否了解古代帝王的年号、谥号和庙号等的文化常识题。年号是中国古代皇帝用以纪年的名号。谥号是帝王、诸侯与大臣等具有一定地位的人死去之后，朝廷根据他们的生平事迹与品德修养所给予的带有褒贬性质的称号。封建帝王死后，在太庙立室奉祀，特立名号，叫庙号。该题的情境是新的，但分析能力强的考生可以根据题目本身材料提供的信息"帝王谥号主要依据其生前行为而议定"一句的提示，提炼核心信息"生前行为"，推断出正确答案。

【例 2】（2008 年全国文综卷 I，12）中国古代地名中的"阴""阳"往往体现了该地与相邻山、水的关系。"阴"的方位是

    A．山之南、水之北   B．山之南、水之南
    C．山之北、水之北   D．山之北、水之南

【例 3】（2008 年全国文综卷 II，12）古人云："日之所照曰阳。"下列各项

中，两者均属于"阳"的方位是

A. 山之南、水之北　　　　B. 山之南、水之南

C. 山之北、水之北　　　　D. 山之北、水之南

【解析】这两道题考查的是中国传统文化当中的阴阳问题。古代地名中的"阴""阳"实际上是一种方位指示，阴阳原指日光向背，向日为阳，背日为阴。我国位于北半球，以我们的视点来观察太阳，从东方升起经由南方最后落到西方，山水一般呈东西走向，山水相间。"日之所照曰阳"，因为山峰高耸，日光能照射到的地方是山的南面；河流因位于地平面以下，太阳能照射到的是其北面。故"山南水北谓之阳，山北水南谓之阴"。我国历史上的许多地名及地理表述与此关系密切，如衡阳、江阴等。

【例4】（2008 年宁夏文综卷，24）中国古代用 12 种动物与"子、丑、寅、辰、巳、午、未、申、酉、戌、亥"十二地支相配，组成十二生肖。相传唐玄宗因属鸡而热衷斗鸡。唐玄宗出生之年应该是

A. 庚申年　　B. 癸卯年　　C. 甲辰年　　D. 乙酉年

【例5】（2008 年海南卷，1）中国古代以干支纪年，天干是"甲、乙、丙、丁、戊、己、庚、辛、壬、癸"，地支是"子、丑、寅、卯、辰、巳、午、未、申、酉、戌、亥"。甲午战争发生于 1894 年，八国联军侵华的 1900 年应是

A. 己亥年　　B. 庚子年　　C. 辛丑年　　D. 壬寅年

【解析】这两道题实际上是同一类题，考查的是传统文化当中的干支纪年问题。干支纪年是我国传统的纪年方法。所谓干支就是十天干（甲、乙、丙、丁、戊、己、庚、辛、壬、癸）和十二地支（子、丑、寅、卯、辰、巳、午、未、申、酉、戌、亥）的简称。因为地支和生肖都是十二个，所以每一个地支都对应一个生肖（子鼠、丑牛、寅虎、卯兔、辰龙、巳蛇、午马、未羊、申猴、酉鸡、戌狗、亥猪）。唐玄宗因属鸡而热衷斗鸡（嗜好），考查的是皇帝的"生肖"；1900 年的"干支"年是庚子年，这两题课本中基本上不涉及，属于文化常识题。

"谥号"题、"阴阳"题、"生肖"题、"干支"题既非重大问题，也非重点知识，但命题思路很好。

（1）导向性。高考具有"指挥棒"的作用，以此来引导一线教学关注新课标、新课改、新高考，关注人文素质的培养，推动大历史观念的形成。高考试题不可能严格依据教材照本宣科式地命题，它具备前瞻性和导向性，体现了大综合的高考趋势。在今后的历史教学与复习中，应多多关注文化常识题。

（2）必然性。2007 年全国文综卷的"谥号"题，分析能力强的考生可以根

据题目材料提供的信息"帝王谥号主要依据其生前行为而议定"一句的提示，提炼出核心信息"生前行为"，推断出正确答案。2008年全国文综卷I、卷II的"阴阳"题、宁夏文综卷的"生肖"题、海南卷的"干支"题，考生可根据平时文化常识的积累作答，这是能力立意的体现，作为选拔考试性质的高考必然要涉及这方面的试题。

（3）新颖性。高考历史试题以能力立意，大多数试题通过"三新"（新材料、新情景、新问题），考查"三基"（基础知识、基本方法、基本能力）。如上述5道例题，材料、情境与问题都是新的，考查考生在新情境下分析、解决问题的能力。考生可通过获取和解读题干的相关信息，以及平时文化常识的积累作答，这是能力、立意的体现，也体现了试题的新颖性。

（4）趣味性。2007年全国文综卷的"谥号"题在题干中指出了回答问题的提示——"帝王谥号主要依据其生前行为而定"。考生接触该题，一开始会一愣，但细看就会豁然开朗，觉得很有趣，增强了试题的趣味性；2008年的"阴阳"题、"生肖"题、"干支"题也增加了试题的趣味性。

最后以聂幼犁教授的话结束此文：我们必须认真地对待高考，因为它代表了社会的公信；但是，只有高于高考，才可能有效地赢得高考！

相关链接

1. 年号·谥号·庙号

（1）年号：年号是中国古代皇帝用以纪年的名号。从汉武帝开始有年号，新君即位必须改变年号，称为改元。同一皇帝在位时也可以改元。有的皇帝只有一个年号，如唐太宗年号"贞观"、明太祖年号"洪武"、明成祖年号"永乐"；有的皇帝有两个年号，如宋高宗年号"建炎""绍兴"，元世祖年号"中统""至元"；有的皇帝有多个年号，如唐高宗有14个年号、武则天有17个年号。明清两代皇帝一般不改元，一个皇帝一个年号，故往往就用年号来称呼皇帝，如爱新觉罗·弘历在位年号"乾隆"，称乾隆皇帝。

（2）谥号：谥号是帝王、诸侯与大臣等具有一定地位的人死去之后，朝廷根据他们的生平事迹与品德修养所给予的带有褒贬性质的称号。帝王将相之谥号在西周时已出现，秦时曾一度废除，汉代恢复，直至清末。表褒的称号有文、景、武、明、穆等，如晋文公、秦穆公、汉武帝；表贬的称号有灵、厉、炀、哀等，如周厉王、隋炀帝。后世帝王谥号多用一字，如汉武帝（武，威强睿德曰武）、隋炀帝（炀，好内远礼曰炀）；其余人（非帝王者）大多用两字，如文忠公（文忠，欧阳修）、忠烈公（忠烈，史可法）等。

（3）庙号：帝王死后，在太庙立室奉祀，特立名号，叫庙号。庙号始于西汉，止于清朝。开国皇帝一般被称为"祖"，如汉高祖、唐高祖、宋太祖、明太祖等；开国皇帝之后的嗣君一般称为"宗"，如唐太宗、宋太宗、明神宗等。

大体上说，唐代以前的殁世帝王一般简称谥号，如汉武帝、隋炀帝，而不称庙号；唐以后则改称庙号，如唐太宗、宋太祖等。

2. 干支纪年

干支纪年是我国传统的纪年方法。我国古代是用干支纪年的，大家常看到用"甲午""戊戌""丁卯"这样的纪年法。近代史上的甲午中日战争、戊戌变法、辛亥革命等名词就是以干支纪年命名的。所谓干支就是十天干和十二地支的简称。因为地支和生肖都有十二个，所以每一个地支对应一个生肖。

天干	甲	乙	丙	丁	戊	己	庚	辛	壬	癸	
地支	子	丑	寅	卯	辰	巳	午	未	申	酉	戌	亥
生肖	子鼠	丑牛	寅虎	卯兔	辰龙	巳蛇	午马	未羊	申猴	酉鸡	戌狗	亥猪

（1）求天干的方法。

凡是公历年个位数是 4 的，天干为甲，个位数是 5 的，天干为乙，依此类推：

甲	乙	丙	丁	戊	己	庚	辛	壬	癸
4	5	6	7	8	9	0	1	2	3

（2）求地支的方法。

用公历年除以 12，余数是 4，地支是子，余数是 5，地支是丑，于是有：

子	丑	寅	卯	辰	巳	午	未	申	酉	戌	亥
4	5	6	7	8	9	10	11	0	1	2	3

如：1644 年的干支年是甲申年（猴年），1911 是辛亥年（猪年），2005 年是乙酉年（鸡年），2008 年是戊子年（鼠年）等。

（应注重积累课外常识，重视文化常识题，加强对中华文化中传统常识的学习与把握。此文是与天河中学李燕晖老师合写。原载《广东教育·高中》2008 年第 10 期，原标题为"文化常识题：高考历史命题的新变化"）

《国史概要》与高考选择题

书如食粮，有的几口可以下肚，如快餐；有的则如美食，需要细嚼慢咽，慢慢品尝，如樊树志教授所著的《国史概要》。

《国史概要》是复旦大学开设的一门公共基础课教材，起自史前时期迄至清代，封面装帧素雅精致。作者摒弃了传统历史教科书的社会发展史模式，淡化阶级斗争，对于农民起义很少论及；也不再采用陈旧的章节目三层架构，而是突出文明的作用，以中华文明的发生、发展与演变为主线，按时代分成十四章，设置了100个专题。自1998年第一版问世以来，就得到了学界与读者的广泛好评。

《国史概要》内容详略得当。既有对时代背景的粗线条描摹，也有对重要问题的深入剖析。读者在尽情领略秦皇汉武的丰功伟业的同时，也不会错过作者对徐福东渡、丝绸之路的精彩解说；当读者神游于富有盛唐气息的都会长安时，作者也会将这繁华背后复杂的民族融合、宗教传承乃至盛世危机一一点出。

《国史概要》语言简洁晓畅。作者没有将历史知识凝结成为一个个的概念，然后塞给读者，而是采取了夹叙夹议与场景再现的方式，使读者置身于一个似曾相识的场景中，感受着中华民族共有的文明所带来的亲切、熟悉或感怀之情。在鲜活灵动的文字背后，读者不难体会到一位历史学者的博学与睿智。

《国史概要》论说平和公允。作者聚焦于不同时代的热点议题，在平和公允的论说中阐明学术观点。夏商周的断代、汉代的丝绸之路、宋代的"商业革命"、马可·波罗在元代是否到过中国、明代倭寇的性质、"全球化"贸易与白银资本、清代多民族国家的巩固与发展等问题，是学术界争论一时的热点问题。在这本书中，我们可以看到作者对这些问题的详细解读。对于一些至今仍未有定论的议题，作者谨慎地采取了存疑的态度，以开放式的论调给读者留下了深入思考的空间。比如在"古人类的起源"这一专题中，作者向我们介绍了学界有关"单一说"或"多区说"的论争，并强调虽然目前"非洲起源说"日益受到挑战，但真相如何仍需拭目以待；对于中外学者所关注的二里头遗址时代界定以及由此引申出的相关问题，作者也倾向于假以时日，以考古发现的实物证

据来进行判断。这种严谨而开放的笔法，充分体现出作者对读者的坦诚与尊重。

《国史概要》挑战定论，焕发新意。在传统史学家的笔下，宋朝是一个积贫积弱、屡受非议、评价不高的朝代，但是西方学者很早就敏锐地察觉到了这个"黄金时代"。在樊先生笔下，宋代是一个前所未有的发展、创新和文化繁荣的时期，有着令人叹为观止的科技发展与经济辉煌。宋朝在农业发展和商业革命中取得重大突破；文官政治取代了军人政治，一扫贵族阶层对政治的影响，越来越多的平民通过科举制度进入统治阶层，其比例超过官员总数的三分之一，为历代之最；中国古代四大发明中的三大发明——印刷术、火药、指南针诞生于宋代，并由此改变了整个世界历史的面貌和状态。宋代有辉煌的一面，无论在科技、经济和文化领域，都是繁荣与创造的黄金时代。

樊树志教授视野开阔、博学严谨，文笔生动地援引不少诗词及成语典故。如引用前辈史家张荫麟关于楚文化的一段传说，很让人神往。"楚人的生活充满了优游闲适的空气，和北人的严肃紧张的态度成为对照。这种差异从他们的神话可以看出。楚国全族的始祖不是胼手胝足的神农，而是飞扬缥缈的火神；楚人想象中的河神不是治水平土的工程师，而是含睇宜笑的美女。楚人神话里没有人面虎爪、遍身白毛、手执斧钺的蓐收（上帝的刑神），而是披着荷衣、系着蕙带、张着孔雀盖和翡翠旌的司命（主持命运的神）。适宜于楚国的神祇不是牛羊犬豕的腥膻，而是蕙肴兰藉和桂酒椒浆的芳烈；不是苍髯皓首的祝史，而是采衣姣服的巫女。再从文学上看，后来战国时楚人所作《楚辞》也以委婉的音节、缠绵的情绪、缤纷的辞藻，而别于朴素、质直、单调的《诗》三百篇。"

《国史概要》无论是对于历史爱好者，还是对于史学研究者而言，都不失为一部好的史学作品，也是史学论文写作的一个很好的范例。对中学历史教师而言，无论是对教学科研、论文写作，还是对高考备考，作用尤其重要。笔者读了樊树志教授的《国史概要》，感慨良多，下面仅列举近五年（2006—2010年）高考历史部分选择题（含港澳台地区全国联考试题）谈谈一管之见，希望大家多读书、读好书。

一、直接提供答案

1. （2008年北京卷，12）下列对夏、商、周三朝都城位置的表述，正确的是（   ）

    A. 都在今天陕西省的境内　　　　　B. 都在关中地区

    C. 都在今天河南省的境内　　　　　D. 都在今天的黄河流域

    （答案 D，"夏商周三代的活动中心区域都在黄河中游一带"，P18）

2. （2008年港澳卷，3）公元前60年，西汉朝廷始置西域都护管辖西域地

区。其首任西域都护是（　　　）

A. 张骞　　　　B. 郑吉　　　　C. 班超　　　　D. 苏武

（答案 B，"郑吉被任命为首任西域都护"，P98）

3.（2009 年港澳卷，1）"宝贝"之称，最早是指（　　　）

A. 珍珠　　　　B. 玉石　　　　C. 金银　　　　D. 货币

（答案 D，P31）

4.（2006 年上海卷，3）《荀子·儒效篇》记载："（周公）兼制天下，立七十一国，姬姓独居五十三人。"可见同姓亲族是西周分封的主体。这些同姓亲族受封时，周王会给予他们（　　　）

A. 封号和耕牛　　B. 土地和耕牛　　C. 土地和人口　　D. 人口和铁犁

（答案 C，P41）

5.（2008 年上海卷，1）"封建亲戚，以藩屏周。"这句话指的是（　　　）

A. 分封制　　　　B. 井田制　　　　C. 郡县制　　　　D. 行省制

（答案 A，P40）

6.（2006 年上海卷，21）蔡元培在《中国伦理学史》中之所以赞扬古代一位思想家"提倡民权，为孔子所未及焉"，是由于他明确提出"民为贵，社稷次之，君为轻"的思想。这位思想家是（　　　）

A. 孙子　　　　B. 孟子　　　　C. 董仲舒　　　　D. 朱熹

（答案 B，P60）

7.（2009 年山东卷，43）儒、道、墨、法四家是先秦诸子学说的重要流派。下列语句中最符合道家思想的是（　　　）

A. 兼相爱，交相利

B. 仁者爱人

C. 抱法处势则治，背法去势则乱

D. 道生一，一生二，二生三，三生万物

（答案 D，P51）

8.（2007 年上海卷，1）商鞅一人多姓。史书上说：秦封于商，故号商君。卫之诸庶孽公子也，人称卫鞅，姓公孙氏，其祖本姬姓也。其中"商"姓来源于（　　　）

A. 自然的崇拜　　　　　　　　B. 所在地方的地名

C. 母亲的族姓　　　　　　　　D. 因功得到的封地

（答案 D，P56）

9.（2007 年宁夏卷，27）秦和西汉前期，丞相为"百官之长"，其主要职责是（　　　）

A. 辅佐皇帝处理全国政务　　　　B. 对重大军政事务作出决定

C. 处理朝廷各种日常军政事务　　D. 代表皇帝监督百官

（答案 A，P67）

10.（2008 年港澳卷，5）明代来华的欧洲传教士曾经向中国介绍了不少西方的科学著作，如欧几里得的《几何原本》一书，就是由一位传教士和一位中国士大夫合作翻译的，这两个人分别是（　　）

A. 利玛窦与徐光启　　　　　　B. 利玛窦与李之藻

C. 汤若望与徐光启　　　　　　D. 汤若望与李之藻

（答案 A，P322）

二、成为试题的题干

1.（2010 年港澳卷，2）《论语》中记载，孔子说："周监（鉴）于二代，郁郁乎文哉，吾从周。"周代文明超越夏、商两代的主要表现是（　　）

A. 君主制度　　　　　　　　　B. 分封制度

C. 井田制度　　　　　　　　　D. 礼乐制度

（答案 D，"孔子又说：'周监于二代，郁郁乎文哉，吾从周。'" P37）

2.（2008 年宁夏卷，26）中国古代吏治腐败时会出现以钱买官的现象。"三千索，直秘阁；五百贯，擢通判。"就是对这一现象的揭露。这句话所反映的情况发生在（　　）

A. 秦代　　　　B. 汉代　　　　C. 唐代　　　　D. 宋代

（答案 D，"当时谚语说：'三千索，直秘阁；五百贯，擢通判。'" P245）

3.（2008 年上海卷，6）"渔阳鼙鼓动起来，惊破霓裳羽衣曲……马嵬坡下泥土中，不见玉颜空死处。"这几句诗所反映的历史事件是（　　）

A. 七国之乱　　　B. 八王之乱　　　C. 安史之乱　　　D. 三藩之乱

（答案 C，P186）

4.（2008 年海南卷，3）刘邦在位末年与众臣歃血为盟，特别诏令："非刘氏而王者，若无功，上所不置而侯者，天下共诛之。"其目的在于（　　）

A. 加强朝廷对地方的控制　　　B. 禁止分封异姓王侯

C. 鼓励臣民建立军功　　　　　D. 安抚汉初以来的功臣

（答案 A，P80）

5.（2010 年江苏卷，3）"元起朔方，固已崇尚释教（佛教），及得西域，世祖以地广而险远，……思有以因其俗而柔其人，乃郡县土番之地，设官分职，而领之于帝师。"这里的"官"隶属于（　　）

A. 宣政院　　　B. 中书省　　　C. 理藩院　　　D. 行中书省

（答案 A，P273）

三、隐含试题的答案

分封制、宗法制近几年连续考、变换考（第 1 ~ 6 题）。其实，樊树志教授在"'封邦建国'与'宗法制度'"中有专门讲述（P39 ~ 42），他说得很明白：为了稳定被征服的地区，周朝实行大规模的分封制，当时称为"封建"，即"封邦建国"或"封建亲戚"。……目的是"封建亲戚，以藩屏周"。这就是当时所谓的"封建"。……周王把土地和人民分给诸侯，叫做"建国"；诸侯再把土地和人民分封给卿、大夫，叫做"立家"。这样就形成了金字塔形状的封建体制：天子（周王）、诸侯、卿、大夫、士、庶人。这种封建体制与宗法有着密切的关系。宗法制度是从氏族组织蜕变而来的，在血缘宗族关系的基础上发展而成的，把贵族区分为"大宗""小宗"。周王自称为"天子"，既是政治上的共主（王），又是天下同姓的大宗，王位由嫡长子继承，世代保持大宗的地位。嫡长子的兄弟们受封为诸侯，对周王而言处于小宗的地位。诸侯在其封国内又为大宗，其君位也由嫡长子继承，嫡长子的兄弟们受封为卿、大夫，又各为小宗。而卿、大夫在其本宗内的各个分支中又处于大宗的地位。政治上的共主与血缘上的大宗紧密结合，形成了封建体制。说得直白一点，周天子（周王）把家族关系与封建制度结合起来，把政治领袖与家庭首脑合二为一。其精髓成为中国的传统被一直继承下来，虽然形式有所变化，但实质始终如一。

1.（2008 年广东卷，1）下图是明清古建筑中的一幅牌匾，与它有关联的中国古代政治制度是（　　）

A. 分封制　　　　B. 宗法制

C. 三省六部制　　D. 内阁制

（答案 B，P41）

2.（2009 年北京卷，12）北京广安门桥北的蓟城纪念柱（图略）。《礼记》载："武王克殷反商，未及下车，而封黄帝之后于蓟。"与蓟城建立相关的制度是（　　）

A. 禅让制　　　B. 井田制　　　　C. 分封制　　　　D. 郡县制

（答案 C，P40）

3.（2009 年辽宁卷，25）西周实行的宗法制在秦汉以后仍有重大影响，其主要表现是（　　）

A. 嫡长子继承制　　　　　　　B. 反复出现的分封制

C. 三纲五常的伦理观　　　　　D. 传统的宗族观念

（答案 A，P41）

4.（2009年广东卷，2）"封建社会"的概念是近代引入中国的。右图（《河东先生集》卷三《封建论》）所示柳宗元的文章的主题可能是（　　）

A. 分封制度　　　　　　　　B. 王位继承制度
C. 郡县制度　　　　　　　　D. 三公九卿制度
（答案A，P39）

5.（2009年天津卷，1）下列史实符合西周确立的宗法制继承原则的是（　　）

A. 唐太宗通过玄武门之变继位　　B. 宋太宗继承兄长宋太祖之位
C. 明太祖因太子亡指定嫡长孙继位　D. 清康熙帝死后皇四子继位
（答案C，P41）

6.（2010年广东卷，12）在中国古代"家国一体"的社会中，忠孝观念源远流长，其源头是（　　）

A. 宗法制　　　B. 郡县制　　　C. 君主专制　　　D. 中央集权制
（答案A，P41）

7.（2008年广东文基卷，21）明初，朝臣建议建文帝削藩。随后，建文帝的叔叔燕王朱棣以"清君侧"为名起兵，最后占领南京，夺取帝位。此事说明当时（　　）

A. 实行了内阁制　　　　　　B. 设立了军机处
C. 实行了分封制　　　　　　D. 郡县制受到挑战
（答案C，P68）

8.（2006年天津卷，12）西汉统治者总结秦朝历史，从"海内新定，同姓寡少，惩戒亡秦孤立之败"的认识出发，采取的措施是（　　）

A. 实行郡、国并行制度　　　B. 颁布"推恩令"
C. 实行编户齐民制度　　　　D. 颁布"附益之法"
（答案A，P78）

9.（2010年全国卷Ⅱ，14）南朝梁昭明太子萧统编纂的文学总集《文选》在唐代备受青睐，宋初仍有"《文选》烂，秀才半"之说。这一现象产生的直接原因是（　　）

A. 儒学丧失了独尊地位　　　B. 进士科主考诗赋策论
C. 社会上书籍极为匮乏　　　D. 唐朝人喜爱南朝文化
（答案B，P157）

10.（2008年山东卷，8）唐朝中央政府具有较高的行政效率，主要原因在于（　　）

A. 增设机构，独立施政　　　B. 分工明确，相互协调
C. 一职多官，互相牵制　　　D. 简化机构，总揽于上

（答案 B，P156～157）

11.（2009 年江苏卷，2）唐代中枢机构中书省、尚书省和门下省的精细分工体现了（ ）

　　A. 施政观念上的民主追求　　　　　B. 剥夺相权的创新设计

　　C. 行政运作程序的有效制衡　　　　D. 弱化君权的重要进步

（答案 C，P156～157）

12.（2010 年上海卷，12）年号是中国古代常用的纪年方式。它可以用来指称皇帝，如雍正皇帝；也可以用来表示历史事件，如贞观之治。下列选项符合后一种用法的是（ ）

　　A. 辛亥革命　　　B. 商鞅变法　　　C. 靖康之变　　　D. 光武中兴

（答案 C，P245～246）

13.（2010 年山东卷，10）宋朝形成了"中书主民，枢密院主兵，三司主财，各不相知"的局面。这反映出（ ）

　　A. 宰相职权范围扩大　　　　　　　B. 专制皇权达到顶峰

　　C. 君权对相权的制约　　　　　　　D. 中央对地方控制加强

（答案 C，P207～208）

14.（2008 年海南卷，6）下列各项中，分割宰相军权的官职是（ ）

　　A. 秦朝的御史大夫　　　　　　　　B. 汉朝的刺史

　　C. 唐朝的节度使　　　　　　　　　D. 宋朝的枢密使

（答案 D，P207）

15.（2009 年广东卷，5）君主专制在从秦到清不断强化的过程中偶有特殊情况，能反映这一情况的是（ ）

　　A. 战国时秦国以王为首，统一后秦王称皇帝

　　B. 汉武帝以身边近臣组成中朝执掌决策权，隋代实行内史、门下、尚书三省制

　　C. 唐代决策、审议、执行权分离，宋代中央机构形成全面的权力牵制体系

　　D. 明初废除丞相，清初"军国政事"由议政王大臣会议决定

（答案 D，P357）

（樊树志教授所著《国史概要》对教学科研、论文写作、高考备考有重要作用。它为高考历史选择题直接提供答案，或成为试题的题干，或隐含试题的答案。原载《广州教学研究》2011 年第 1 期）

"多元史观"有机融合的一道好题

——评 2012 年全国文综新课标卷第 41 题

2012 年全国文综新课标卷第 41 题，就是在有效履行选拔性考试使命的同时，又在一定程度上对课程实施和深化教学起到推动作用，融现代化史观、全球化史观、文明史观、社会史观等"多元史观"的一道好题。

41．（12 分）阅读材料，回答问题。

"冲击—反应"曾是国内外史学界解释中国近代历史的模式之一。其主要观点为中国社会存在巨大惰性，缺乏突破传统框架的内部动力；从 19 世纪中期开始，西方的冲击促使中国发生剧烈变化。有人据此图展示中国近代历史变迁（见下图）。

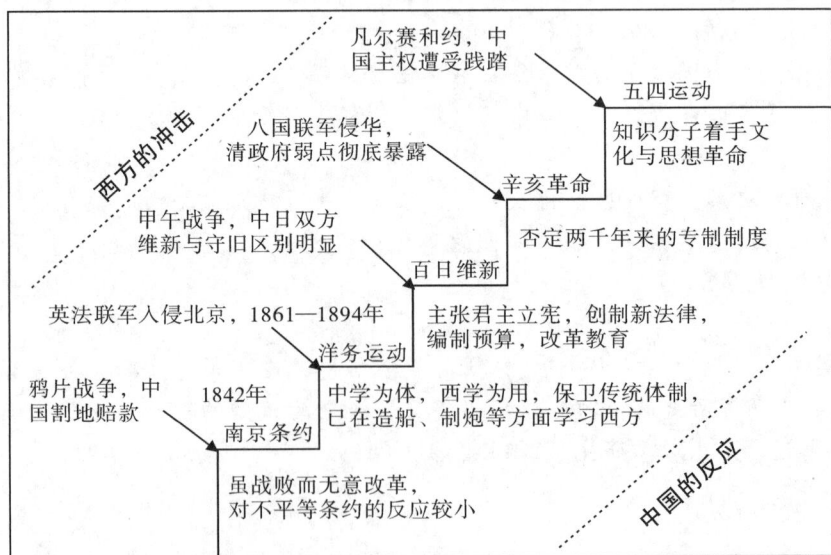

根据材料并结合所学知识，评析"冲击—反应"模式。

（要求：对该模式赞成、反对或另有观点均可，观点明确；运用材料中的史实进行评析，史论结合）

第41题以图示出现，将中、西历史进行了"点对点"式的比较和联系，以两次工业革命、资本主义经济的发展和政治制度的扩展为"点"，对应着中国从鸦片战争到五四运动的"点"，直接切入"中国近代化的动力"这个主题，将中国近代化定位于"冲击—反应"模式，考查学生对这一模式的评析。"评"就是阐明自己对这个观点的看法，"述"就是运用材料信息和所学知识论证自己的看法。该题图示中的时间和历史事件的呈现方式是阶梯上升状态，揭示出这段时期中国历史发展的基本走势：每一次重大历史事件都推动着社会进步和文明程度的提升。历史发展不是倒退，而是进步，向着更高的阶段发展；中国人民反帝反封建的斗争逐渐深入，他们追寻文明的步伐，拾级而上，步步前行。

以费正清为代表的美国汉学家把中国近代史定义为"冲击—反应"模式，认为近代中国历史是在外国影响下逐步推进并不断深入的，19世纪以来中国历史变化的根本内容和动力，就是西方对中国的冲击和中国对冲击的反应。这一模式具有一定的合理成分，比如它突出了社会变迁动力中外生力量的巨大作用，指出了内生力量的局限性。同时，它也看到了近代世界联系的扩展，日益完善的生产方式、交往以及由此自发发展起来的各民族之间的分工逐渐改变了各民族的原始闭关自守状态，使世界各国、各民族相互影响的活动范围愈来愈大，世界逐渐连成一体，处于相对隔绝状态下的传统国家发展模式将被彻底打破，任何国家和民族都必须在参加普遍交往和国际竞争中求得生存和发展。它预示了在普遍联系下，人类历史的一种趋同性，是对以往世界整体性历史进行的审视和探索，这样它就具有了一些世界史、全球史的意味。但这一模式的思想基础是"西方中心论"，忽视了中国社会独立发展的内在规律和自发秩序；忽视了文明的交往是互动性的，而非西方单向作用，中国实为被动接受等。

第41题是一道开放式材料题，所涉及的考点处于社会转型期（鸦片战争到五四运动），从纵向看是中国近代社会发展史，从横向看则把中国近代社会发展与世界发展联系起来，体现了"中外关联"的特点，有机融合了近代化史观、全球化史观、文明史观、社会史观等多元史观。"冲击—反应"模式是"西方中心主义"的产物，表面上看是考查学生对中国近代化历程的掌握，实际上体现的是中国社会各阶层为中华民族的复兴，进行救亡图存的不懈探索的过程[基本上是一种被动状态下的反应：西方侵略→民族危机→先进仁人志士的反应→地主阶级（林则徐和魏源）→洋务派→资产阶级（早期维新派、康梁维新派、孙中山革命思想、民主主义者）→无产阶级，从技术（器物）到制度再到文化等不同角度进行过探索]。该题也隐性地考查了对一些重大热点问题的关

注，如辛亥革命、五四运动等，引导学生对国家经济发展这一现实问题的历史反思，激发和培养学生对祖国的热爱，树立国家统一、振兴中华的大局意识。解答的过程本身就是一次接受爱国主义教育的过程，很好地体现了历史学科的人文教化功能。

第41题要求考生评析"冲击—反应"模式，实际上就是写一篇历史小论文，可以赞同或反对，也可兼而有之。这种开放试题无疑具有较大的灵活性和自由发挥度，既能考查学生对基本史实的掌握程度，也对考生知识面的广度和深度有所要求，还对考生是否拥有正确的史学方法、严密的证据意识和组织语言的逻辑能力进行了考查，反映了高考对多元史观培养、史学思维养成和史学方法运用的要求，很好地体现出现代素质教育和选拔人才的要求。

答案一：若赞成"冲击—反应"模式，应侧重从外因角度给予肯定。注意把图中的史实关系理清楚，从西方政治、经济、军事、思想、文化等角度分析西方文明的先进性和近代中国文明的落后性，然后从西方历次侵华（"冲击"）后，中国人如何从器物—制度—思想等层面向西方学习着手回答。

答案二：若反对"冲击—反应"模式，应侧重从中国社会变化的内部动力角度给予否定。可以从地主阶级抵抗派、洋务派、资产阶级、无产阶级等各阶级、阶层先进分子发起的一系列运动的历史背景入手，注重分析各运动发生时中国内部政治、经济以及思想的变化，由此强调近代中国社会变化的内部动力和必然性。

答案三：若认为"冲击—反应"模式存在片面性，可以从答案一与答案二两方面综合辩证评析，从外因角度给予肯定，从内因角度给予否定。

第41题这种以主干知识为载体，以学科能力为目标，以学科素养为导向，将历史知识、史学观点、史学方法、人文素养巧妙地糅合在一起，考查学生独立思考能力的试题，一定会持续出现在高考试卷中，成为新课程高考的一种常态试题。高考的指向给一线教师提出了更新更高的要求，如何在教学实践中应对这种开放性试题，应该成为教师们关注的问题。对此，笔者认为可以从以下六方面着手：

第一，引导学生夯实基础，强化对历史重大事件和人物的掌握。新课标下的学科知识体系，是在史学观念更新基础上，以文明史的观念整合学科模块和专题。基本知识点是其构成要素，历史重大事件仍在课程结构和课程实施中处于中心位置，教师要注意强化学生对于具有典型意义和重大影响力之史实的识记和理解，让学生构建起清晰的历史发展主线与整体框架。

第二，教给学生全面的历史。高中历史必修教材由于是专题排列，学生的融通感很难建立起来，所以教师一开始就要给学生传达一种思想，即现阶段讲到的只是历史的一个面，最后要把政治、经济、文化和中外、古今的面综合起来才是较为全面的历史。

第三，引导学生掌握历史思维模式，注重历史认识的相对性。教师要通过考察历史事件的阶段性演变过程，历史事件在政治、经济、文化及社会生活等方面的特征、内涵及价值，历史事件的背景、过程与结果中的因果关联等教会学生怎样思考具体的历史问题，引导学生运用历史实证方式，以整体性、系统性、联系性、辩证性、相对性及实事求是的态度来进行历史评价。当然，教师如能在教学中结合教学实际，渗透唯物史观、现代化史观、全球化史观、文明史观、社会史观等，无疑将有助于学生更真切、全面、辩证地深化对客观史实的认识。

第四，确立核心立意，渗透多元史观。教学中，教师要根据课文的内容，确立本课的核心立意，从生产力发展的角度切入，分析生产力发展带来的连锁"反应"：民主政治制度的确立和发展、思想文化的更新和繁荣、经济结构和体制的变动等。这些"反应"属于社会进步和文明演进的现象，是本课教学的主线，然后围绕主线，以有关社会史的内容为素材和切入点，探究当时百姓生产、生活方式和思想观念等方面的"变化"所折射出来的"社会巨变"，这就契合了近代化史观。同时，从全球化的视角去分析这些"变化"和"社会巨变"发生的"原因"以及造成的"影响"，将世界各地的历史联系起来，从全球化的大背景中去分析某一局部的历史，这样就有机融合了"多种史观"，从而升华理解。

第五，介绍新的历史观点。对于史学界一些新近的认识和观点，教师在时间相对宽裕的情况下适当给学生介绍一些；或者编制出一些有新的思想和理论的试题传达给学生。

第六，注意培养学生良好的历史表达方式。要避免因模块教学造成的政治、经济、文化各自为政的局面，必须综合起来，用史实去说话，培养学生多层次、多角度、史论结合、观点清晰的表达方式和能力。

参考文献

[1] 徐贵亮. 从应试教学向素质教学转变——2012 年全国文综课标卷第 41 题评析. 历史教学, 2012（13）.

[2] 王生. 从近几年高考试题看近代化史观考查的新变化. 历史教学, 2012（13）.

[3] 孙义飞. 2012 年高考新课标文综卷第 41 题评析. 历史教学, 2012（15）.

[4] 尹正驰. 由近三年历史开放性试题看史学新成果对高中教学的渗透. 历史教学, 2013（1）.

（每一次高考结束，就是新一轮研究的开始。2012 年全国文综新课标卷第 41 题是一道以主干知识为载体，以学科能力为目标，以学科素养为导向，"多元史观"有机融合，考查学生独立思考能力的好题。本文于 2013 年 6 月在广州市中学历史教学论文年会评比中获二等奖）

德育渗透

"历史是永恒的建设性的道德遗产。"历史学科是人文社会学科，是思想性、政治性、综合性很强的学科，包含着丰富的"立德树人"的元素。历史教学对学生进行德育渗透具有天然优势，可以灵活运用对联、音乐、名画、漫画、诗词等方式。

传统美德教育与历史教学

本文从传统美德教育与现代化建设、历史教学中进行传统美德教育的主要内容、历史课堂教学进行传统美德教育的方法三个方面论述了传统美德教育与历史教学的关系，重点阐述了历史教学中应大力提倡的传统美德教育的主要内容，如精忠爱国、天下为公、改革创新、勤俭廉正、立志勤学、敬长等。提高民族素质，历史学科有着得天独厚的优势。大力开展中华民族传统美德教育，是社会主义现代化建设的需要，也是中学历史教学的重要内容，是历史教师义不容辞的责任。

在高举邓小平理论伟大旗帜，加快社会主义现代化建设步伐的新形势下，如何继承和发扬中华民族传统美德，培养德才兼备的跨世纪新人，是一个值得研究的课题。弘扬传统美德，提高民族素质，历史学科有着得天独厚的优势。我们应该充分重视历史学科的功能，寓思想、道德教育于历史教学之中，晓之以理，动之以情，导之以行，使中华民族传统美德得以继承、发扬、光大，并注入新的生命力，从而成为今天中华民族精神中的主干，以适应两个文明建设的需要。本文试就中华民族传统美德教育与历史教学这一侧面谈谈自己的一管之见。

一、传统美德教育与现代化建设

中华民族传统美德就是中华民族优秀道德品质、优良民族精神、崇高民族情感以及良好民族礼仪的总和。它对中华民族的形成、繁衍、统一、稳定和自立于世界民族之林起到了巨大作用。今天我国的社会主义现代化建设已进入一个新的发展时期，生产力有较大发展，人民物质生活水平有较大改善。但在计划经济与市场经济的新旧体制转轨过程中也出现了一些负面影响，最值得注意和忧虑的是社会上拜金主义、个人主义、享乐主义泛滥。金钱至上、自私自利和贪图享受的思想正扭曲着一些人的灵魂,影响着人际关系的协调,并阻碍着经济的发展和社会的进步。因此,在大力发展社会生产力,创造物质文明的同时,还必须创造能够适应时代需要的精神文明,这样既能为物质文明建设提供智力支持和精神动力,又能保证物质文明按照既定的价值导向健康地发展。

大力开展中华民族传统美德教育,是社会主义现代化建设的需要,也是中学历史教学的重要内容,是历史教师义不容辞的责任。

二、历史教学中进行传统美德教育的主要内容

根据历史学科教材的有关内容,结合当今改革开放和青少年学生思想的实际,笔者认为在历史教学中应大力提倡的传统美德教育的内容主要有如下几个方面:

1. 精忠爱国

中华民族在长期的生存与发展中,逐渐凝结、培育了崇高的爱国主义情感,形成精忠爱国的浩然正气和民族气节。西汉霍去病,以"匈奴未灭,何以家为"的爱国忘家精神,戎马一生,战果赫赫;东汉班超,投笔从戎,出使西域,以"不入虎穴,焉得虎子"的果敢气概,打击了匈奴势力,恢复了西域与内地的联系;宋代岳飞,精忠报国,面对国土的沦丧,决心"待从头,收拾旧山河",屡战疆场,大败金兵;明代戚继光,以"封侯非我意,但愿海波平"的坦荡胸怀和非凡抱负,率军痛剿肆虐于东南沿海的倭寇,保卫了祖国的海疆边防;近代中国"开眼看世界的第一人"林则徐,虎门销烟,显示了中华民族反抗外国侵略的坚定决心;维新人士谭嗣同,在变法失败后拒绝出走,甘为变法流血牺牲,以"我自横刀向天笑,去留肝胆两昆仑"的正气之歌来换取后来者的觉醒;共产主义者李大钊"要为人间留正气",大义凛然牺牲在张作霖的屠刀下;著名学者朱自清临终前虽贫病交加,也以其浩然正气宁愿饿死也不领美国粮;华罗庚放弃在美国被重金聘用的工作,毅然回归祖国,报效祖国……从古人"杀身成仁""舍生取义",到中国共产党人的"为人民利益而死就比泰山还重",再到科学家的"祖国再穷,我也要为她奋斗,为她服务",都表现了民族和国家利益至上的高风亮节。

2. 天下为公

中华民族自古以来就把"天下为公"作为崇高的理想。墨子推崇的"摩顶放踵,利于天下而为之";诸葛亮的"鞠躬尽瘁,死而后已";范仲淹的"先天下之忧而忧,后天下之乐而乐";顾宪成的"国事家事天下事,事事关心";孙中山提倡的"天下为公,世界大同"……这种崇高的志向和博大胸怀,是我们民族精神的核心,是民族的骄傲和自豪。从"三过家门而不入"的大禹到立志献身边疆30年的班超,从孙中山的三民主义到毛泽东的"完全彻底为人民服

务"，都体现了无私奉献的精神。

3. 改革创新

中华民族善于继承，也勇于改革创新。商鞅惨遭车裂而死，但"秦法未败"，使秦国后来居上，为秦始皇"灭诸侯成帝业"、统一中国奠定了基础；商鞅的"治世不一道，便国不法古"的变法理论根据，"极身无二虑，尽公不顾私"的可贵品质，显示了一代新风。被列宁誉为"中国十一世纪的改革家"的王安石，面对北宋中期以来积贫积弱的现状，大胆提出"天命不足畏，祖宗不足法，人言不足恤"，王安石反对守旧、勇于进取的思想及大胆变法、勇往直前的精神，领先于时代，为后人推崇和尊敬。中华民族又是一个善于不断吸取其他民族、国家先进文化，勇于创新的民族。汉唐盛世的出现与开放分不开，社会主义建设取得了举世瞩目的成就也与改革开放分不开。明末徐光启破除民族偏见，排斥自大思想，向意大利传教士利玛窦等人学习，翻译《几何原本》，弥补了中国数学的不足。"开眼看世界的第一人"林则徐，从反侵略战争和国际交往的需要出发，组织翻译整理成《四洲志》，成为中国近代第一部比较系统的世界地理书籍，筹划海防时也先调查西方情况，这对打破长期以来中国人对外部世界的封闭愚昧状态，为中国人认识世界和学习西方长技，迈出了坚实的一步，启蒙了思想，开创了新风。之后，魏源的《海国图志》、严复译的《天演论》等都为启发中华民族的智慧、加快历史的进程做出了贡献。直至陈独秀领导的新文化运动，学习西方"民主、科学"；李大钊宣传介绍"十月革命"和马克思主义；毛泽东把马列主义原理与中国革命实践相结合，开创了农村包围城市，最后夺取全面胜利之路……都体现了中华民族改革、创新的优良传统。

4. 勤俭廉正

中华民族以勤劳的双手创造了光辉灿烂的华夏文明，以勤俭、廉正著称于世。马钧发明翻车、李春营建赵州桥、黄道婆改良纺织工具……都是劳动创造历史的生动事例。墨子、汉文帝、范仲淹、曾国藩等，可谓节俭的名人；而周恩来、彭德怀等老一辈无产阶级革命家更是节俭的楷模。"历览前贤国与家，成由勤俭败由奢。"汉唐时期的文景之治、贞观之治的勤政、节俭带来了国力的强盛、经济的繁荣，与秦隋的穷奢极欲，导致覆亡形成了鲜明的对比。"勤能补拙，俭以养廉"，勤俭廉正是中国人共同的价值取向。"要留清白在人间"的于谦，因于北京保卫战有功，代宗特赐官邸一处，并加官晋爵，都被他坚决推辞，后遭诬陷抄家时却是家徒四壁。于谦的一身正气、两袖清风，一直受到人们的赞颂，于今天也深有启迪。中华民族之所以能在极其艰苦的条件下和各种困境中不断发展，与勤俭廉正的美德是分不开的。

5. 立志勤学

中华民族具有自强不息、奋发进取的精神。越王勾践，卧薪尝胆；左丘失明而作《左传》；孙子膑脚，《兵法》修列；司马迁被处宫刑而著《史记》等。"问苍茫大地，谁主沉浮"的毛泽东，以天下为己任，并为之奋斗终生；19 岁的周恩来所作"大江歌罢掉头东"，也体现了他改造旧中国的远大志向。立志勤学，不绝于史。从古人的韦编三绝、墨池、划粥、悬梁、刺股、囊萤、映雪、挂角到今人的为民族昌盛而学，为中华民族崛起而学，其精神感人至深。立志勤学是一种民族责任感，是人才成长必须具有的精神，也是事业成功的基石。

6. 敬长知礼

敬长即尊敬长辈（包括父辈、师辈们），也是中华民族的传统美德。"西伯善养老"指的是周文王在施行"仁政"时带头敬长。他上孝父母，下抚贫苦平民，并设立"三老五更"制度侍奉老人。朱德抗战时期工作繁忙、生活艰苦，但仍省下一部分钱寄给母亲。母亲去世了，他非常悲痛地说："我用什么方法来报答母亲的深恩呢？我将继续尽忠于我们民族和人民的希望——中国共产党，使和母亲同样生活着的人能过快乐的生活。"朱德把热爱母亲、热爱人民、热爱党紧紧联系在一起。当今敬长传统美德不仅不能丢，更应提倡和发扬，这是现代社会公民应有的风范。中华民族被世界誉为"礼仪之邦"，人民自古就有知书达礼的传统美德。"虚席以待""倒屣相迎""程门立雪""三顾茅庐"等以礼相待的成语和典故，在历史上广为传诵，就深刻反映了这一点。好礼、有礼、注重礼节是中国人立身处世的重要美德，真诚待人是一个人高尚情操的表现，是内在优秀品质的外化。当今社会，文明礼貌、文化素养对一个人、一个民族来说都是至关重要的。从小对学生进行文明礼貌教育，是提高中华民族的思想境界和文化素养的关键所在。

三、历史课堂教学进行传统美德教育的方法

1. 制定恰当、明确、具体的德育目标

教师是历史课堂教学的组织者、领导者，在制定德育目标时要恰当，若脱离了所教内容空设目标，或超越学生水平制定高深而不切实际的目标都不会收到好的效果。制定目标时还要明确、具体，如李白、杜甫、白居易不但才华横溢、诗艺高超，而且具有热爱祖国、忧国忧民、关怀民情等高尚情操，以此进行做人要德才兼备的教育。

2. 深入钻研教材，把握丰富的德育内涵

中学历史教材涉及传统美德教育的内容广泛、丰富，教师应时刻把"给青少年传播传统美德种子"作为己任，深入钻研教材，努力挖掘教材中包含的传统美德教育内涵，并统筹安排、通盘考虑，根据各个时期教材内容制订施教计划，一步一个脚印地去落实历史教学中传统美德教育任务。

3. 选择恰当的施教方法

（1）说理教育。历史教学中要重视说理，即人们常说的"晓之以理"。为此，一是要寓教于史。教师在叙述历史时应始终用丰富鲜明的事实来揭示传统美德思想，通过摆事实、讲道理，让学生在具体、生动的历史知识中提高认识、懂得道理，逐步形成有关的观念和信念。二是要启发诱导。思想教育不能采取"硬灌"的办法，而应启发学生积极思考，从中悟出真谛，在心灵中受到启迪和教育。如讲到发达的英法等资本主义国家，针对有的学生存在的"英法等国的发达是不是说明资本主义制度好"这一思想，笔者首先肯定同学们敢于思考这一优点，同时从历史角度分析西方资本主义国家发生、发展的情况。西方发达资本主义国家都曾经历了一段资本主义原始积累的过程，从圈地运动开始，农民的颠沛流离，到海盗式的殖民掠夺，以及贩卖黑奴的三角航程引起的人类悲剧，使学生意识到资本来到世间，从头到脚充满着血和肮脏的东西。然后提示学生注意，资本主义国家从原始积累到如此发达，经历了三四百年的过程，而我国从摆脱三座大山的压迫至今仅半个多世纪而已，而国民生产总值平均增长 6%～9%，大大超过世界上绝大多数国家平均增长 2%～4% 的速度。何况我国是社会主义国家，资本主义老路行不通。通过引导，使学生自己否定了原有的想法，认清了资本主义同社会主义的本质区别，增强了学生的民族自信心，培养了学生用历史的、辩证的观点看问题的方法。三是要联系实际。针对学生存在的思想疑虑和不良行为进行教育，但要注意分寸，抓住要害。如讲到"文景之治"时，针对一些学生不爱惜劳动果实，浪费粮食比较严重的现象，笔者着重讲文帝提倡节俭、景帝爱惜谷物的事例。景帝说："黄金珠玉，饥不可食，寒不可衣，都不如谷物和丝麻。"一个封建皇帝尚且知道崇尚节俭、爱惜谷物，我们是社会主义时代的青少年，觉悟怎能不如一个封建皇帝呢？寥寥数语，就打开学生心扉，使学生受到启发和教育。

（2）榜样示范。中国古代教育家历来重视榜样教育。孔子常以尧、舜、周公等人为榜样，教育弟子们"见贤思齐"。历史上有无数杰出的人物，他们不仅为人类的进步做出巨大贡献，而且在他们身上所体现出来的高尚品德、情操，也是人类教育和培养后代的宝贵精神财富。如：诸葛亮、李世民的励精图治；包拯的铁面无私；海瑞的清廉；祖冲之、沈括的勤奋好学、刻苦钻研、勇于创造；以及无数革命先辈压倒一切敌人的英雄气概、坚贞不屈的革命气节和不屈不挠、排除万难去争取胜利的精神等，都是当代青年学生应该继承和发扬的高尚情操。俗语说：榜样的力量是无穷的。这些杰出的历史人物不同于文学虚构的人物，他们真实、具体、生动、形象，更易于为学生所学习和模仿。因此，在历史教学中，教师应结合历史人物的成长道路、创造发明、英雄事迹等进行讲述，在学生的心灵中树立可供学习的榜样。

（3）对比分析。在历史教学中，教师应选取典型史实，通过中西比较，特别是科技文化方面的比较，突出中国古代文化在当时世界的领先地位，激发学生对祖国文化的热爱，增强学生的民族自豪感和自信心。如：秦汉文化中有世界上最早测定地震方位的仪器，比西方早 1 700 多年；三国两晋南北朝文化中有比欧洲早 1 100 多年的圆周率；隋唐文化中有世界上最古老的拱桥和比欧洲早 800 年、由国家编定的药典《唐本草》等。中国历史上有对祖国、对人类做出了杰出贡献的政治家、军事家、科学家和艺术家，也有碌碌无为、游手好闲的寄生虫、恶霸、流氓、地痞；有为保卫祖国而捐躯的爱国主义者，也有委身外敌、卖国求荣的无耻之徒；有一心为公的共产主义战士，也有追名逐利的剥削阶级野心家。将这些形形色色的历史人物恰当地进行比较分析，可以收到烘云托月的教育效果，可使学生明白做人的道理。

历史教学在贯彻传统美德教育方面，具有广阔的前景，我们要深入挖掘其丰富的内涵，提取深沉的精髓，从而使中华民族传统美德在青少年心中生根发芽、发扬光大。

（在历史教学中进行传统美德教育，是社会主义现代化建设的需要，也是中学历史教学的重要内容，是历史教师义不容辞的责任。本文被永修县教育学会学术委员会评定为 1997 年度一等奖，获九江市历史学会 1997 年年会一等奖，获 1998 年江西省中学历史教学论文评比一等奖，获 1998 年中国教育学会历史教学研究会论文评比一等奖；刊登在江西省书院研究会、庐山白鹿洞书院主办的《白鹿洞学报》1998 年第 1 期与《江西财院九江分院学报》1998 年第 2 期上）

历史教学运用对联渗透德育浅议

对联言简意深、对仗工整、平仄协调，是中华民族的文化瑰宝。在历史教学中恰当地运用对联并加以讲解，可以开阔学生们的视野，活跃课堂气氛，同时也有利于进行思想教育，是我们进行爱国主义和革命传统教育的极好方法。

一、讽刺联

讽刺联犀利、辛辣、巧妙、谐趣，可同战斗的杂文、讽刺漫画相媲美。慈禧太后对洋人奴颜婢膝、割地赔款；对人民疯狂镇压、残酷压榨。她的活动轨迹跨章节，很分散，引用章太炎1904年为慈禧太后七十大寿所作的讽刺联，将慈禧太后40年的罪恶史，一联以概之：

今日到南苑，明日到北海，何日再到古长安？以黎民膏血全枯，只为一人庆歌有；

五十割琉球，六十割台湾，而今又割东三省！痛赤县邦圻益蹙，每逢万寿祝疆无。

上联写慈禧太后为了个人贪欲，不顾人民死活；下联写她每过一个生日，就给国家带来一次丧权失地的灾难：50岁时，法国侵华，打开中国西南门户，日本占朝鲜，吞并琉球；60岁时，日本侵华，割占台湾；70岁时，日俄又为争夺东北大打出手。慈禧太后面对帝国主义的侵略行径，又是赔款，又是割地，这就是"每逢万寿祝疆无"。上下联末句把媚语"一人有庆，万寿无疆"，颠倒用之，讽刺辛辣、妙手天成。

袁世凯卖国和复辟帝制活动，激起人民极大的愤怒，可引用这样一副对联：

一二三四五六七；
孝悌忠信礼义廉。

此联用歇后语手法，把"八"和"耻"字隐去，暗讽袁世凯是"忘八""无耻"。

"五四"运动震动了中国大地，上海各界爱国人士热烈响应，当时闸北区一家鸟店用门联来暗讽三个亲日派卖国贼——陆宗舆、章宗祥、曹汝霖：

三鸟害人：鸦、鸽、鸨；
一群卖国：鹿、獐、蟹。

二、挽联

挽联大都是评价死者的业绩，颂扬死者的精神和情操，言简意赅、一语重千斤，使人看了产生钦佩之情、洒下哀痛之泪。戊戌变法失败后，谭嗣同遇害。康有为以两人的名字，巧缀挽联以寄托哀思：

复生不复生矣；
有为安有为哉。

1976年1月8日，周恩来总理不幸病逝，全国人民为了表达对总理的无限怀念和对"四人帮"的无比仇恨，自发地掀起了悼念总理的"四五"运动，并写下了大量的悼文、挽联。笔者引用张复同志写的一副挽联来表达对总理的讴歌、哀思：

"五四"运动，"四五"精神，顶天立地大英雄。生荣死哀，光耀二十世纪；
"八一"倡义，"一八"赍志，赤胆忠心好总理，鞠躬尽瘁，恩被九亿神州。

上联巧妙地把发生在天安门广场的"五四"运动和"四五"运动联系起来，下联把周恩来领导的"八一"南昌起义和"一八"总理忌日联系起来，给人以联想，增强了对周总理的深切怀念之情。

三、名胜古迹联

悬挂、雕刻在历史名人、历史遗迹纪念地的祠堂、庙、殿、寺、馆之中的名胜古迹联，有的讴歌中华民族历史上名传千古的杰出人物；有的凭吊古人、述史寄怀、借古喻今，充满哲理；有的在讴歌先贤业绩的同时，鞭挞奸佞以及

旧社会的黑暗统治。

杜甫写了大量反映国家灾难、人民痛苦的不朽诗篇，人称"诗圣"。可引用郭沫若写的对联来概括杜甫的伟大成就：

世上疮痍，诗中圣哲；
民间疾苦，笔底波澜。

诸葛亮是三国时蜀汉杰出的政治家、军事家，可用南阳武侯祠的楹联来概括他一生的功业：

收二川，摆八阵，七擒六出，五丈原设四十九盏明灯，一心只为酬三顾；
取西蜀，征南蛮，东和北拒，中军帐按金木土圭爻卦，水面偏能用火攻。

蒲松龄的《聊斋志异》是一部文言短篇小说集，全书借写妖狐鬼怪故事来批判封建社会，引用山东淄川蒲松龄故居"聊斋"的厅联说明其特色：

写鬼写妖，高人一等；
刺贪刺虐，入骨三分。

此联仅十六字，对蒲松龄的创作给予高度而恰如其分的评价。上联指《聊斋志异》的艺术表现手法，实属"高人一等"；下联指《聊斋志异》在讽刺揭露统治阶级的贪婪暴虐这一主题思想上，真是"入骨三分"。

在教学红军长征强渡大渡河时，可运用1983年陆定一同志为纪念红军强渡大渡河48周年的题联进行讲解：

翼王悲剧地；
红军胜利场。

此联高度而鲜明地概括了发生在大渡河畔的两幕史剧，一败一胜，给人以深刻的启迪。1857年，翼王石达开出走，1863年5月抵达四川大渡河畔的紫打地（今四川省石棉县安顺场），全军（3万人）覆没。1935年5月，3万红军在以毛泽东为核心的新的党中央的正确领导下，四渡赤水，巧渡金沙江，通过彝族区，到达大渡河畔安顺场附近。同样的5月，同样的渡口，同样的军队数量，同样的羊肠小道，同样的波涛翻滚，对于这样的历史巧合，蒋介石大喜过望，不禁叫嚣要红军做"石达开第二"，但巧合毕竟是外表的相似，狂言终成为对自己的讽刺。红军在刘伯承、聂荣臻等同志的指挥下，深夜出奇兵，攻下安顺场，夺得仅有的一条渡船，17 个勇士驾船抢渡，夺取北岸渡口，帮助一支部队顺利渡河，并配合南岸的红军，夹河而上，飞夺泸定桥。石达开全军覆没的古战场，成为中国工农红军夺取胜利的新起点。

四、宣传联

宣传联主要见于重大社会事件和社会活动，会场布置主席台时也会使用。1930 年 12 月，蒋介石纠集 10 万军队围剿中央革命根据地，但毛泽东稳坐中军帐，召开了"苏区军民歼敌誓师大会"，并给大会写了副对联，高悬在主席台两侧：

敌进我退，敌驻我扰，敌疲我打，敌退我追，游击战里操胜券；
大步进退，诱敌深入，集中兵力，各个击破，运动战中歼敌人。

毛泽东正是运用这副对联中的策略，以 4 万红军粉碎了国民党第一次反革命"围剿"。

解放战争时期，浙江爱国学生为参加"反饥饿，反内战，反迫害"运动而惨遭国民党特务杀害的浙大学生会主席于子三同志举行追悼大会，会上悬挂这样一副对联：

爱和平有罪，要民主有罪，争自由有罪，见他妈的鬼，那狗屁宪法！
打内战可以，卖国家可以，杀青年可以，滚你娘的蛋，这无耻政府！
（横批）党国所赐。

上联揭露了国民党颁布的伪宪法的反动本质，下联揭露了国民党政府的罪恶行径，横批点明这都出自国民党反动统治集团。上联、下联、横批三位一体，表现一个主题，揭露国民党反动政府的滔天罪行。

五、其他

1945 年 8 月 15 日，日本宣布无条件投降，消息传来，举国狂欢。当时成都某报纸集三个国家名字出句征联——"中国捷克日本"，以表庆贺，结果"南京重庆成都"一联中选。

中国捷克日本；
南京重庆成都。

　　上联集三个国家的名字，"中国"是主语，"捷克"是捷克斯洛伐克的习惯简称，这里别解为"祝捷""克敌制胜"之意，作谓语；"日本"是"克"的对象，作宾语，说明中国人民经过8年浴血奋战终于战胜了日本帝国主义。下联集中国三个城市名应对，南京原是国民政府的首都，抗战开始后迁都重庆，中国打败了日本，必将还都南京。"南京"是主语，"重庆"作谓语，别解为"再次庆祝"，"成都"则是动宾词组作宾语，说明南京又将成为首都之意，实在是妙对。

　　总之，对历史教学中的对联引用讲述，只是一种教学手段，用来相辅有关教材。但不能超越教材内容去旁征博引，更不能喧宾夺主，应该恰当地运用对联配合史实讲解，使史实更加有血有肉、形象生动。这样也可以使学生感到饶有兴趣，扩大知识面，并受到情感与价值观等方面的教育。

　　（对联是中华民族的文化瑰宝，在教学中恰当地运用并加以讲解，是进行德育渗透的好方法。原载《中国德育》2005年第10期，并被中国人民大学书报资料中心复印报刊资料《中学历史、地理教与学》2006年第3期全文转载）

让历史教学遨游在社会美之中

　　中学历史教材中蕴含着丰富的美的因素，为我们对学生进行审美教育提供了丰富多彩的素材。美的内容，包括自然美、社会美、艺术美三个方面。社会美，指的是人类在创造社会生活、事物的过程中体现出来的精神行为美。无数史实说明，古往今来的风流人物、多如繁星的民族精英，他们身上所体现出来的璀璨思想和精神风貌，是我们进行社会美教育的极好素材。历史教学应遨游在社会美之中，使学生受到潜移默化的影响。

　　人类的社会实践活动是社会美的根源。马克思指出："审美意识是社会的产物。"美的事物之所以能够引起人们观赏的兴趣，是因为劳动人民在社会实践中创造的物质财富满足了社会的需要，同时以其智慧结晶赋予美的享受。大到气势磅礴的都江堰工程、威武雄壮的秦始皇兵马俑、蜿蜒万里的长城、造型瑰丽浑厚的司母戊大方鼎，小到半坡氏族的人面网纹盆、战国时的音乐编钟、薄如蝉翼的汉代绢衣、驰名中外的景德镇瓷器等，无不说明"劳动创造了美"。正是在这个意义上，马克思所说的"我们从那些由于劳动而粗黑的脸上看到全部人类的美"也就容易为学生所理解了。当然，教材中有些美的因素，并不显见。比如"远古社会和传说时代"这一课，既没有艺术珍品，也没有杰出人物等明显的美育内容，但我们还是能找出不少审美的教育内容，如劳动美。教师可以通过对"劳动创造人本身"这一知识点点出：人类是在物质世界漫长的发展和演化过程中形成和发展起来的，而使人类最终脱离其他动物的主要途径则是劳动。没有劳动，也就没有人的进化，也就不会有现在美好的世界。从而让学生树立劳动光荣，劳动能创造美，美在劳动中产生的正确审美思想。

　　讲"宋元绘画艺术"时，不妨利用多媒体向学生展示张择端的《清明上河图》，让学生在宏观上体会到画面的宏伟。"劳动创造了美"这一主题在图中被刻画得淋漓尽致。它既体现了北宋的"艺术美"，又表现了宋人的"社会美"。

　　中外历史上，杰出的人物灿若群星，他们的嘉言懿行、高尚品德和献身精神，是构成社会美的重要方面，是对学生进行品行美、心灵美教育的极好素材。"路漫漫其修远兮，吾将上下而求索"的屈原，以强烈的社会责任感和使命感忧国忧民；"治世不一道，便国不法古"的商鞅，立木城门，以表改革之志，

惨遭车裂，牺牲生命，却使秦国因改革而成七雄之首，为秦始皇统一大业奠定坚基；忍受肉体伤残之苦，坚持完成"史家之绝唱，无韵之离骚"的司马迁；"匈奴未灭，何以家为"的霍去病；"鞠躬尽瘁，死而后已"的诸葛亮；被列宁誉为"中国十一世纪的改革家"的王安石；"人生自古谁无死，留取丹心照汗青"的文天祥；"粉身碎骨全不怕，要留清白在人间"的于谦；"封侯非我愿，但愿海波平"的民族英雄戚继光；近代中国"开眼看世界第一人"的林则徐；"拼将十万头颅血，须把乾坤力挽回"的秋瑾；被美国当局称为"在任何情况下都抵得上三至五个师的兵力"的钱学森，……风流人物、民族精英闪光的思想，震撼人心的事迹，是人间心灵美的化身，捕捉住这些蕴含在历史内部的美的因素，充实其情节，展示其伟业，在课堂上再现一个美的世界，以情动人，以美感人，这是历史教育不可忽视的任务，我们切莫小看了历史课美育的功能。历史上一些杰出人物留下的格言、警句等，作为社会美育的素材，可以从道德修养方面启迪学生。

我们还应通过一些历史人物的事迹介绍来培养学生的社会意识。方志敏烈士在被敌人关在牢狱期间，曾给友人去信道："我相信，到革命成功之时，到处是活跃的创造，到处是日新月异的进步，欢歌将代替了悲哀，笑脸将代替了苦脸，富裕将代替了贫穷，明媚的花园将代替了凄凉的荒地。""如果我能生存，那我生存一天就要为中国呼喊一天。如果我不能生存——死了，我流血的地方，或许会长出一朵可爱的花朵，这朵花，你们可视为我为中华民族解放奋斗的爱国志士致以革命的敬礼！如果那花左右摇摆，那可视为我在提劲唱着革命之歌，鼓励战士们前进啦！"这满怀诗一般激情、令人肃然起敬的铮铮话语，体现了一个无产阶级革命战士多么美的理想！同时也给了我们淳厚的社会美享受。1835年，17 岁的卡尔·马克思在中学毕业论文《青年选择职业时的考虑》中写道："我们选择职业时所应遵循的主要指针，是人类的幸福……"马克思正是在青年时代就树立了如此崇高的理想，才使他后来成为举世公认的伟人，成为社会美的最高典范。革命烈士陈然在狱中写道："对着死亡我放声大笑，魔鬼的宫殿在笑声中动摇。"这样的诗句给我们崇高美的感受是何等的强烈！这对于学生树立远大的理想，培养高尚、美好的情操进而塑造健康完美的人格无疑都会起到积极的作用。

罗丹说："美是到处都有的，对于我们的眼睛，不是缺少美，而是缺少发现。"让我们在历史教学中多教会学生们善用一双发现美的眼睛，遨游在社会美之中，使他们成为美的发现者和创造者。

（历史教学应教会学生善用一双发现美的眼睛，让其遨游在社会美之中，受到潜移默化的积极影响。此文是与天河中学李燕晖老师合写。原载《新德育》2006 年第 4 期）

历史教学中运用音乐课程资源渗透德育

课程资源是我国新一轮基础教育课程改革的一个亮点。2001 年、2003 年教育部颁布的《全日制义务教育历史课程标准（实验稿）》和《普通高中历史课程标准（实验）》的课程"实施建议"部分，明确提出了历史学科课程资源的开发利用问题。"凡是对实现课程目标有利的因素都是课程资源。课程资源的利用与开发水平同教学质量的高低密切相关，充分利用和开发历史课程资源，有利于历史课程目标的实现。"音乐作为一种重要的历史课程资源进入历史课堂，有利于激发学生学习历史的兴趣，培养学生探究问题的能力，陶冶情操，塑造健全的人格，为师生交往、互动构建平台，促进学生的全面发展。

音乐，在人们生活中无处不在，有些乐曲、歌词往往是历史的一个缩影，它向我们展示着历史的智慧，传递着历史的遗韵。法国大文学家雨果说："开启人类智慧的宝库有三把钥匙：一是数字，二是文字，三是音符。"俄国著名文学家列夫·托尔斯泰说过："音乐的魔力，足以使一个人对未能感觉的事有所感觉，对理解不了的事有所理解，使不可能的事变为可能。"正是这特有的魅力使音乐成了历史教学中的珍贵资源，在历史新课程背景下，音乐作为一种课程资源在历史教学中有了新的价值取向。

一、历史学科与音乐

历史是一门综合性的学科，时间上纵横古今，空间上囊括中外。历史教学不仅要使学生掌握知识，促进智力的发展，进行审美教育，更要使学生通过学习历史学会做人，成为一个品格高尚、全面发展的人。

音乐是一门古老而常新的艺术，深刻而全面地影响着人们的精神状态和生活品质。音乐是情感的艺术，比其他艺术更直接诉诸人的情感，而德育中行之有效的方法是"晓之以理，动之以情，导之以行"，这其中，情是关键，正如列宁所说："没有人的情感，就从来没有也不可能有人对真理的追求。"一个"情"字，将音乐与德育紧密地联系起来了。一首优秀音乐作品的播放让学生

在优美的音乐中了解美、认识美、接受美，以美导真，以美引善，使千姿百态的美有所依附，促使学生形成高尚的情操，达到德育渗透的目的。《中共中央国务院关于深化教育改革全面推进素质教育的决定》中指出："美育不仅能陶冶情操、提高素养，而且有助于开发智力，对于促进学生全面发展具有不可替代的作用。"音乐对社会的发展，尤其是对历史的发展有着举足轻重的作用，历史激发了音乐的灵感，音乐又推进了历史进程。尤其是那些世代传唱的革命歌曲，耳熟能详，影响了几代人的成长，每首歌都像历史的一面旗帜——引导当时的人，激励后来的人。音乐与历史连在了一起，同时歌曲也琥珀般地凝固在历史中。

二、历史教学中运用音乐渗透德育

1. 有利于激发学生学习历史的兴趣

学生对历史课普遍缺乏兴趣，这种情况由来已久。据教育部 1997 年对北京市 2 107 位学生的调查，在学生对"最不愿学的课"的排序中，历史课居前 3 位；在学生对 15 门课程喜欢程度由低到高的排序中，历史课居第 2 位；在学生对"枯燥、没意思的课"的排序中，历史课居前 5 位。本来应该很有趣的历史课，何以受到学生如此的冷落？究其原因固然有多种，如教学方法的滞后、考试评价的制约等，但这种状况与历史课程资源极其单调乏味的状况有很大关系。

音乐的运用是历史直观教学的一种手段，它不是图画又胜似图画，真实、形象，使课堂气氛活跃。在教学过程中，引入音乐作为开场白，可创设一种氛围，激发学生学习历史的兴趣，能让每一个学生"入戏"。音乐是具体历史画面活生生的再现。以中国的抗日战争为例，虽然时间已过去半个世纪，但只要一播放音乐，就把健在的革命先辈带回到那腥风血雨、烽火连天的峥嵘岁月之中，使没有经历过战争的后人体会到当时全民抗战、同仇敌忾的历史氛围。音乐作为一种重要的历史课程资源，以其形象具体、生动活泼和学生能够亲自合唱等特点，给予了学生多方面的信息刺激，丰富了历史课的内容和情趣，使学生能够在轻松高雅的学习活动中掌握知识，极大地激发学生的学史兴趣，这是传统单一的课程资源所无法比拟的。如学习《全民族的抗战》时，先播放歌曲《松花江上》，形象地再现了那个特定时代的历史。全曲贯穿了叹息性的音调，采用北方妇女在坟上哭诉亲人的哀婉哭声，集叙述、抒情、悲怆为一体。歌曲的第一乐段以第一人称抒情地诉说家乡故土的富饶和美丽；第二乐段表现反对侵略，强烈要求打回老家去的思想情感。"我的家在松花江上，那里有森林煤矿，……"沉重而悲凉的音调饱含着愤怒的情绪，对东北同胞家破人亡的悲惨遭遇寄予深切的同情，"九一八，九一八"反复出现四次，感情层层递进，把东北人民反对侵略者，要求收复失地的思想感情充分地表现出来。"爹娘啊，爹娘啊",悲痛声中蕴藏了东北同胞要起来斗争的力量。这一切深深感染着学生,学生的求知欲被激发了,学生迫不及待想了解"九一八"事变的前因后果。这时教师适时引导学生分析"九一八,九一八,那个悲惨的时候"为什么会出现,"九一八对中国产生了什么影响"。学生会主动学习、积极探究。这与直接让学生分析"九一八"事变背景、经过、影响的传统教法相比,效果大不相同,歌曲起到烘托铺垫、激发兴趣的作用,学生由"要我学"变为"我要学"。这样,有效地利用音乐资源就起到先声夺人、激发学生主动学习之效。

2. 有利于培养学生探究问题的能力

"探究式学习"是学生在教师指导下自主地发现问题、探究问题以获得结论的学习方法。探究不仅是追求一个结论,更是一种经历,是学生亲身体验、感知学习与认知的过程,它是培养学生创新精神和实践能力的一种重要形式。音乐作为一种重要的历史课程资源,能更多地成为学生参与活动的过程,使学生成为历史学习的主人。

"创新的动力来源于疑问。"教师要根据情境材料设计相关的思考题或由学生自己设疑。如讲述"经济体制改革"时,笔者播放歌曲《走进新时代》,并以《走进新时代》的歌词设置问题:"我们唱着东方红,当家做主站起来","我们讲着春天的故事,改革开放富起来","继往开来的领路人,带领我们走进那新时代,高举旗帜开创未来"。这几句歌词提到了哪三首歌?一首歌标志一个时代,标志一代领导人,哪三代领导人?"当家做主站起来",中国人民何时当家做主的?如何取得当家做主地位的?"改革开放富起来",以自己的所见所闻来说明,中国人民是如何以主人翁的身份开创了一条具有中国特色的社会主义道路呢?"高举旗帜开创未来",高举什么旗帜?在一种轻松愉悦的气氛中,学生热烈讨论并回答,课堂气氛活跃,学生们努力搜索着自己的所见所闻来说明改革开放取得的显著成就。如学习"邓小平理论"时,播放歌曲《春天的故事》:"一九七九年那是一个春天。有一位老人在中国的南海边画了一个圈,神话般地崛起座座城……"笔者设计若干问题,促使学生积极思考。如歌词中"一九七九年那是一个春天",这一年中国实施了什么伟大决策?"有一位老人在中国的南海边画了一个圈"是指确立了四个经济特区,其中属于广东省的有哪几个?"春雷唤醒了长城内外,春晖暖透大江两岸"喻指什么?"一九九二年又是一个春天,有一位老人在中国的南海边写下诗篇。天地间荡起滚滚春潮,征途上扬起浩浩风帆"喻指什么?学生仔细辨析歌词并结合相关知识进行讨论。然后要求学生结合政史地知识综合思考:"为什么要实行改革开放?""从影响工业布局因素的角度看,我国设立沿海经济特区有哪些有利条件?""歌词深刻地反映了个人与社会发展的关系,试以唯物史观予以说明。"这样既巩固了学生的基础知识,也发展了学生探究历史的能力和学科综合能力。

3. 有利于开启学生的智能，培养学生的历史思维能力

爱因斯坦说："想象力比知识更重要。因为知识是有限的，而想象力概括着世界上的一切，推动着进步，并且是知识进步的源泉。"运用与教学内容紧密相连的音乐、歌曲导入新课，能调动学生的学习情绪，让学生的联想、想象等心理活动同理解、思维等能力相互配合、促进，从而推动学生历史思维的发展，使情感与智力因素融为一体，加深对学习内容的印象和记忆，教学也收到了良好效果。如讲授"在抗日烽火中成长"内容时，先播放一首学生熟悉的歌曲《南泥湾》，让学生在优美的歌声中感受到南泥湾由"杂草丛生、没有人烟"到开辟成"到处是庄稼，遍地是牛羊"的过程。听完后，笔者提问学生：这首歌曲反映了抗日战争时期的什么事情？当时中国共产党领导的敌后抗日根据地正面临什么情况？面对这种情况，中国共产党采取了哪些措施？以此导入教学。"横断山，路难行，敌重兵，压黔境"，"雪皑皑，夜茫茫，高原寒，炊断粮"，这些歌词生动地再现了中国工农红军长征的艰难，把学生的思维引向了长征的征程。"红军不怕远征难，万水千山只等闲……"，又使学生对英雄红军的崇敬之情油然而生。

4. 有利于对学生进行思想品德教育

反映时代精神的优秀音乐作品、高雅音乐和艺术歌曲，如《义勇军进行曲》《黄河大合唱》《东方红》等，犹如历史的一面镜子，以歌叙史，它们以流畅奔放的旋律、完整宏伟的节奏、质朴无华的情感、独具特色的音乐风格，塑造了众多鲜明生动的音乐形象，不仅能展现历史的丰富内涵，而且具有强烈的吸引力和感染力，激发学生的学习兴趣，使之在音乐欣赏的愉悦中启动思维、激发想象力，进而获得历史知识，培养形象思维能力，更在情境交融中陶冶性情、塑造健全的人格。如《义勇军进行曲》，全曲铿锵有力、浑然一体。前奏曲像嘹亮的进军号；"起来！起来！起来！"把音调立即推向高潮；结尾的"我们万众一心，冒着敌人的炮火前进！冒着敌人的炮火前进！前进！前进！进！"不仅坚定有力，而且使人有歌声并未结束，仍在耳边回荡的感觉，宛如战斗的中华儿女正在前仆后继、勇往直前，表达了中国人民对帝国主义侵略的强烈愤怒和反抗精神，体现了中华民族勇敢、坚强，面对外敌团结一心的优良传统。"没有共产党就没有新中国"，"东方红，太阳升，中国出了个毛泽东"，这发自人民肺腑的声音胜过了千言万语。

5. 有利于学生愉悦身心、增长知识、开阔视野，提高人文素养

音乐歌曲是美的，音乐的美使人振奋、使人愉快、使人忘记烦恼和忧愁，从而对生活充满美好的憧憬，使学生在轻松愉快的氛围中学习，对学生乐观情绪的培养、坚定意志力的形成和奋发向上精神的树立，都有着潜移默化的作用。音乐作品中渗透了文学、历史、地理等知识，涉及经济、政治、风土人情、自

然常识等各个方面，可以使学生领略到我国五千年深厚的文化底蕴，激发民族自豪感，在音乐欣赏中增长知识、开阔视野，心灵得以净化，道德情操得以升华，使之逐渐形成高尚的道德品质。

《普通高中历史课程标准（实验）》把教学看成是师生交往、共同发展的互动过程。中学生普遍喜爱音乐，让音乐进入历史课堂，能充分调动学生的学习兴趣，启发学生的想象力，促使其形象思维的强化，能为师生交往、互动构建平台。音乐会使学生插上想象的翅膀，飞到当年历史事件发生"现场"，由此便不难理解许多历史现象和历史大事发展的前因后果的必然性，提高运用辩证唯物主义和历史唯物主义的基本观点和方法观察、分析历史现象的能力，受到革命传统和爱国主义教育。历史事件的久远性在音乐中一目了然，从而使音乐成为语言历史"文物"，具体教学时可信"口"拈来，"操作"简便，其教学效果是其他的直观教学手段所不能替代的。音乐可作为历史教学中珍贵的课程资源，但音乐不能完全等同于历史。所以在历史教学中要精选音乐歌曲创设情境，不可"喧宾夺主"，要注重实效，不能流于形式。这样音乐才会给历史教学引来活水、注入生机。

（音乐作为一种重要的历史课程资源进入课堂，有利于陶冶情操、渗透德育。原载《新德育》2008年第1期）

历史教学中的"以丑衬美"教育

"丑"是指以拙劣的形式显现出对人的本质力量的扭曲和否定,简言之就是不和谐。"丑"与"美"相对,指人与客观事物在社会实践中历史地形成一种否定性关系。丑普遍存在于自然、社会和艺术领域,是一种特殊的审美对象,它唤起人们一种否定性的审美体验。丑是在人类历史发展进程中与美同时出现的一种社会现象。人类为了自身的生存和发展,为了追求和谐的美,从诞生那一天起,就自觉或不自觉地与丑作斗争,人类社会正是在这种斗争中不断地进步、发展和完善的。在历史教学中,教师通过对丑的人物、丑的社会现象的揭露、讽刺和批判,有利于提高学生的审美能力,丰富学生的审美体验,完善学生的人格,培养学生的是与非、荣与辱、正与邪、善与恶、忠与奸、进步与落后的人文价值取向和高尚的人生观、世界观,有利于渗透情感态度与价值观的教育。因此,挖掘历史教材中的"丑"对促进教学、完善学生人格具有重要的意义。

一、丑与美的辩证观

历史教学中在注重塑造"美"的同时,也不能忽视"丑"。毛泽东指出:"真善美的反面是假丑恶。没有假丑恶,就没有真善美。真的、善的、美的东西总是同假的、恶的、丑的东西相比较而存在,相斗争而发展。"这句话包含了丑与美的辩证观:

其一,丑与美是相互渗透、相互转化的。正如雨果所说:"丑就在美的旁边,畸形靠近着优美,粗俗藏在崇高背后,恶与善并存,黑暗与光明相共。"丑与美是相对应而存在的,双方都是以对方的存在为条件的。没有美就无所谓丑,没有丑也就无所谓美。丑与美常常统一在同一事物中,丑与美不是凝固不变的,而是不断地发展、变化的,在某些条件下,丑可能转化为美,美也可能转化为丑。因此,社会生活中的美与丑,总是互为前提、互为条件的。

其二,丑与美是相互斗争而发展的。由于人类具有爱美、向善、嫌丑、厌恶的天性，因此丑与美又是相互斗争的，虽然丑在一定的条件下、一定的时期内占主导地位，但美最终会战胜丑，人类社会正是在这种斗争中不断发展的。

其三，丑与美是相互映衬的。雨果认为："崇高与崇高很难产生对照……鲍鱼衬托出水仙，地底下的小神使天仙更加美丽。"通过相互映衬，从而使丑的更丑，美的更美。从某种意义上说，以丑衬美也是一种"缺陷美"，现实中的丑无美可言，但它在艺术领域则能转化为艺术美，具有审美的价值。如《皇帝的新装》中的裸体皇帝与实话实说的小孩，揭示了一个道理：阿谀奉迎和自欺欺人是丑的，而诚实才是美的；《巴黎圣母院》中的卡西摩多的外表奇丑无比，恰好衬托了他内心的纯洁和高尚；罗丹的雕塑"妓女"，苍老的外貌蕴含了无尽的艺术美想象。从审美的角度看，它们都是以丑的形式呼唤着审美的想象。所以，贾平凹在《丑石》一文中认为："丑到极点，也就是美到极点。"罗丹在《艺术论》中也说："自然中越是丑的，在艺术上越美。"

二、丑的审美观

爱美之心，人皆有之。一般而言，我们都向往、热爱、赞叹美而回避、贬低、厌恶丑。因为丑毕竟是人的全面本质在对象上得到消极、否定、片面、病态、畸形的显现，它对人的感官来说是一种负价值，是对人的本质力量的异化和扭曲，从而使人在感情上因难以接受而产生较强烈的反感和厌恶。然而丑作为一种社会现象广泛地存在于人类社会的各个层面。丑既表现于形式，也表现于内容；既表现于语言，也表现于行为；既表现于人物，也表现于历史事件；还表现于人与自然的不和谐等方面，因此我们不能因其丑而回避。"审丑"也是一种审美，"审丑"能给人独特的心理上的满足，它是一种特殊的、深刻的审美。丑虽然在感觉上不和谐，但正是在这种厌恶、不和谐中，我们才能体验到丑的审美内涵。审丑是一种否定中有肯定、消极中有积极、批判中有赞扬的情感体验。这种体验会引起人们对丑的嫌弃、不满、愤恨，从而激发主体抑丑扬美的愿望。

历史是反映社会现象的一门科学，翻开历史画卷，崇高与卑劣共存，壮美与丑陋同生。圆明园的残垣断壁显示出一片"丑"不忍睹的凄凉，而如果我们了解它的历史，我们就会从中得到更为深刻的美学意义：在这个地方曾经出现过中国乃至世界上最大的博物馆，出现过外国人誉之为"神仙住的地方"的美丽建筑。可一向以"文明人"自居的英法联军却用丑恶的魔爪毁掉了这座凝结着中国人民聪明才智的美的精华，留下了丑的痕迹。人们在鉴赏这一"丑"的建筑时，心灵会受到极大的震撼：落后就要挨打，如果没有强大的国力，任何美的事物都会在帝国主义的枪炮面前化为灰烬。这种震撼极富内涵，是爱国主义教育极好的素材。宦官专权是历史上的丑陋现象，当我们学到历史上赵高

"指鹿为马"，王振一手制造"土木堡之变"以及魏忠贤自号"九千岁"等内容时，都会产生厌恶、惆怅等消极情感。但如果我们把这些情感加以升华，通过典型化的展现、条理化的分析，使学生对社会生活的本质有深入的认识，就会从中得到"高贵的反感"：宦官是可怜的，因为他们身体受摧残；宦官又是可悲的，因为他们要受皇帝及其家族役使；但专权作恶的宦官又是极度可恨的，他们是寄附在中国封建社会肌体上的一大毒瘤。作为历史的畸形产物，他们是被皇帝利用来反对权臣和外戚的工具，同时他们往往又被皇权与主流社会所不容，这一群体可以说是封建社会及其制度下的牺牲品。通过分析，就能使学生的情感得到升华，获得"灵府朗然"的审美效果。

三、以丑衬美，完善人格

苏联美学家尼·阿·德米特尼耶娃在《审美教育问题》一书中引用了车尔尼雪夫斯基的一句话："美，就是我们所向往的那种生活。"接着她又说："美的生气勃勃的理想，不会有完结的终点，因为这是一种越来越高和越来越远的永恒的追求。"人类社会正是在对美的追求中进步的。当代表美的力量、进步的社会力量刚刚登上历史舞台时，是比较弱小的；代表丑恶的、落后的反动力量往往是比较强大的，但在斗争过程中，美与丑的力量逐渐转化，丑由强大走向衰弱，直至灭亡。美的力量则日渐强大起来，直到最后取得胜利。共产党与国民党的斗争不就是最好的例子吗？人类社会就是在美与丑的转化和美战胜丑的过程中不断前进和发展的。

历史教学中，我们不仅要挖掘教材中"美"的因素，引导学生领略自然美、认识社会美、欣赏艺术美，也应该高度重视"丑"的特殊作用，挖掘教材中"丑的形象"：后唐45岁的石敬瑭为当皇帝不惜割让幽云十六州，并向34岁的耶律德光称儿的可笑媚态；出卖抗金英雄岳飞而被后人唾弃以致铁铸跪像遗臭万年的秦桧的可恶形象；甲午中日战争中平壤城头插白旗、畏敌狂逃五百里的清军统帅叶志超的狼狈丑相；在八国联军的炮声中"量中华之物力，结与国之欢心"的慈禧太后的奴才嘴脸；镇压革命党人，为称帝而出卖国家民族利益，接受日本灭亡中国的"二十一条"的袁世凯窃国大盗形象；在大革命时"宁可错杀千人，不可使一人漏网"的刽子手；在祖国抗战中与日寇勾结，成立伪国民政府的汪精卫的叛国投敌形象等。在教学中，如果教师在塑造"美的形象"的同时，再通过漫画的笔法和犀利的语言对这些"丑的形象"进行深刻的揭露和无情的鞭笞，将两者加以对比，不仅有利于提高学生辨别是与非、丑与美的能力，引导学生发现美，也有利于启迪学生的心灵，培养学生正确的人生观、世界观。正如清代史学家章学诚所言："书美以彰善，记恶以垂戒。"在鲜明的对比中，培养学生树立正确的爱憎观、是非观、美丑观，从而加深对历史的认识、理解。

言与行是人心灵的体现，历史人物的言与行就像一面镜子，折射出其内心世界的美与丑。"路漫漫其修远兮，吾将上下而求索"的屈原，以强烈的社会责任感和使命感忧国忧民；忍受肉体伤残之苦，坚持完成"史家之绝唱，无韵之离骚"的司马迁；"匈奴未灭，何以家为"的霍去病；"鞠躬尽瘁，死而后已"的诸葛亮；"先天下之忧而忧，后天下之乐而乐"的范仲淹；"人生自古谁无死，留取丹心照汗青"的文天祥；"粉身碎骨全不怕，要留清白在人间"的于谦；"苟利国家生死以，岂因祸福避趋之"的林则徐；"大丈夫为国捐躯，死而无憾"的徐骧；"拼将十万头颅血，须把乾坤力挽回"的秋瑾；被美国当局称为"在任何情况下都抵得上三至五个师的兵力"的钱学森，毅然冲破美国当局的阻挠，回到祖国，成为中国的"导弹之父"；祖国危亡的关头，披甲跨马，高擎战旗，飒爽英姿的抗英英雄"奥尔良姑娘"——贞德；高唱进行曲奔赴前线抗击普奥联军入侵的法国马赛人民；诺贝尔因实验被炸得遍体鳞伤却欢呼胜利……而唯我独尊、及时行乐，不管人民悲苦的暴君法王路易十五说："在我死后，哪怕洪水滔天！"梯也尔矮小肥胖，肚子圆鼓，上衣的扣子总是无法扣上，这个被马克思称作"侏儒"的政客是一个背信弃义的"老手"，卑鄙奸诈的"巨匠"。他平时总是装出一副笑容可掬的样子，但无法掩盖两只眼睛毕露的凶光。当他刚逃到凡尔赛时，曾经信誓旦旦地保证："无论如何，我决不派军队到巴黎去。"但当麦克马洪保证说很快就能打进巴黎时，他便挥舞着肥胖的小拳头气势汹汹地叫嚣："我是不会留情的！"……

苏霍姆林斯基说："美教给人识别恶，并为之而斗争。"令人伤痛难忘的第二次世界大战，丘吉尔的"我希望德国人走进坟墓，更想看到俄国人躺在手术台上"之言暴露了资产阶级政治家阴险反共的丑恶，却衬托了苏联人民英勇反法西斯的伟大、高尚，令全世界人民敬佩。法西斯发动了第二次世界大战，法西斯主义的种种残暴行径，尤其是日军制造的惨绝人寰的"南京大屠杀"无疑是丑恶之极。但战争使不同国度、不同社会制度、不同肤色的人民同仇敌忾、万众一心，联合起来建立了世界反法西斯联盟，奠定了今天联合国的基础，也是反法西斯战争胜利的保证。虽然以千百万人的生命作为代价，做出了巨大的牺牲，但最终取得了反法西斯战争的伟大胜利，这是何等波澜壮阔的历史画卷啊！它有利于激发起学生热爱人类和平的美好情愫，培养学生对美丑的识别、鉴赏能力。

以丑衬美，完善人格，这是历史教学中不可忽视的任务。教师有责任在三尺讲台以及有限的时空范围里使学生"思接千载，视通万里"，领悟做人之道，为国为民之责，萌发出追求真理、追求美的向上之心！

（以丑衬美，完善人格。原载《新德育》2008年第2期）

"心病"须用"心药"医

教育部颁布的《普通高中历史课程标准（实验）》规定："通过高中历史课程的学习，培养学生健全的人格，促进个性的健康发展。"历史学科是一门人文学科，博大精深，对学生的心理健康教育具有得天独厚的优势。教师要充分利用教材中的丰富资源，在教学中渗透心理健康教育，既"育人"又"育心"，用历史的"心药"来医治学生的"心病"。

一、提取教材中的有效资源，医治学生的"心病"

历史知识浩瀚无边，内容包罗万象，教师应充分挖掘教材，用丰富的史实、优秀的历史人物，滋润学生的心田，用"心药"医治学生的"心病"，培养学生健康的心理，达到"随风潜入夜，润物细无声"之效。

1. 利用教材，进行责任心教育

历史是人创造的，在创造历史的过程中，折射出人的智慧和谋略等，给后人启迪，启发人们思考人生的目的和意义。中学生正处于世界观、人生观和价值观形成的阶段，他们规划着未来。此时，最需要优秀的对象来鼓励他们树立远大的理想抱负，培养为理想奋斗的勇气。历史上，司马迁"人固有一死，或重于泰山，或轻于鸿毛"的价值观；文天祥"人生自古谁无死，留取丹心照汗青"的人生观；林则徐"鸦片一日不绝，本大臣一日不回，誓于此事相始终"的责任感等，都是培养学生健康心理和健全人格的极好素材。

2. 学史以明志，进行意志力的教育

当代中学生一般在长辈过分精心的呵护下成长，成了"温室里的花朵"。当学习中碰到困难时，生活中遇到不顺心的事情时，他们就表现出悲观、失望，甚至退缩，意志崩溃。历史告诉我们，人的一生不可能一帆风顺，只有拥有顽强的意志才能顺利地走过人生中的磨难与坎坷。一个人如果没有坚忍的意志、超凡的毅力，想成就一番事业是根本不可能的。正因为对儒学学习的信念，颜回才能"一箪食，一瓢饮，居陋巷。人不堪其忧，回也不改其乐"，藐视贫寒、忍受寂寞而成为孔子三千弟子中的第一人；正是为人类解放而奋斗的远大理想，马克思才能够忍受政治上的迫害和经济上的极度困难，历经 40 年写成皇皇巨著《资本论》，揭示了工人阶级被剥削的实质，创立了剩余价值学说；孙中山革命一生，生命不息，战斗不止，屡败屡战，终于推翻了清朝，完成了革命的夙愿；发明大王爱迪生在历经数百次失败之后，终于研制出经久耐用的碳丝灯泡；居里夫人在设备简陋、条件艰苦的情况下，经过 45 个月的辛勤努力，终于成功地从数吨沥青铀矿的残渣中制取了 1 克的氯化镭等，这是培养学生坚强意志的好材料！

3. 学史以自信，进行承受挫折的教育

历史告诉我们，社会上没有和风细雨、轻歌曼舞的竞争。在古代的斯巴达国家中，婴儿出生时，父母不是用水而是用烈酒为其洗浴，然后接受长老的检查，长老只允许健壮的婴儿生存，体质弱者则被抛弃。年满七岁的孩童离家编入团队，进行严格的军事训练，训练忍耐性、顽强的意志及独立生存的能力。"斯巴达"式的教育固然带有残酷和不人道的一面，但培养出的却是能够战胜一切的勇士。中国古代也有句话："天行健，君子以自强不息。"大革命失败后，面对反动派的腥风血雨，革命队伍中有人提出"红旗到底能打多久"，以毛泽东为代表的共产党人并没有被反动派的屠杀所吓倒，抱着对革命必胜的信念，克服各种艰难险阻，开辟了一条由农村包围城市、武装夺取政权的正确道路，领导革命取得胜利。随着时代的进步，竞争越发激烈。每个学生都要学会适应客观环境，提高自己的生存能力，进一步提高生命的质量。

4. 学史以自强，进行人格熏陶的教育

教材中自强不息的例子俯拾即是。如西汉史学家司马迁，在蒙受冤狱和遭到肉体、精神双重折磨的情况下，凭着顽强的意志力坚持写作，花了 18 年，完成了被鲁迅誉为"史家之绝唱，无韵之离骚"的《史记》，留下了富含哲理的"人固有一死，或重于泰山，或轻于鸿毛"的千古名句。司马迁笑傲生死，以顽强的意志拼搏，获得了生命的升华。鲁迅在 21 岁时就表达了"我以我血荐轩辕"的决心，要当人民的孺子牛。为实现救国救民的理想，鲁迅几次调整自己努力的方向：从入军校、学矿业、攻医学，到最后选择了文学创作的道路，用战斗的笔来唤醒民众被麻痹了的心灵，面对国民党的子弹，他也毫不畏惧，战斗不息，成为一代思想巨人、文坛泰斗等。这是熏陶人格教育、培养学生健康心理的极好素材。

5. 学史以明智，培养心理调节能力

"读史使人明智"，这里的"智"，不仅是指知识能力，更是指做人的准则、处事的经验。"祸兮，福之所倚；福兮，祸之所伏。"历史上每一个事业有成就的人无不经历挫折。但他们在经受磨难、遭遇挫折时，表现出一种健康的心态

与积极的、理智的情绪反应，这是值得我们学习和仿效的。人在与自然、社会的斗争中求得生存和发展，不可能总是一帆风顺的。挫折也许来自自然环境、社会环境；也许来自个体生理缺陷、知识能力的不足、生活阅历的简单、人生观念的不当等。挫折是难免的，关键是我们要具有对待挫折的正确态度，即面对失败的不屈性，面对厄运的刚毅性和面对困难的勇敢性。如"富贵不能淫，贫贱不能移，威武不能屈"的孟子；"先天下之忧而忧，后天下之乐而乐"的范仲淹；出生入死，六次东渡以至双目失明，终于到达日本，为中日文化交流做出重大贡献的鉴真；历经27个春秋著成《本草纲目》的李时珍；长期野外考察，即使遇到生命危险也不退缩，成为世界上科学考察石灰岩地貌先驱的徐霞客等。我们应该以优秀人物为榜样，以一种博大的胸怀容纳百川，以一种大无畏的气概战胜自我，战胜挫折。

在新课程形势下，新教材以政治、经济、文化等为模块，每个模块的内容都会涉及古今中外的历史。这种编排本身就有利于拓宽学生的历史认识空间，提升学生的思想境界。"一个不学历史的人，他的经验来自自己的经历、见闻；一个学历史的人，他的经验除来自自己的经历、见闻外，也从人类几千年的历史中吸取经验"，这就是历史空间。按这种方式传授历史，对学生总结人生经验、把握人生，是十分重要的。从更深层次讲，能打破学生原本相对狭窄的认知体系，拓宽视野，为某些自我封闭的学生打开心扉提供内在动力。如讲述古代希腊雅典的民主政治时，将古希腊辉煌的文明成果展示给学生，让他们在视觉上受到强烈冲击，由此内化，走出内心开放的一步。

二、利用灵活多样的教学方法，医治学生的"心病"

在课堂教学中，多开展讨论课，进行合作学习，营造积极的课堂心理氛围，培养学生的团结合作精神，从而改善人际关系。随着科技的不断进步，现代教育技术日臻完备，历史遗留下来的资料也越来越多。在教学中，应当广泛利用这些设备和资源，让历史"重演"，使学生获得更多的感性认识，产生情感的共鸣，以至"观史如身在其中"，激发学生参与讨论的兴趣和主动性。如在讲抗日战争时，为了使学生更深刻地认识日寇对中国人民犯下的滔天罪行，给学生播放关于南京大屠杀的视频，然后让学生分组讨论：我们如何对待这段历史？当然，要引导学生客观公正地认识历史，以史为鉴，防止学生出现盲目的仇日情绪。讲美苏争霸和当代国际局势变化时，为使历史知识更贴近生活，融入学生生活，可以播放《大国崛起》之《大道行思》，之后让学生讨论"中国在当今世界局势中面临哪些机遇和挑战"。学生通过参与讨论、合作学习，发扬了团结合作精神，培养了与人和睦相处的健康心理。

在课外，我们要适时地组织一些历史知识竞赛、手抄报比赛、制作历史教具比赛、参观历史遗址等活动，点燃学生生活、学习的热情，为学生的心理健康营造良好氛围，消除厌学情绪，获得身心上的愉悦感。如学习"红军长征"时，除了在课堂上讲述"红军不怕远征难，万水千山只等闲……"，也可以举行纪念红军长征胜利 70 周年的演讲比赛。这样一方面可以调动学生查阅资料的积极性，另一方面也为学生提供了展示才能的机会，从而形成正确评价自我、悦纳自我的健康人格。

三、提高自身素质，做维护学生心理健康的"白衣天使"

有学者研究指出：教师的教育能力应该包括"热心、幽默、诚实、正直"等实际上多达 1 000 个的素质能力。现代教育的发展要求教师"不仅仅是人类文化的传播者，也应当是学生心理的塑造者，是学生心理健康的维护者"。

1. 教师要有健康的心理，这是培养学生心理健康的前提

现代教育要求教师是一个全面发展、和谐发展的高素质的人，一个有着健全个性、健康心理的人。教师是否有健康的心理，直接影响着其"行为"的优劣和教育的成败。学生的向师性决定了教师心理影响的深刻性、长远性和多面性。只有教师心理健康，才能使学生形成良好的心理素质，以适应现代社会生活的需要。

2. 面向全体学生，因材施教，杜绝学生产生不健康心理的因素

据三九健康网报道，深圳市有近七成（69.5%）的青少年学生时刻承受着来自日常生活和学习的巨大压力。王极盛教授调研和分析后也认为，学习成绩的好坏是导致青少年出现心理不健康的一个主要因素。这提醒我们教师，要根据学生的认知能力和心理特点以及具体的学习内容来设计课程教学、整合教学，正视学生中存在的智力差异、心理差异和人格差异，实行分层教学，在课程教学中的讲述、自学、提问等环节兼顾不同层次的学生，在课前预习、课后辅导、作业和考核中都从层次性出发，使他们都能参与到教学活动中，获得不同程度的成功，并进一步激发学习兴趣和树立自信心，使之迁移到整个学习和一生的心理品质中。

3. 尊重学生个性，营造宽松和谐的课堂氛围

作为教师，对调皮捣蛋的学生不能以伤害他们的自尊与人格来惩罚其过失，不能以管理需要剥夺他们受教育的权利，而是要注意培养他们的学习兴趣和激发他们的学习热情，倡导他们积极主动地参与到教学过程中，在平等和谐的氛围中学习，让学生心理得到放松。每个学生都有自己的优点、潜力，我们所谓的差生实际是优点缺乏表现平台的学生，久之也就成为真正的差生，产生消极的自卑心理。美国心理学家加德纳的"多元智能理论"告诉我们：人类的智力

没有水平之分，只有类型之分。每个学生都有极大的潜能，只要教师赏识他们，鼓励他们，给他们成功的体验，他们就能成才。"罗森塔尔效应"告诉我们表扬、鼓励的力量是无穷的。我们不要吝啬我们的表扬、鼓励。表扬、鼓励是学生成长中的阳光、空气和水。教师要用敏锐的眼睛挖掘学生的闪光点，要突破分数限制，全面评价学生，及时给予激励性的评价。

4. 教师必须内外兼修，才能成为合格的良师益友

法国作家拉封丹有一则寓言：北风和南风比试，看谁能把行人身上的大衣脱掉。北风首先发威，行人为了抵御北风侵袭，把大衣裹得紧紧的；南风则徐徐吹拂，顿时，行人觉得春暖衣厚，就解开纽扣，继而脱掉大衣。这就要求教师掌握一定的心理辅导的基本技巧和能力。

同时，教师也要塑造良好的讲台形象。仪表朴实大方、庄重文雅；教风扎实严谨、一丝不苟；语言准确精练、富有感情；板书条理清晰、工整优美等。通过这些良好的形象可以折射出教师巨大的感染力、影响力和辐射力等人格力量，使学生在教师身上受到"人格美"的感染和熏陶，给学生以正确的引导。

（在历史教学中渗透心理健康教育，既"育人"又"育心"，可用历史的"心药"来医治学生的"心病"。此文是与天河中学阮思华老师合写。原载《新德育》2008年第3期）

欣赏名画　渗透德育

历史教材选有题材多样、内容丰富、技巧精湛的名画，这些名画往往蕴含着深刻的社会文化因素和特定的创作历史背景。历史教学中可以引导学生通过欣赏名画，为学生在历史和艺术之间架起一座桥梁，让他们在名画欣赏中树立正确的审美观念，培养健康的审美情趣，受到人文精神的熏陶和理想情怀的感染。

教育家苏霍姆林斯基说："我一千次地确信：没有一股富有诗意的、感人的和审美的清泉，就不可能有学生全面的智力发展。"史之所存，美之所在。历史教材本身就是一座美育的宝库。人教版历史必修3图文并茂，选有题材多样、内容丰富、技巧精湛的名画，具有形象性、直观性、可读性等特点。如阎立本的《步辇图》，张择端的《清明上河图》，达·芬奇的《蒙娜丽莎》《最后的晚餐》，大卫的《马拉之死》，德拉克洛瓦的《自由引导人民》，列宾的《伏尔加河上的纤夫》，毕加索的《格尔尼卡》等。

在近代摄影技术发明之前，绘画是记录各种历史事件、场景的重要手段，保存了大量的历史信息。西晋陆机说："宣物莫大于言，存形莫善于画。"在摄影、录像已普及的今天，绘画仍有其独特的艺术作用。名画全景式、直观地体现了人类文化的精神实质，不了解艺术作品的独特文化精神，不懂得艺术的人文内涵，就不可能提高艺术修养和人文意识。名画往往蕴含着深刻的社会文化因素和特定的创作历史背景，因此，欣赏名画，不仅在历史和艺术之间架起了一座桥梁，让学生树立正确的审美观念，培养他们健康的审美情趣，开阔他们的视野，更为学生人文精神的培养和健全人格的塑造提供了广泛而厚实的基础。

一、在历史背景下欣赏名画

黑格尔说："真正不朽的艺术作品当然是一切时代和一切民族所能共赏的，

但是要其他民族和时代能彻底了解这种作品，也还要借助于渊博的地理、历史乃至于哲学的注疏、知识和判断。"历史定格了艺术。任何一件艺术品都有其产生的历史时代，都反映了当时的历史背景，将名画和其产生的历史背景结合起来欣赏，可以开阔学生的视野，提高学生的理解能力，陶冶学生的情操。

1937年4月26日，西班牙北部巴斯克重镇格尔尼卡遭遇法西斯空军轰炸，镇上成千上万的无辜居民惨遭屠杀。这一罪行激起了国际舆论的强烈谴责，许多相关的文字报道和图片被传阅，毕加索义愤填膺，随即拿起画笔，进行构思，把过去对战争描述的片段组合起来，完成了这一幅震撼画坛的名作《格尔尼卡》。毕加索采用分解立体构成法，仅用黑、白、灰三色完成，使画面统一在沉重、恐怖，如同挽歌的调子中，全画充满着悲剧气氛。画面的中心点有一些立体派切割的几何形，仿佛炸弹爆炸开来的中心向四面弹射出碎片；嘶叫的马头，露着牙齿和尖尖的舌头，地上一双断掉的手臂，还紧紧握着一柄折断的刀；一个仓皇的女人从右边奔逃而来；最右上方是两手向天、仰头嚎叫的妇人，一扇小小的窗，在密闭无望的室内仿佛是唯一的出口；靠左侧上方，有一眼睛已移位的牛头，形象十分狰狞，下面是一个母亲抱着孩子的死尸哭叫苍天，一个男子的头和手臂被遗忘在左下方。毕加索没有直接控诉战争，而是采用了多种风格与手法，以半写实的、立体主义的、寓意的和象征的形象，把复杂的法西斯暴行的场面揭露出来，让人们对于战争带给人类的悲惨命运感到震撼。这幅画甚至比描述野蛮行径的长篇文字报道更令人难忘，更触动心灵。这幅画能让学生心灵震颤，深切地认识到法西斯的残暴。

二、在欣赏名画中感悟历史

艺术复活了历史。一个民族发展过程的重要阶段所出现的文化现象，往往会成为后人艺术创作的重要题材来源。战争，非战争，王朝更迭，种族优劣……都构成了艺术的素材。这些艺术成果深刻地反映了时代背景，鲜明地突出了历史特点，也体现了时代的政治经济和意识形态状况。历史在艺术的窗口中鲜活起来。正如美国艺术教育家威廉·本尼特所说："伟大的艺术作品构成了关于人类历史和人类社会进化的一个无与伦比的记录。"

历史是过去的，把名画引入历史课堂，可以让学生在欣赏名画的过程中感悟历史，了解历史人物的喜怒哀乐、历史事件的波澜壮阔、历史现象的真实面貌，把抽象的历史具体化、直观化、形象化。以艺术视角投注历史，可以培养学生多角度审视历史的能力。英国美术史学家赫伯特·里德在他的《现代艺术简史》中曾经说过"整个艺术史是一部关于视觉方式的历史，是关于人类观看世界所采用的各种不同方法的历史"。整个历史又何尝不是这样！要说明北宋东京城市经济的繁荣，任何细腻的笔触和生动的语言都不及张择端的风俗画《清明上河图》的艺术张力。白寿彝任顾问的《中国通史（彩图本）》对《清明上河图》的评价：全卷所绘人物五百余位，牲畜五十多只，各种车船二十余辆艘，房屋众多、道具无数、场面巨大、段落分明、结构严密、有条不紊。技法娴熟、用笔细致、线条遒劲、凝重老练，反映了高度精纯的绘画功力和出色的艺术成就。同时，因为画中所绘为当时社会实录，为后世了解、研究宋朝城市社会生活提供了重要的历史资料。这是从艺术的角度展现出来的历史画面，有论者称为"形象史料"。一幅画将北宋商业的繁华、城市的发展、民俗风情表现得淋漓尽致，学生在欣赏这幅名画时，好像回到了北宋，来到了东京，就如画中人般，亲身感受北宋城市的繁华和热闹，体会北宋社会经济的发展。一幅画胜过教师的千言万语，可让学生感悟历史，获得真实的体验。

以艺术氛围营造历史氛围，艺术的氛围给人以休闲式的放松。如1861年农奴制改革使俄国走上了资本主义道路，但留下了大量的封建残余，在沙皇统治下的俄国人民生活依旧充满苦难。俄国画家列宾以名画《伏尔加河上的纤夫》间接地表现了这一历史主题，形成了浓厚的艺术氛围，能使学生不但感受到时代气息，也掌握相应的文化知识。

三、在欣赏名画中感受人文精神

历史教育是人文教育，历史教学中选择名画欣赏，有利于在强烈的艺术氛围中提高学生的艺术鉴赏力和审美能力，有利于提高学生的人文素养。

选择名画欣赏，上课时要先让学生对画家的思想和人格精神有充分的了解，然后对其作品进行分析，融入画家的思想和人生态度，关注的重点不在于专业性的线条、色彩、绘画技巧的运用，重点是艺术创作者的审美理想和思想情感。雕塑家罗丹说，艺术的要点"是爱、是希望、战栗、生活。在做艺术家之前，先要做一个人"！鲁迅也曾讲："看一件艺术品，表面上看是一幅画，一座雕塑，实际是艺术家人格的表现。"屈原、司马迁、杜甫、陆游等伟大文学家，正是在与生活和命运的搏斗中把强大的心理动力和对美的执着追求凝铸为不朽的创作。要知道一件伟大的艺术品能屹立不倒，不仅仅是形式的美，更重要的是对社会产生的影响。如梵高的代表作《向日葵》，画家以短粗的笔触把向日葵的黄色画得极其耀眼，每朵花如燃烧的火焰一般，细碎的花瓣和葵叶像火苗一样布满画面，整幅画犹如燃遍画布的火焰，显示出画家狂热的生命激情，从色彩上非常成功地构造出一种极为激动人心的景象。通过欣赏画面，可以提高学生的审美意识和情感体验，使学生从中受到热爱自然和生命的教育。如达·芬奇的《最后的晚餐》，作者以描述《圣经》中耶稣与叛徒犹大等门徒的表情动作来表现人类正义与邪恶的较量，表现出特定的人文主题，高扬人文主义的时代精神，使学生在欣赏美的同时也接受了思想教育。

四、在欣赏名画中接受价值教育

苏霍姆林斯基说："美是道德纯洁、精神丰富和体魄健全的有力源泉。美育最重要的任务是教会孩子从周围世界（大自然、艺术、人们的关系）的美中看到精神的高尚、善良、真挚，并以此为基础确立自身的美。"名画中蕴含着丰富的德育内容，教师引导学生欣赏名画时，要注意挖掘其思想性和教育性，结合实际将思想品德教育与学生的学习兴趣和学习任务有机地融为一体，这样能收到较好的教学效果。如俄国画家列宾的名画《伏尔加河上的纤夫》，描绘了伏尔加河上被奴役的纤夫的生活。阳光酷烈、河滩荒芜，一群衣衫褴褛的纤夫正在竭尽全力拖拽着沉重的货船。作者以淡绿、淡紫、暗棕色描绘天空，使气氛显得惨淡，加剧了苦难和悲凉的效果，一幅悲怆、沉抑的负重感"扑面而来"，使我们感受到沙皇统治下人民的苦难生活和对美好生活的渴望，从而引导学生感受和认识生活，培养学生从小热爱生活、热爱人民的思想。

名画以其独有的神韵，向学生传播美，激励学生向往美、创造美。欣赏名画的过程，可以提高学生的审美能力，是让学生求真求善求美的过程，是对学生进行美育的过程，也是进行德育的过程，可以培养人文精神，完善人格，树立正确的人生观、世界观和价值观。

五、在欣赏名画中树立理想情怀

引导学生欣赏名画，不是使学生仅停留在表面上懂得"欣赏"，而是要通过作品的具体形象，理解作品的内容和形式，领会作品的主题思想、艺术魅力及艺术特点乃至艺术成就。在欣赏实践中分辨出美丑，评价出优劣，增强辨别是非的能力，受到思想的熏陶。如名画《马拉之死》艺术地再现了马拉的崇高形象，以真实的细节成功地表现了马拉遇刺身亡的情景。1793 年 7 月 13 日，身患严重皮肤病仍然泡在浴缸中坚持办公的马拉，遭到吉伦特派残余分子的刺杀。法国新古典主义大师大卫受命用他的画笔表现马拉被刺的情景，他采用写实的手法，把马拉生前常常在浴缸中工作这一典型场景作为创作素材。被害时，马拉正泡在浴缸中工作，凶手逃遁，匕首抛在地上，鲜血从胸口流出，左手紧握着凶手给他的留言便笺，右手无力地垂落下来……"马拉之死"变成了历史性的控诉，成为后人了解法国大革命的重要证据。选择名画《马拉之死》作为欣赏材料，教师可用简明扼要的语言介绍作者和创作时代背景，向学生展示震撼世界的"马拉之死"这个真实的历史事件，使学生感到"马拉之死"的气势宏伟、庄重严肃，了解灿烂辉煌的难忘史实。同时，又有效地培养学生的爱国主义情感。

　　《自由引导人民》是德拉克洛瓦最具有浪漫主义色彩的作品之一，取材于1830 年法国"七月革命"。1830 年 7 月 26 日，国王查理十世取消议会，巴黎市民纷纷起义。27—29 日，为推翻波旁王朝，与保皇党展开战斗并占领了王宫，史称"光荣的三天"。在这次战斗中，一位名叫克拉拉·莱辛的姑娘（自由女神）头戴法国大革命时期的红色弗吉利亚帽，居中而立，她一只手向前挥动着象征法兰西共和制的三色旗，另一只手紧握着枪，微微右转，面朝民众，正在引导法国人民为自由而奋进。在她的旁边是各种各样的法国民众，有成年人，还有一个双手拿着枪的少年，他们有的倒在了血泊中，有的还在勇敢向前，而远处的天空一明一暗，强烈的对比使人犹如置身于为自由而战的场景之中。画家德拉克洛瓦目睹了这一悲壮激烈的巷战景象，创作了《自由引导人民》这幅画，再现了硝烟弥漫的巷战场面。这幅画气势磅礴，画面结构紧凑，色调丰富炽热，用笔奔放，具有生动活泼的、激动人心的力量和强烈的感染力，能启发观者的意识与情感活动，从而达到提高思想品德和陶冶情操的目的。

　　总之，在历史教学中，教师引导学生欣赏名画，能帮助学生打开审美宫殿的大门，带领学生进入一个丰富多彩的世界，提高学生的审美能力，陶冶情操，美化心灵，培养学生们的爱国主义情感，实现道德教育的教学目的。历史与艺术有机结合，智育和美育相互渗透，有利于提高学生的整体素质。

　　（名画往往蕴含着深刻的社会文化因素和特定的创作历史背景，欣赏名画，可以渗透德育。此文是与广州市天河区龙口西小学汪朝霞老师合写。原载《中小学德育研究》2015 年第 4 期）

图虽无言却表情

——运用历史插图渗透情感态度与价值观教育

历史学科是文科教育的基础学科，文科教育的过程是精神享受的过程，是提高生命质量的过程，是体验和提升生命价值的过程，是生命的对话、情感的交流。历史教育本质上是人文教育，而情感问题的核心是价值观念。和文字材料相比，历史图片与照片更能打开学生的情感大门，更有利于人文精神的教育。新课标历史教科书的一大亮点是融入了众多具有知识性、趣味性、生动性的插图，给学生搭建了生成情感态度与价值观的平台，有利于我们在教学中渗透德育。

一、历史人物图

教材中选用了大量的人物插图，如《孔子像》《秦始皇像》《林则徐像》《孙中山像》《毛泽东像》《邓小平像》《马克思和恩格斯在一起》《列宁回到彼得格勒》等。教师应紧扣人物插图，展示人物人格魅力，陶冶学生情操，促使学生追求真、善、美的人生境界，从而达到情感教育的目的。如孔子的"知之为知之，不知为不知""三人行，必有我师焉"，教人为人处世应该谦虚诚实；顾炎武"天下兴亡、匹夫有责"的爱国情操；邓世昌"舰在人在，舰亡人亡"的民族气节；孙中山"革命尚未成功，同志仍须努力"的抗争精神；伽利略献身科学、坚持真理被罗马教会判处终身监禁而不悔的态度等。如引导学生看《袁隆平在从事水稻研究》图，让学生思考："他是一位真正的耕耘者。当他还是一位乡村教师的时候，已经具有颠覆世界权威的胆识；当他名满天下的时候，却仍然只是专注于田畴。淡泊名利，一介农夫，播撒智慧，收获富足。他毕生的梦想，就是让所有人远离饥饿。人们评价为：'喜看稻菽千重浪，最是风流袁隆平。'这位'喜看稻菽千重浪，最是风流'的人最主要的贡献是什么？根据所学知识和这则评语，你认为这位当选者能够感动中国的原因除了其所取得的成就外，还有哪些因素？"在思考过程中，既有基础知识的考查，又有能力的训练，还有情感态度与价值观的体验，由此激发学生的探索精神和民族责任感。

二、历史文物图

利用历史文物图，使学生对古人留给我们的珍贵资料和实物有所认识，更加贴近真实的历史。如《秦半两钱》《秦长城遗址》等文物图，反映了我国古代科技文化的水平，既能增强学生的民族自豪感，也能培养热爱劳动和尊重科学的优秀品质。圆明园是举世闻名的皇家园林，它把祖国锦绣河山的众多景观和西洋建筑艺术集于一身，是园林建筑史上的伟大创举，却被英法联军以最野蛮的方式摧毁了。圆明园遗址的残垣断柱是列强侵略和掠夺中国的铁证，也是中华民族备受屈辱的历史见证，让学生感受侵略者对中国的侵略，由此而激发学生振兴中华、创造灿烂文明的意识。

三、史事情节图

教师根据史事情节图所呈现的情境引导学生观察、描述，让学生对历史事件的情境产生切实的感受，激发学生的想象力和思维能力。如中英《南京条约》在南京下关江面英国军舰"皋华丽"号上签订时的场景就是一幅史事情节图，教师可以先引导学生观察画面，让学生对中英双方代表人物的不同表情加以描述，进而说明中国近代史上第一个不平等条约就在此时此地签订，从此中国开始沦为一个半殖民地半封建社会，以激发学生抵抗侵略、保卫祖国的爱国精神。

照片所提供的信息，比任何文献记载都清晰、准确、生动、细腻。照片是凝固的历史、传神的历史，可以供人们直接感受。历史照片是纪实照片，反映了历史活动所造成的结果，拍摄者的态度也反映了其对历史事件、历史人物的态度、观点。如"这是当年日军随军记者拍摄的日军耀武扬威的照片"，它成为日军在旅顺屠杀中国居民的罪证。如"日本军人在入侵中国前与家人在一起"和"日军屠杀中国人后的狰狞面目"两幅反差较大的历史图片，充分反映出日本侵略军的两面性：一面是与自己家人在一起时面带笑容的样子，是活生生的、充满人情味的健全的人；一面是屠杀中国人后得意扬扬的样子，就像是一只丧心病狂的野兽。两相对照，可以看出日本侵略军在战争驱使下，由人变成了兽。图片传递给人们的这种直观感受十分明显。当事人拍当事照，这段再现的、真实血腥的"历史"会深深地震撼学生，会永远地留驻于学生的情感世界之中，这是单凭语言文字表述所不易达到的效果。如《引起芥子气中毒事件的铁桶》《中毒后的李贵珍》两幅图，进一步强化了战争对人类社会的影响、给人的生命与生活带来的长期危害，体现了人本思想和人文情怀。

"要让学生看到应该看到的东西。"历史教科书上编排的每一幅图画都有每一幅图画的用途，都是为实现教育目标服务的。如俄罗斯画家列宾的名画《伏尔加河上的纤夫》，描绘了伏尔加河上受奴役的纤夫的生活。阳光酷烈、河滩荒芜，一群衣衫褴褛的纤夫正在竭尽全力拖拽着沉重的货船。作者以淡绿、淡紫、暗棕色描绘天空，使气氛显得惨淡，加剧了苦难和悲凉的效果，一幅悲怆、沉郁的负重感"扑面而来"，使我们感受到沙皇统治下人民的苦难生活和对美好生活的渴望，从而引导学生对生活的感受和认识，培养学生从小热爱生活、热爱人民的思想。

四、历史地图

梁启超先生曾说："读史不明地理则空间概念不确定，譬诸筑屋而拔其础也"，把掌握历史空间概念提升到整个历史之基础的高度。历史地图在很大程度上就是文字和言语的延续、补充和发展，同样可以渗透情感态度与价值观教育，如《中国工农红军长征示意图》，让学生在图中沿着红军长征的路线了解长征的过程，激战湘江，强渡乌江，占领遵义，四渡赤水，巧渡金沙江，强渡大渡河，飞夺泸定桥，爬雪山，过草地……一路厮杀，踏过 11 个省区，行程二万五千多里，历尽千辛万苦，会师陕北。"红军不怕远征难，万水千山只等闲……"使学生对英雄红军的崇敬之情油然而生。学生在看图的同时，既了解了当年红军长征的艰险与困苦，又能体会到"长征是宣言书，长征是宣传队，长征是播种机"的伟大意义。

五、历史漫画图

历史漫画虽然对人物、事件的描述因线条简单、变形而不像实物图那样具有写真的效果，但对历史人物及事件本质的揭露和批判更加切中要害、入木三分，能达到语言文字所不能企及的效果。如《夸张的宣传画》及漫画下面的诗："肥猪赛大象，就是鼻子短；全社杀一口，足够吃半年。"可以体会到当年浮夸风的盛行。如《法国明信片上列强在瓜分中国》揭示了 19 世纪末中国面临德、俄、法、英、日等帝国主义国家的瓜分，民族危机空前严重的历史状况。如寓意深刻、具有警世作用的《时局图》中，熊代表俄国，它的四爪已踏上中国的北方，而眼睛还逼视着南方；肠代表德国，它盘绕山东半岛，率先在中国划分势力范围；虎代表英国，它吞噬了长江流域，尾巴还勾住山东的威海卫；青蛙代表法国，把云南、两广揽在怀中；太阳代表日本，它不仅占据台湾岛、澎湖列岛，还染指福建，太阳的光芒说明它对侵占中国全境的野心；鹰代表美国，它在刚刚结束美西战争后来迟一步，故而凭借其强大的经济实力向列强提出"门户开放"的照会。图两边还有文字"不言而喻，一目了然"；图的下面还有一群摇旗呐喊的怪兽，代表伺机而动的其他侵略者正在觊觎中华大地。总之，列强掀起瓜分中国的狂潮，这幅画揭露了中国面临帝国主义瓜分的严峻局势。通过漫画，学生根据各种动物在中国版图上的位置形象地把帝国主义各国在中国划分的势力范围记忆到头脑之中，并对当时帝国主义瓜分中国，导致中国四分五裂，中华民族面临严重危机的时局有了深刻理解，有助于培养学生的观察能力和历史思维能力，有利于学生形成正确的情感态度与价值观。

六、其他

有些插图还关注了生态环境，可以渗透环保意识。环保意识是反映人与自然环境和谐与可持续发展的一种价值观，是人类通过深刻反省自我与自然、社会关系的一种觉悟意识。如《工业革命》讲述了工业革命积极影响的同时，还通过课后"学习延伸"中的插图《机器时代的"享受"》，让学生思考"19世纪后期，英国有钱人以坐轮船游览伦敦的泰晤士河为时尚。河中有许多巨大的蒸汽轮船，正发出呛人的浓烟。岸边工厂排放的污水，使河水变得浑浊不堪"来说明工业革命一定程度上牺牲了环境，强调人类与自然的和谐与可持续发展。它的发展之路给我们今天的发展提供了怎样的借鉴？这不仅扩展了教材内容，激活了学生的发散性思维，同时还培养了他们观察问题的能力，并且使历史与现实联系起来，充分挖掘了历史教学的教育功能：以史为鉴，发展经济绝不能以污染环境为代价，应走可持续发展之路。

运用插图还可培养学生的审美和鉴赏能力，陶冶情操。如《兵马俑》《兰亭序》《洛神赋图》《清明上河图》《万神殿》《蒙娜丽莎》《自由引导人民》以及《天鹅湖》剧照等，无不放射出耀眼的艺术光芒。当学生欣赏到这些精美的画面以及气势雄伟、巧夺天工的艺术作品时，必能给学生以审美的感悟和艺术感染。

历史插图能起到直观、真实、活化历史的效果，外观上给人以新鲜感，使学生在读图时能有一些亲切感，并平添了几分读图的乐趣。如同音乐的节奏一样，读图似乎也是有节奏的，或紧张，或舒缓，或启人思考，或怡人心智，目的却是一样的，即通过图中的特殊语言，把时空的变幻与历史的瞬间定格并展示给读者。读图时仿佛是在与历史对话，又仿佛置身于历史情境之中和历史一起潮起潮落。读图的过程就是一次心灵碰撞、情感交流、价值观形成的过程，就是一次品味历史和人生的过程，情感态度与价值观在潜移默化中形成。

（历史插图记录着历史，是解读历史的重要证据，我们可以通过对插图的解读探索它背后潜藏着的信息。政治的、经济的、军事的、文化的……"一幅画所说的话何止千言万语。"原载《新德育》2009年第5期）

浅谈历史教学中如何运用科技史渗透德育

中学历史学科是一门综合性很强的学科，在教学中运用科技史渗透德育有着得天独厚之处。2001年启动的基础教育课程改革明确提出，要处理好现代社会科技进步与学生发展的关系，注重学生科学素养、科学精神、科学态度的培养，这都离不开对科技史教育的重视。为此，《普通高中历史课程标准（实验)》中有不少关于科技史教学的内容。爱因斯坦在评价居里夫人的功绩时说得好："我们不要仅仅满足于回忆她的工作成果对人类已经做出的贡献。第一流人物对于时代和历史进程的意义，在其道德品质方面，也许比单纯的才智成就方面更大。"为此，历史教学运用科技史渗透德育应突出以下十个方面。

一、重视人的作用

自然科学发展的一个基本特点是科学知识的积累和历史继承性。科学绝不是哪一个时代的产物，而是人类社会整个历史时期内不断积累起来的知识和智慧的结晶。正是在这个意义上，经典力学的创始人牛顿这样评价自己："我之所以比别人看得远些，只是因为站在巨人的肩膀上。"如原子物理学中，人们对原子结构的认识，从汤姆逊发现电子而创立了汤姆逊的原子模型开始，在此基础上卢瑟福依据 α 粒子散射实验的结果提出了核式结构型，玻尔进一步把量子理论运用到原子系统上，建立了玻尔原子模型，这样使人们对原子结构的认识由错误到正确并不断加以完善。卢瑟福是汤姆逊的学生，玻尔是卢瑟福的学生，三代物理学家对原子结构的研究都有自己独到的见解，如果他们仅是承袭前人的理论而没有创新，便没有原子物理学的飞速发展。在科学发展史中，科学家的作用至关重要，而科学家在追求真理时所表现的奉献精神、在科学研究中的辛苦劳动与科学精神，科学家的成功与失误，科学家的成长与发展道路，科学家的品德力量……所有这些给人的启迪与教育作用甚至超过了科学内容本身。因此，许多著名科学家都十分重视科学发展中人的作用，爱因斯坦说："联系科学的发展来追踪理论的形成具有特殊的魅力。"诺贝尔奖获得者、反质子的主要发现者之一塞格雷则说："不过，我相信物理学同样有一个丰富的组成部分，是关于人的。"因此，在运用科技史渗透德育中一定要重视人的作用。

科学家在一定的历史时期对科学的发展做出了不朽的贡献，同时也获得了社会和历史所给予的崇高荣誉与评价，这是理所当然的。牛顿一生完成了光的色散实验，建立了二项式定理，创立了微积分，确立了运动三定律和万有引力定律，被人们称为"有史以来最伟大的天才""古往今来的崇高人物"。这是历史对他的赞誉。但牛顿也是一个活生生的人，他的成就除自身的天赋和勤奋外，主要是集前人与同代人的思想之大成，最终给予精辟的概括。同时，他性格古怪，曾同许多人发生过论战，晚年曾误入歧径，致力于"上帝是第一推动力"的研究，最终却一事无成。这样，让学生对牛顿的各个侧面都有所了解，更感到亲近些。

二、造福人类的献身精神

纵观整个科技史，我们看到优秀科学家总是把献身科学、造福人类作为自己的崇高目标。诺贝尔曾豪迈地说："我是世界的公民，应为人类而生。"美国发明家爱迪生则说："我的人生哲学是工作，我要揭开大自然的奥秘，并以此为人类造福。我们在世的短暂的一生中，我不知道还有什么比这种服务更好的了。"他俩的话是众多优秀科学家的造福人类、献身科学的誓言的代表。

正是这种造福人类的崇高目标，激起了科学家不怕牺牲的献身精神，在自然科学的各个领域，留下了许多感人肺腑的故事。如明代伟大的中医药物学家李时珍尊重科学、力排迷信、博览群籍，积累上千万字的札记，重视实践，经二十多年的调查研究，获得广博的真知，他的《本草纲目》把中医传统的本草学推到了光辉的顶峰，成为"东方医学的巨典"。伽利略为宣传哥白尼的"日心说"而被教会终身监禁；利赫曼为引雷电而捐躯；法拉第鄙视名利，舍弃荣华富贵，几次拒绝接受封爵，终生进行实验探索，最后老死在书桌旁；居里夫妇为提炼镭元素而甘受放射元素射线的损害，他们的女儿和女婿也因长期从事放射性研究而英年早逝；爱因斯坦十年的追光思考；焦耳四十年的热量实验……造福人类的崇高目标，也激起了科学家对人类正义事业的高度责任感。他们力求科学发展符合全人类的根本利益，随时预防消极后果的出现，敢于旗帜鲜明地反对帝国主义战争，敢于反对法西斯主义。众所周知，居里夫人和爱因斯坦都是著名的反法西斯战士。在第一次世界大战中，居里夫人曾亲赴前线抢救伤员。1939 年，爱因斯坦在获悉铀核裂变的消息后，为防止希特勒抢先制出原子弹，他与费米、齐拉特等科学家一道写信给美国总统罗斯福，建议美国研究原子弹。正是在这一建议下，美国政府组织了"曼哈顿工程"。

三、报效祖国的爱国主义精神

热爱祖国是一种巨大的精神力量，是几乎所有优秀科学家都具有的一种纯洁的、永恒的感情。微生物学的奠基人、法国科学家巴斯德说得好："科学固然没有国界，但科学家应该把所有的力量，献给他的祖国。"正是这种爱国之情，使他们为了祖国的繁荣富强奋进拼搏、立志向上，当做出成就后又会以其成就、发明、发现为国争光。居里夫人发现第 84 号元素后，即命名为钋（Po, Polonium），以纪念她的祖国波兰（Poland）。苏联科学家科罗廖夫是著名的喀秋莎大炮的设计者，他在 1957 年大胆采用捆绑式火箭，成功地发射了世界上第一颗人造地球卫星，可他当时是一名因肃反扩大化而被错罚的"囚犯"。1961 年，当他为苏联设计第一艘载人宇宙飞船时仍被监外"保护"。这种忍辱负重为祖国做出杰出贡献的科学家，难道不值得我们敬仰讴歌吗？第二次世界大战中，诺贝尔物理学奖获得者约里奥·居里在巴黎沦陷的危急时刻，毅然加入法国共产党，不惜牺牲生命加入保卫法兰西的伟大斗争中去。他一方面想尽一切办法不让德国人有效地使用回旋加速器做核裂变研究，另一方面又秘密领导地下抵抗运动，并利用实验室装配武器与炸药供给抗德特工队。他这种强烈的爱国主义精神，是法兰西民族的骄傲。

热爱祖国也是我国科学家的光荣传统。新中国成立前，不少科学家怀着"科学救国""工业救国""教育救国"的激情，为"中华崛起"而跨洋过海留学，学成之后又纷纷回国办厂、兴学。侯德榜、詹天佑、茅以升、李四光、竺可桢、吴有训、严济慈、周培源、苏步青、钱三强、钱伟长、卢嘉锡、童第周、高士其等是这些人中的杰出代表。当五星红旗在神州大地升起后，他们中的许多人放弃优厚的生活待遇、完善的科研条件，想尽一切办法冲破重重险阻，回到新生的共和国，成为新中国科技事业的奠基人、开拓者。张文裕、赵忠尧、钱学森、华罗庚、吴仲华等是这些人的杰出代表。在社会主义建设中，他们中有的人甘愿"隐姓埋名一辈子"，如曾为原子弹、氢弹的研制做出重大贡献的王淦昌、彭桓武、郭永怀、邓稼先、于敏、周光召、王承书等，曾经几十年在人世间"消失"。他们中的大多数人根据社会主义建设的需要，自觉调整自己的科研方向，或自觉到最艰苦的地方去创业。如华罗庚搞优选法与统筹法，蔡希陶重橡胶生产与科研，蒋筑英专攻应用光学，彭加木献身新疆塔里木盆地……在改革开放的今天，一大批学有所成的年轻科学家又效法师祖，不为优厚的物质待遇所动，甘愿回到贫穷的祖国，立志为中华民族争光，韦珏、陈章良等是这些人的杰出代表。

"在他心里，国为重，家为轻，科学最重，名利最轻。5 年归国路，10 年两弹成。开创祖国航天，他是先行人，披荆斩棘，把智慧锻造成阶梯，留给后来的攀登者。他是知识的宝藏，是科学的旗帜，是中华民族知识分子的典范。"这是钱学森当选 2007 年度"感动中国"人物时的颁奖词，也是钱老一生的真实写照。在事业如日中天之际，他毅然选择回归当时几乎一穷二白的祖国，希望为自己的国家贡献力量。"我姓钱，但我不爱钱"，他不仅不贪利，也不图名，这岂是一般人所能做出来的？后来他回忆说："我从 1935 年去美国，1955 年回国，在美国待了整整 20 年。这 20 年中，前三四年是学习，后十几年是工作，所有这一切都是在做准备，为的是日后回到祖国能为人民做点事。"正是怀着真挚的爱国热情，回国后他不仅仅是"为人民做点事"，而是为新中国做了很多事，在航天领域做出几乎无人能比的贡献。而提及自己的贡献，他总是谦逊地说："我个人仅仅是沧海一粟，真正伟大的是党、人民和我们的国家。"这是一个真正的人民的科学家，爱国家、为人民，把国家和人民的利益放在高于一切的位置。有了此种胸襟，再加上科学精神，怎能不叫人折服？难怪他在争取回国时，当时的美国海军次长金布尔说："钱学森无论走到哪里，都抵得上 5 个师的兵力，决不能让他离开。"总之，我国科学家热爱社会主义祖国，为了祖国的繁荣富强以及毕生对事业执着追求的高尚精神，是学生学习的楷模。

四、敢于冒险、敢于创新的开拓精神

人们在向未知领域探索的过程中，各种习惯势力、已有的学说与传统的观念，常常会严重束缚人们的思想，只有具备敢于冒险、敢于批判、敢于创新的开拓精神，才有可能冲破习惯势力的阻挠、传统观念的束缚完善或修正原有的学说，开辟新领域，创造新天地。

钱三强在回顾自己的科学生涯时，曾向中国物理学界提出："在科学中没有禁区，没有绝对权威，也没有千古不易的定论和所谓的'终极真理'。"哥白尼、伽利略、伽罗瓦、拉瓦锡、达尔文、孟德尔、巴甫洛夫、爱因斯坦、李政道、杨振宁等都是敢于突破旧的束缚，从而取得重大突破的著名科学家。汤姆逊在卢瑟福获诺贝尔奖庆祝会上说："在能够对科学做出的一切贡献之中，观念的突破是最伟大的。"李政道、杨振宁推翻"宇称守恒定律"，就是这种观念突破的重大发现。深受中国传统文化熏陶的两位年轻的中国科学家李政道、杨振宁，也许受了中国古代阴阳太极图的启示，敢于提出在弱相互作用中存在宇称不守恒，以中国女科学家吴健雄为首的实验小组成功地证实了这一发现，李政道、杨振宁因此获得 1957 年度诺贝尔物理学奖。当电磁方面的新发现和新实验与经典力学理论发生矛盾时，其他老一辈物理学家企图用修补漏洞的方法来维护经典理论框架，爱因斯坦则敏锐地意识到，只有对物理理论的基础进行根本性变革，才能解决这一危机，从而创立了相对论。他这种破除迷信、解放思想，怀疑与创新的勇气和精神，再一次宣布科学无权威！这种不唯上、不唯书，只

唯实的信念和求实态度，正是向学生渗透和灌输的优质乳汁，从而启发学生认识没有怀疑、批判、解放精神，没有超常超群的卓识和胆略，就不会有影响科技发展历史进程的原创性、独创性的科研成果。

五、追求真理、坚持真理的务实精神

爱因斯坦说："对真理和知识的追求并为之奋斗，是人的最高品质之一。"巴斯德有一句名言："机遇只偏爱有准备的大脑。"澳大利亚科学家 W. I. B. 贝弗里奇在其所著的《科学研究的艺术》一书中，列举了机遇在新发现中的作用的实例近 30 个，无一不说明了这点。

在科学史上，许多优秀科学家为坚持和捍卫真理或遭受挫折，或付出沉重代价乃至生命的例子比比皆是。布鲁诺、伽利略因支持和宣传日心说，而惨遭罗马教廷的杀害与监禁；赫胥黎为坚持与捍卫达尔文的生物进化论，与英国天主教势力奋战了 25 年；孟德尔的遗传规律被宗教界视为异端邪说，直到他死后 35 年才被承认和传播；法国青年数学家伽罗瓦 19 岁时为群论所做的奠基性研究受到科学史上少有的冷遇与压制，直至他死后 14 年才公之于世……

在科学探索的道路上，没有"常胜将军"，失误与错误是经常发生、难以避免的。可贵的是，许多优秀科学家，不仅能在做出科学发明前严格试验，寻找错误，杜绝错误；做出发现后，有了错误也能及时纠正，甚至对于自己长期坚持的思想在新的事实面前，也勇于放弃。这种勇于修正错误的可贵精神与坚持真理的坚定信念是一致的，也是科学家取得成功的一个重要因素。

六、淡泊名利的无私精神

在科学史中，许多成绩卓著的科学家大都具有淡泊名利的无私精神。居里夫人对待财富的态度众所周知：当镭被证明治疗癌症有效后，有人建议居里夫人给提炼的过程申请专利，也有大企业上门要求独家买断提炼镭的技术。如果这样，居里夫人会毫不费力地成为百万富翁，但她都拒绝了。她毫无保留地把此项技术公之于众。她说："镭是一种慈善的工具，它是属于全世界的"，"我们发现了镭，但不是创造了镭，因此它不属于我们个人，它是全人类的财产"。面对成功后铺天盖地的各种荣誉，居里夫人始终泰然处之。爱因斯坦说："在所有的著名人物中，玛丽·居里是唯一没有被盛名宠坏的人。"在科学史上这种例子还有很多：伦琴发现 X 射线、富兰克林发明一种新式火炉、戴维发明矿山安全灯、中国化学家黄鸣龙独创黄鸣龙还原法……他们都放弃了专利。诺贝尔用自己全部财富设立奖金，以奖励全世界对科学与和平事业做出杰出贡献的人，而许多诺贝尔奖获得者则不把奖金据为己有：居里夫人把两次奖金全部用于科学实验和购买公债；伦琴把全部奖金献给维尔茨堡大学，用以促进科学研究；瑞利把奖金的一半赠给卡文迪许实验室……爱因斯坦拒绝每分钟 1 000 美元的电台演讲，却同意将 1905 年发表的 30 页的《论动体的电动力学》论文重抄一遍拍卖，将所得 650 万美元全部捐献用来支援反法西斯战争。

七、人文教育功能

美国科学史学科的奠基者萨顿说过："科学史在很大程度上是思想解放的历史，是人类和错误、无理性做斗争的历史"，"科学史是文明史的主线，是知识综合的枢纽，是科学与中学的中间，是教育的基石"。科学史具有联结科学与人文桥梁的作用。随着科学技术的迅猛发展，人们日益认识到，科学技术是一把双刃剑。它既可以造福世界也可以贻害人类，科技究竟给人类带来幸福还是灾难，取决于人类自己，关键在于掌握科学的人如何运用它。科学技术这把钥匙，既可以开启天堂之门，也可以开启地狱之门，究竟开启哪扇门，则有赖于人文精神的指导。科学技术只有在人文精神的指导下，才能向着最有利于人类美好发展的方向前进。科技史恰恰是沟通科学文化与人文文化的理想工具，它立足于过去与未来、自然与社会的交叉点上，对提高学生人文素养、教育他们真正理解科学是不可缺少的。

美国物理学家和物理教育家拉比认为："只有把科学和人文融为一体，我们才能期望达到与我们时代和我们这一代相称的智慧的顶点。"科技史渗透人文教育功能还体现为团结、合作、民主的精神。所有重大的科学发现，都是经过不同国家一代乃至几代人的艰苦积累，汇聚和利用了许多人的研究成果才得以完成的。开普勒和第谷相辅相成的合作可谓珠联璧合的典型。第谷是一个精于观测而短于理论分析的科学家，他曾以编制一部适合历法修订和航海的星表为目标，在二十多年里辛勤地观测和记录了行星的位置和运行情况，积累了大量精确的资料。开普勒因视力不佳，没有第谷的那样的观测才能，但有高深的数学知识。他被聘为第谷的助手后，开始从确定火星的轨道入手整理第谷的大量资料。他根据所用模型和第谷数据之间 8 秒的误差，不辞劳苦地继续研究第谷的大量数据，最终寻找到了用数学形式表达的行星运行规律。可见，第谷和开普勒在三定律的发现中的作用都是至关重要的。曾任卡文迪许实验室主任的汤姆逊总是把他所知道的和所能想到的全部告诉助手和学生，甚至把他自己设计的方案无代价地给予学生。他制定了每两周一次的学术讨论会制度，他在任期内共培养了 84 位物理学教授，27 名英国皇家学会会员，诺贝尔奖获得者 7 人，这种无私奉献的精神是值得我们学习的。

八、理解科学精神

在科技发展的进程中，人类做出了许许多多新的发现和创造，而导致这些发现和创造出现的关键因素是人类敢于探索未知世界的科学精神。没有这种精神，哥白尼就不能在生命受到威胁的时候提出日心说；没有这种精神，爱因斯坦就不会在众多物理学家极力反对的情况下创立相对论。在科技日新月异的今天，科学精神已成为推动生产力发展的重要精神力量。正如江泽民同志所说，科学精神"可以引导人们奋发图强、积极向上，促进人们牢固地形成正确的世界观、人生观和价值观，促进人们实事求是地创造性地进行社会实践活动"。德国哲学家韦伯尔曾讲过："在每一历史事件背后，必须有一种精神。"那么，在科技史的学习中，就是要进一步树立科学精神，坚定求真、求实、敢于怀疑和敢于创新的科学态度。在教学中，不只单纯地讲授并让学生掌握科学家们的贡献，还应提供科学家们成功的人生经验、追求真理的历程，促进学生科学精神的培育。不管人类科学获得了怎样的发展，科学知识本身永远是有限的，而能真正突破这种有限性的科学精神却是无限的。如何使学生深刻理解和掌握这种科学精神就是我们在进行科技史教学过程中应该思考和实践的。通过科技史在教学中的渗透，让学生养成敢于怀疑、勇于批判的科学态度，形成独立思考和独立判断的能力。

九、认识"科学技术是第一生产力"的准确内涵

随着人对自然界认识的不断发展，科技越来越制约着人们对自然界的征服和改造。邓小平指出："历史上的生产资料，都是同一定的科学技术相结合的，同时，历史上的劳动力，也都是掌握了一定的科学技术知识的劳动力。"齐世荣先生在《创新是国家兴旺发达的不竭动力》一文中指出："科学通过技术的媒介应用与生产，科技才真正成为第一生产力。现在从科学原理到发明，到产品投入市场的时间愈来愈短了。1885 年到 1919 年，从发明产品投入市场的平均时间是 37 年；1924 年到 1944 年平均时间是 24 年；从 1945 年到 1964 年的平均时间是 14 年。这说明人们越来越认识到科学技术对生产的重要性。在一些发达国家，科学技术在国民经济中的使用已上升到第一位，'二战'后，1950 年到1970 年间，科技进步所占比重在发达国家平均为 49%。到 20 世纪 80 年代，在一些发达国家所占比例已上升到 60%～80%，在发展中国家平均为 35%。"从这个意义上说，科学技术已成为人们物质生产的前提和条件，决定着自然界的改造，对历史发展起着重大作用，科技史提供了大量丰富的历史佐证。《普通高中历史课程标准（实验）》也提出了要求，例如学习世界近现代史时，要求"以蒸汽机的发明和电气技术的应用等为例，说明科学技术进步对社会发展的作

用"；学习中国近现代史时，要求"列举新中国成立以来科技发展的主要成就，认识科技进步在现代化建设中的重大作用"。科技在人类历史发展过程中，尤其是在近代社会的构建过程中，起着极为重要的作用。近代以来，历次科学领域的重大进展以技术革命为中介转化为直接生产力，从而推动了社会经济发展，并最终引发社会革命，推动人类由农业社会进入工业社会，从蒸汽时代进入电力时代、信息时代。科技在给人类社会以巨大进步的同时，也会给人类带来一些人们当初不曾料到的负面效应，如电磁波泛滥且危及飞机的导航；核电站的反应渣及随时可能发生的核泄漏都将影响到生态环境及人类的健康；如生态失衡、自然资源过度消耗等。科技是一把双刃剑，用得好，受其惠；反之，受其害。需要指出的是：科技本身没有对错之分，它对人类的影响取决于人类如何利用它。通过科技史的教学，认识"科学技术是第一生产力"的准确内涵，准确地理解科学概念，而不只是从某个学科中学到一些作为现成结论的知识片断。

十、发挥美育功能

科技史是一幅理论与实验交叉、失败与成功并存、逻辑与非逻辑思维并用的丰富多彩的画卷，是一部跌宕起伏、曲折前进的英雄乐章，科学家的生平事迹、高尚情操、成功与挫折、智慧与幽默、分歧与争论，科学思想与方法的演变，科学发展跳动的脉搏，呈现出"美"的轨迹。反映事物的特征及其规律的知识是丰富多彩的，但自然界是统一的，客观事物之间存在着内在的联系，这种内在联系将各种各样的科学知识又和谐统一起来，进而形成既千变万化又和谐统一的"美"的画卷。例如：牛顿建立万有引力定律，将天体运动与地面物体运动的理论统一起来；能量的转化与守恒定律提示了力、热、电磁、光和化学等各种自然现象之间的统一性；爱因斯坦的质能方程既统一了物质世界的质量和能量，又用非常简单的形式表现了两个未知量之间稳定、均衡的比例关系，显得十分优美。又如物理学家对自然呈现的简单性具有强烈的信念，他们采用"宁可寻求简单"的逻辑与手法来研究物质世界。因此在研究纷繁复杂的真实世界的时候，把研究对象一一分割，抽象出最简单的物理模型，诸如质点、理想弹簧振子、理想气体、光线等，以这些优美的思想模型概括出物质运动的基本规律，变复杂为简单，既简洁又合理，可给人类带来研究物质世界美的享受。

总之，运用科技史渗透德育，教师要对科学的发展史有较深入的了解，要博览群书，要多读一些科学家的传记、演讲或书信集，勤动笔做摘录，做有心人。当我们在课堂上看到学生赞许的眼光、专注的神态、爽朗开心的微笑，当我们有幸置身于科学的殿堂，站在神圣的教坛得天下英才而教，我们又有什么理由不认真地投入与付出呢？

（历史是一门综合性很强的学科，在教学中运用科技史渗透德育有着天然优势。原载《新德育》2013年第7期）

历史漫画的德育功能

　　历史学科是一门人文社会学科，思想性、政治性很强，在对学生进行德育教育方面具有得天独厚的优势，"历史是永恒的建设性的道德遗产"。历史漫画是一种重要的历史记录，也是一种重要的历史教学资源，它具有直观性、时代性、艺术性（趣味性）、知识性、广泛性、主观性和思想性等特点，迎合了中学生的心理需求，有利于激发学生的学习兴趣，形成健康的审美情趣，培养学生的观察力、想象力，从而发展学生的历史思维能力，有利于渗透思想教育，实现历史教学的三维目标。

　　《中小学德育大纲》规定："学科教学是德育的主载体，也是对学生进行思想政治工作的主渠道。寓德育于各科教学内容和教学过程之中，是每一个教师的职责。"教育家苏霍姆林斯基曾经说过："智育的目标不仅在于发展和充实智能，而且也在于形成高尚的道德和优美的品质。"《普通高中历史课程标准（实验)》提出："通过高中历史课程的学习，能使学生了解人类社会发展的基本脉络，总结历史经验教训，继承优秀的文化遗产，弘扬民族精神；学会用马克思主义科学的历史观分析问题、解决问题；学习从历史的角度去了解和思考人与人、人与社会、人与自然的关系，进而关注中华民族以及全人类的历史命运。通过高中历史课程的学习，培养学生健全的人格，促进个性的健康发展。"[1] 历史学科是一门人文社会学科，思想性、政治性很强，在对学生进行德育教育方面具有得天独厚的优势，"历史是永恒的建设性的道德遗产"（杜威）。

　　德国著名演讲家海因兹·雷曼麦有句至理名言："用幽默的方式说出严肃的真理，比直截了当地提出更易让人接受。"漫画"是一种具有讽刺性或幽默性的绘画。画家从政治事件或生活现象中取材，通过夸张、比喻、象征、寓意等

---

① 中华人民共和国教育部. 普通高中历史课程标准（实验). 北京：人民教育出版社，2003.

手法，表现为幽默、诙谐、辛辣的画面，借以讽刺、批评或歌颂某些人或事"①。"漫画作为视觉艺术，既不靠高深的理论去说服人，也不靠道德的力量感召人，更没有以行政手段干预人，只能靠自己独特的艺术方式和传媒途径教育人，一幅好的漫画，不但可以使人增长知识，开阔视野，明辨是非，而且能让人认识社会，知道应该如何生活，怎样学习；知道应该赞扬什么，鄙视什么，憎恨什么。是一种教育人的非常有效的手段。"②

历史漫画是从漫画的视角对历史现象或事件进行思考的一种带有强烈讽刺性和幽默性的漫画，它蕴含深刻寓意，提炼社会发展线索，揭示历史现象的本质，虽然对人物、事件的描述因线条简单、变形而不像实物图那样具有写实的效果，但对历史人物及事件本质的揭露和批判却更加切中要害、入木三分，能达到文字、语言所不能企及的效果。历史漫画取材于历史，从不同的角度、不同的层面反映着历史，折射时代的特征，是历史的另一张面孔，历史的嬉笑怒骂、时代的酸甜苦辣，在这些画作中都可以依稀尝到，它是一个穿透历史烟云的视角。

在教学"抗日战争"一课时，笔者运用了几幅历史漫画，加深了学生对历史知识的理解，拓展视野，提高了学生解决问题的能力，对学生进行了情感态度与价值观教育的渗透，彰显历史漫画的德育功能。

"日本占领中国台湾后继续垂涎中国领土。从 1931 年'九一八'事变开始，日本制造一系列侵略中国的事件，中国东北三省沦为日本帝国主义的殖民地，华北地区日趋殖民化，民族危机加深。"③ 当时这一险恶的形势被穆一龙先生用漫画（《蜿蜒南下》，1936 年）的形式极其形象地表现出来。日本帝国主义这条毒蛇已突破山海关，一路蜿蜒南下，祖国大好河山正面临被大举侵吞的威胁，是多么骇人地警示国人。作品提醒人们，必须起来抗战的时候到了。

请看漫画《蜿蜒南下》，回答：

（1）漫画反映的是什么历史事件？该事件对中国社会造成了什么样的影响？

（2）面临民族危机，国内社会各界的反应是什么？分别对中国革命造成了什么样的影响？

（3）在发生漫画内容所反映的事件之前，日本在中国进行了哪些侵略活动？

讲"日军的滔天罪行"，笔者出示了丰子恺先生所

---

①　辞海编辑委员会. 辞海. 上海：上海辞书出版社，1999：1176.

②　刘雨眠. 论剖析漫画的教育功能. 河南广播电视大学学报，2010（1）：1.

③　普通高中历史课程标准实验教科书历史必修1. 北京：人民教育出版社，2007：74.

画的这幅漫画,并补充介绍这幅漫画的创作背景:"七七"事变后,丰子恺先生避难于广西桂林。他根据自己逃难途中的所见所闻,创作成这幅漫画赠送给友人"子棠先生",并在《华大桂声》杂志上发表,以揭露日本侵略者的罪行。提醒学生这幅漫画不是凭空想象,而是作者所见所闻所思。引导学生观察:图上有什么人和物?这些人和物在干什么?图上有什么文字?由这幅图你会想到什么?

在学生回答了以上一系列问题之后,笔者深情地描述这幅漫画:丰子恺先生的这幅漫画取材真实新颖,构图形式独特,视觉效果极具震撼力。画面上:在日寇飞机的轰炸下,一位母亲被炸去了头颅,可她怀中嗷嗷待哺的婴儿却浑然不知。画面右上是一首《梦江南》词:"空袭也,炸弹向谁投,怀里婴儿犹索乳,眼前慈母已无头,血乳相和流。"这首词恰到好处地配合了画意,起到了画龙点睛的作用。日本侵略者所到之处,烧杀抢掠,无恶不作!在中国大地上留下了累累血债!日军对生命的亵渎令人发指!这幅漫画在《华大桂声》刊出后反响极大,为当时全民投入抗战,打击侵略者,起到了非常重要的激励作用。

面对日军的暴虐,学生个个义愤填膺,随着他们悲愤情绪的燃起,笔者又展示出蔡若虹先生 1937年创作的漫画《全民抗战的巨浪》。请学生注意观察:这幅图中的人物表情有什么不同?漫画以什么为背景?图中有什么文字?看到这幅漫画你最想说什么?学生参与的热情被调动起来,积极举手回答。然后师生一起总结:将高举刺刀、手榴弹和拳头愤怒呐喊的中国军民比作汹涌咆哮的"巨浪",吞没了像野牛般在水中垂死挣扎的日寇,背景有闪电划过夜空。闪电划过夜空,比喻中国军民对日寇的愤怒和战胜他们的坚定信心。丑陋无比、惊慌失措的日寇跌入洪水,反映了中国军民对他们的痛恨。漫画中的"全民抗战"四个字反映了正面战场和敌后战场相互配合,共同抗战的史实。整个画面显得颇有气势,形象地反映了当时全国人民空前高涨的抗日热情和争取抗战最后胜利的坚定决心和信心,预示了侵略者必败、抗日军民必胜的必然结果。这幅漫画调动了学生的民族激情,激发了"天下兴亡,匹夫有责"的国家意识。

讲"抗战的胜利"这一题,笔者先出示以下材料: "没有战场的战

场"——1943年10月，日军进入晋察
冀根据地某地，不断碰到地雷。走路，
地下埋的地雷响了；推门，门框上吊的
地雷响了；抓鸡，鸡窝里拴的地雷炸了；
到菜地里拔萝卜，萝卜下面埋的地雷也
爆炸了。地雷，炸得日本兵魂飞魄散，
他们行不敢走路，住不敢进屋，随时都
有丧命的危险。在民兵的地雷阵面前，
他们夹着尾巴溜走了。学生看到这段极
具幽默色彩的材料已经对敌后战场的作
用有了初步的认识和了解，笔者再展示

这幅漫画，提出问题："有人说共产党的游击战是游而不战，你怎么看？人民战
争的作用有哪些？"简单明了而又轻松幽默的漫画一下子就吸引了学生的注意，
他们会忍俊不禁，很容易理解敌后战场对整个抗战的作用。之后笔者做总结：
"毛泽东说'战争的伟力之最深厚的根源，存在于民众之中'。人民战争体现了
我国人民的智慧，沉重打击了日军，牵制了日军的大量兵力，有力地配合了正
面战场的作战。"

　　抗日战争是世界反法西斯战争的
重要组成部分，中国的抗战必然得到
世界人民的援助。笔者先展示了这幅
漫画，提问：同学们看这幅漫画，画
面上有哪些人？他们在干什么？为什
么左上角的人比右下角的人大得多？
这幅图给你的感觉是什么？反映了作
者什么感情？学生带着问题进行探究，
在此基础上，笔者再适时补充白求恩、

柯棣华、陈纳德的"飞虎队"等材料，使学生感受到国际友人无私、高尚、朴
实的国际主义精神。世界各国人民一道共同抗击法西斯的暴虐，体现了拒绝战
争、向往和平、互相援助的国际主义精神，展现了一幅人间向善的画面。

　　整节课笔者用五幅漫画展示了三幅画面：日军的侵华与暴虐；国民的抗争；
国际的援助。日军的侵华与暴虐虽然血腥，但这是历史的本真；国民的抗争虽
然惨烈，但它是那样的壮美；国际援助虽然艰苦，但它是那样的友善。

　　课堂上学生闪着灵光的神情使笔者感悟到：这是比较成功的一堂课。其核
心就是用历史漫画创设问题情境，提高了学生的兴趣，促进了知识的迁移和拓
展，提高了学生解决问题的能力，避免了生硬简单的道德说教，较好地发挥了
历史漫画的德育功能。

"历史上好的漫画，也是一种难能可贵的史料，它不仅生动活泼、鲜明深刻地张扬作者的情感态度和价值取向，而且也会折射出历史进程中的时代特征。"① 历史漫画是一种重要的历史记录，也是一种重要的历史教学资源，它具有直观性、时代性、艺术性（趣味性）、知识性、广泛性、主观性、思想性等特点，迎合了中学生的心理需求，有利于激发学生的学习兴趣，掌握知识，形成健康的审美情趣，培养学生的观察力、想象力，从而发展学生的历史思维能力，有利于渗透思想教育，实现历史教学的三维目标。

（历史漫画是一种重要的历史记录，也是一种重要的历史教学资源，从不同的角度、不同的层面反映着历史，折射时代的特征，是历史的另一张面孔。本文获广州市天河中学 2015 年优秀教育教学论文评选三等奖）

---

① 聂幼犁. 两道历史漫画选择题的启示. 历史教学，2008（11）：21.

文史交融

　　历史学是一门纵贯古今、横跨中外、包罗万象的综合性学科，尤其是与语文学科联系密切。俗话说："文史不分家。"文史交融，不仅符合历史知识与语文知识的内在联系，也符合新课程的要求，可谓相得益彰。以文补史，可丰富历史。历史教学与语文教学的相互渗透能使单调乏味的史实变得有趣，提高学生学史的兴趣，更重要的是，恰当运用语文知识可充实历史教学，形成生动的历史表象，有助于理解历史概念，认识历史事件的本质，培养历史思维。

浅析鲁迅先生眼中的辛亥革命

辛亥革命是中国近代史上一次伟大的反帝反封建的资产阶级民主革命。鲁迅先生对这次革命的积极意义，对英勇奋斗、慷慨悲歌的革命者的历史功绩给予了高度的评价和赞颂。同时，他也深刻地揭示了革命的种种弊端，以警示后人。如果我们忽视了这一点，就不能公正地评价辛亥革命，也就不能很好地评价鲁迅先生了。

一

鲁迅先生比较全面地论述了辛亥革命发生的社会历史背景，比较真实地把革命前的社会现实展现出来，给后人留下了宝贵的史料。

翻开小说集《呐喊》《彷徨》，就能看到清末社会黑暗、闭塞，人民生活困苦、绝望等悲惨的景象。《孔乙己》《祝福》中的"鲁镇"，《阿Q正传》中的"未庄"，便是清末社会的缩影。农民、妇女、下层知识分子在这里受尽压迫，物质资料极其匮乏——阿Q"上无片瓦，下无立锥之地"，靠做短工为生，晚上仅栖身于土谷祠；孔乙己则在乞讨和偷摸中苟延残生。精神上备受摧残的祥林嫂一生受尽凌辱，直至死前还受地狱般恐怖的折磨，恐惧由于自己曾经再嫁，"将来到阴司去，那两个死鬼男人还要争"；阿Q则一味用"精神胜利法"来麻痹自己伤痕累累的躯体和心灵。而骑在阿Q头上的赵太爷，将孔乙己打折了腿的丁举人，用冷酷的封建礼教把祥林嫂驱向绝境的鲁四老爷，却是那样的道貌岸然、颐指气使，"以凶人的愚妄的欢呼，将悲惨的弱者的呼号遮掩"①。

鲁迅用自己无数的文章，告诉后人一个真理：压迫愈甚，反抗愈烈。貌似沉寂的中国大地，地火正在运行、奔疾。深受重压的人民，定会奋起搏击。当革命风暴骤起的时刻，连那本不觉悟的阿Q，也迫于"生计问题"，决定"铤而走险"，去投奔"革命党"。当武昌起义、绍兴光复的消息传来，一向"受着轻蔑、排斥、迫害"，几乎"无地可容"的范爱农，脸上露出了"从来没有见

---

① 坟·灯下漫笔. 鲁迅杂文全集. 郑州：河南人民出版社，1999：69.

过的"笑容，高兴地上城来找鲁迅，"去看看光复的绍兴"。① 这表明当时的中国，亟待一场疾风暴雨般的民主革命的洗礼；灾难深重的中国人民，迫切需要和欢迎革命的到来。

二

鲁迅先生高度肯定了辛亥革命给社会带来的巨大影响，认为它沉重打击了封建制度，动摇了封建伦理道德，初步转变了人们的思想观念。

《阿Q正传》以传神之笔，生动而洗练地描绘了辛亥革命后的一个场景：当武昌起义和杭州、绍兴相继光复后，城里的白举人在"黑魆魆"的深夜，乘着一只大乌篷船，来到未庄赵秀才府上的河埠头，秘密地转移财物细软；为了开凿逃退之穴，白举人甚至不顾森严的封建等级，与地位远逊于己，"素不相能，在理本不能有'共患难'的情谊"的赵秀才排了"转折亲"。白举人的乌篷船"将大不安载给了未庄"，未庄的绅士们都惊恐起来。当一向被豪绅视为贱民的阿Q在街上昂首阔步，"得得，锵锵"地唱着戏词的时候，赵太爷竟失去了往日盛气凌人的风度，"怯怯地迎着"，低声地叫他"老Q"。这同当年阿Q因自称姓赵而被赵太爷痛打的情况形成鲜明对照。至于等而下之的赵白眼，现在更是"惴惴"地喊一声"Q哥"，低声下气地"似乎想探革命党的口风"，而阿Q的一句随口应答，就使大家"怃然"，没话可说。"赵太爷父子回家，晚上商量到点灯。赵白眼回家，便从腰间扯下搭连来，交给他女人藏在箱底里。"寥寥几笔就将革命风暴降临之际，封建阶级的穷形尽相描画得活灵活现，充分表明了"革命无疑是天下最有权威的东西"②。反动绅士们的恐惧不安，终于使农民阶级从本能上觉察到革命对自己有利，"百里闻名的举人老爷有这样怕"，于是阿Q们"未免也有些神往了"，"革命也好罢"。阿Q想，"革这伙妈妈的命。大可恶！大可恨！……便是我，也要投降革命党了"。在革命浪潮的冲击下，一向伸不直脊梁的阿Q竟然在赵太爷面前"昂了头直唱过去"，高喊着"造反了！造反了！"的口号，并算计着如何分地主们的财产。

这充分地显示了在辛亥革命后，以阿Q为代表的农民开始蔑视权贵，否认封建等级，并开始冲击封建专制。瞬间，封建伦理道德犹如行将倾覆的大厦，也说明了鲁迅先生对革命的热情歌颂和选择。

三

鲁迅先生明确指出，辛亥革命推翻清朝贵族的统治，结束了两千多年的封

① 朝花夕拾．范爱农．鲁迅选集·小说散文卷．济南：山东文艺出版社，2003：476～478.
② 论权威．马克思恩格斯思选集（第2卷）．北京：人民出版社，1972：554.

建专制，但革命具有不彻底性，并深刻抨击了以袁世凯为代表的封建买办的叛卖行径。

正当人们陶醉于辛亥革命暂时胜利的喜悦之中，鲁迅先生却敏锐地发现革命面临着巨大的危机，不客气地指出：绍兴革命军中，"成群闲游者有之，互相斗殴者有之，宿娼寻欢者之，捉赌私罚者有之"。面对这种腐败现象，鲁迅先生发出了"吾为中华民国前途危"① 的疾呼。同年七月，获悉范爱农落水身死的消息，鲁迅先生思绪万千，提笔写下了《哀范君三章》，谴责了"世味秋荼苦，人间直道穷"的黑暗现实，尖锐地指出了革命后，政治舞台上的风云变幻，不过是"狐狸方去穴，桃偶已登场"。这是对袁世凯之流篡夺革命果实一针见血的概括，其远见卓识，是当时一般政治家所不能企及的，也说明了辛亥革命的不彻底性。

《阿Q正传》进一步指出了革命的不彻底性。"未庄的人心日见其安静了。据传来消息，知道革命党虽然进了城，倒还没有什么大异样。知县老爷还是原官，不过改称了什么，而且举人老爷也做了什么——这些名目，未庄人都说不明白——官，带兵的也还是先前的老把总。"光复后的绍兴，尽管"满眼都是白旗。然而貌虽如此，内骨子是依旧的，因为还是几个旧乡绅所组织的军政府，什么铁路股东是行政司长，钱店掌柜是军械司长⋯⋯"② 这真实地说明了革命的不彻底性。《阿Q正传》中被军政府拘捕的，有的因"举人老爷要迫他祖父欠下来的陈租"，有的甚至"不知为了什么事"，便被带兵的老把总处决。同样说明了革命党人没有彻底摧毁旧的国家机器，建立新的国家机器，"民国"仅成了一块"招牌"而已。正如鲁迅先生所说的一样：辛亥革命爆发了，帝国变成民国，"上层的改变是不少了，无教育的农民，却还未得到一点什么新的有益的东西，依然是旧日的迷信，旧日的讹传，在拼命的救死和逃死中自速其死"③。"我觉得仿佛很久没有所谓的中华民国。"④ 中国人民并未改变被奴役的地位，中国社会仍在旧有生活轨道上运行，而这一切，"就是因为没有新的山崩地塌般的大波，也就是因为没有革命"⑤。鲁迅先生用非常形象的笔墨展示出这一历史结论，并号召人民为实现更彻底的革命任务而奋斗、拼搏。

四

鲁迅先生分析和总结了辛亥革命失败的原因和经验教训，这在当时是难能可贵的。

---

① 彭安定，马蹄疾.《军界痛言》为鲁迅辛亥革命时期的佚文考. 社会科学辑刊，1981（2）.

② 朝花夕拾·范爱农. 鲁迅选集·小说散文卷. 济南：山东文艺出版社，2003：476～478.

③ 花边文学·迎神和咬人. 鲁迅杂文全集. 郑州：河南人民出版社，1999：689.

④ 华盖集·突然想到. 鲁迅杂文全集. 郑州：河南人民出版社，1999：137.

⑤ 华盖集续篇·马上日记之二. 鲁迅杂文全集. 郑州：河南人民出版社，1999：237.

　　首先，革命党人严重脱离人民，尤其是脱离了农民群众。1919 年 5 月发表的《药》，便是批评革命党人脱离民众的重要作品。作品中的革命者夏瑜，在清朝的狱中、屠刀前，大义凛然、视死如归。然而，故乡的人们对他牺牲的反应却十分冷淡。在古□亭口，人们伸长脖子，争先恐后"鉴赏"杀人的胜举。刑场上，农民华老栓捧着辛辛苦苦积攒下来的钱去购买烈士的鲜血，作为给儿子治病的"良药"。小茶馆里，百无聊赖的茶客也把革命者的牺牲作为闲聊谈资，在夏瑜悲凉寂寞的牺牲之中，革命党人脱离群众孤军奋斗的苦境被揭示得何等深刻。它告诉人们：如果革命没有深入群众，新思想没有逐步取代传统观念，革命者的活动就不可能为人们所理解、支持，甚至人们把革命先驱者的鲜血可悲地当作治病的"良药"。

　　《阿 Q 正传》从另一方面揭示了革命党与农民群众之间可悲的隔膜，显示出革命党在广大农村中的宣传、组织、发动工作是何等的薄弱。地处革命中心之一的浙东未庄，民主革命的宣传基本没有波及这里。在白举人向未庄疏散细软之前，未庄人对革命一无所知，革命党人进城，全村人心才动摇起来，但革命究竟是怎么回事，却毫无头绪。两百多年来"反清复明"的意识潜流，使他们认为革命只不过是明王朝的复兴，于是革命党人便被描绘成"个个穿白盔白甲，身着崇正皇帝的素"的模样。他们不知何谓"自由党"，而依其谐音称为"柿油党"，"自由党"的证章也被视为"抵得上一个翰林"。阿 Q 由于曾在城里"观赏"过杀革命党人，算是未庄人中对革命党多少"知道"一点的人。"但他有一种不知从那里来的意见，以为革命党便是造反，造反便是与他为难，所以一向是'深恶而痛绝之'的。"这些可笑的看法，显示了辛亥革命离群众是多么的遥远。

　　由于革命党人严重脱离民众，在农村中即使出现了自发的革命力量，也得不到支持和指导。阿 Q 嗅到了暴风雨来临前的气息，开始萌发"造反"念头的时候，首先想到的就是去投革命党。可是"他生平所知道的革命党只有两个，城里的一个早已'嚓'的杀掉了，现在只剩了一个假洋鬼子"。对于阿 Q 来说，要投革命党，"除却赶紧和假洋鬼子商量之外，再没有别的道路了"。而当阿 Q 被假洋鬼子的哭丧棒赶走，"他所有的抱负，志向，希望，前程，全被一笔勾销了"。

　　中国是一个农民占绝大多数的国家，农民是革命的忠实同盟军，农民的支持是革命取得胜利的根本保证。而脱离农民这支革命力量，就势必陷入孤军奋战的境地，革命党人正是犯了这一致命错误，最终被以袁世凯为代表的封建买办势力所击败。

　　其次，革命党人在革命中表现出一种惊人的，简直是不可思议的软弱性。他们甚至把成功的希望寄托在封建官僚和军阀的"咸与维新"上。这说明他们是一个在政治上、经济上都不成熟的阶级，也与封建阶级的狡诈多变、政治斗争经验的丰富有关。

　　鲁迅先生在《坟·论"费厄泼赖"应该缓行》中说："革命党也一派新

气，——绅士们先前所深恶痛绝的新气，'文明'得可以；说是'咸与维新'了。我们是不打落水狗的，听凭他们爬上来罢。于是他们爬上来了……"王金发率革命军开进绍兴，捉住了杀害秋瑾的章介眉。"调集了告密的案卷，要为她报仇。然而终于将那谋主释放了，据说是因为已经成了民国，大家不应该再修旧怨罢。"① 历史也正如鲁迅先生所说的那样，武昌起义才成功，"开诚布公，咸与维新""旧染污俗，咸与维新"的呼吁就充斥南京临时政府与各地军政府的公报、电文中，连革命党重要领袖黄兴也力主与袁世凯妥协，曾致函督剿革命的袁世凯，表示只要袁倒戈，那么"南北各省当局亦无有不拱手听命者"。而无情的历史事实却是袁世凯将革命淹没于血泊之中。

鲁迅先生还在《两地书·三五》中沉痛地指出："民元革命时，对于任何人都宽容（那时称为'文明'），但待到二次革命失败，许多旧党对于革命党却不'文明'了：杀。假使那时（元年）的新党不'文明'，则许多东西早已灭亡，那里会来发挥他们的老手段?"② 由于革命党人没有痛打"落水狗"，没有"宜将剩勇追穷寇"，致使"落水狗""穷寇"得以喘息，卷土重来镇压革命，"数日之间，超过革命党人不啻数十倍"。"当时和袁世凯的妥协，种下病根，其实却还是党人实力没有充实之固。所以鉴于前车，则此后的第一要图，还在充足实力，此外各种言动，只能稍作辅佐而已。"③ 这一精辟分析正是从辛亥革命失败中引出的教训。"先烈的好心，对于鬼蜮的慈悲，使它们繁殖起来，而此后的明白青年，为反抗黑暗计，也就要花费更多更多的气力和生命。"④ 这又是革命志士用鲜血凝成的一个教训。

再次，独树一帜地揭示了这样一个历史现象："至今为止的统治阶级的革命，不过是争夺一把旧椅子。去推的时候，好像这椅子很可恨，一夺到手，就又觉得是宝贝了，而同时也自觉了自己正和这'旧的'一气。"⑤ 革命党人正是如此，为了反抗封建势力的压迫，他们投身革命。但一旦社会地位发生转化，相当一部分人便停下前进步伐，另一些人则立即蜕变成新官僚政客。

鲁迅先生通过作品对王金发进行解剖，概括了革命党人"成功后"，这种迅速蜕变的情绪。王金发，秋瑾的战友，"绿林大学"出身的下层革命党人。武昌起义后不久，他领导了杭州起义，并带兵进驻绍兴，解散封建势力所把持的军政府，逮捕密告秋瑾的章介眉，推行一些革命措施。"倒是还算顾全大局，听舆论的"⑥，颇有一点新气象。但是他马上被"许多闲汉和新进的革命党人所

---

① 坟·论"费厄泼赖"应该缓行. 鲁迅杂文全集. 郑州：河南人民出版社，1999：86.
② 两地书·三五. 鲁迅全集·第十一卷·两地书·书信. 北京：人民出版社，1980：102.
③ 两地书·一二. 鲁迅全集·第十一卷·两地书·书信. 北京：人民出版社，1980：46～47.
④ 坟·论"费厄泼赖"应该缓行. 鲁迅杂文全集. 郑州：河南人民出版社，1999：86.
⑤ 二心集·上海文艺之一瞥. 鲁迅杂文全集. 郑州：河南人民出版社，1999：411.
⑥ 华盖集·这个与那个. 鲁迅杂文全集. 郑州：河南人民出版社，1999：175.

包围"，等做起都督来，在他身边的"绅士以至于庶民，又用了祖传的捧法群起而捧之了。这个拜会，那个恭维，今天送衣料，明天送翅席，捧得他连自己也忘乎所以，结果是渐渐变成老官僚一样，动手刮地皮"。① "在衙门里的人物，穿布衣来的，不上十天也大概换上皮袍子了，天气还并不冷。"② 当一些进步师生办报纸批评王金发时，他竟扣压学校经费，并以手枪相威胁，进而捣毁报馆，镇压学生。

鲁迅先生从以上三个方面对资产阶级革命党人痼弊的针砭，其准确性和深刻性令人叹服。

总之，鲁迅先生眼中的辛亥革命，是清末社会矛盾激化下的必然产物。它沉重地打击了封建势力，在一定程度上显示了资产阶级革命派为了挽救民族存亡，发展资本主义经济的理想蓝图，给后人留下了宝贵的经验教训。革命者必须摧毁旧的国家机器，彻底扫荡旧的势力，积极发动、组织农民群众，对农民的革命要求给予指导，才能使革命走向胜利。鲁迅先生对旧民主主义革命理论诸问题，能做出如此丰富、真实而正确的理论概括，与同期或稍后的中国共产党的分析与看法，达到了惊人的一致，这不能不令人钦佩。但鲁迅先生毕竟还是一个激进的民主主义者，在诸如帝国主义对革命的干涉、土地问题等，也是影响革命成功的因素，可鲁迅先生几乎未有涉及，或是粗浅地触及，在这方面是有缺陷的。

可见，鲁迅先生比较正确地看待了辛亥革命。反过来，辛亥革命也是鲁迅先生经历的第一次大事变，是他攀登的第一个人生阶梯，也是他灿烂的文学生涯的开端。从某种意义上说，没有辛亥革命，就没有鲁迅先生等这一代杰出的人物。因此，鲁迅先生是包括辛亥革命在内的新旧民主革命孕育成长起来的时代巨子。

正是：

这些失败的战士，当时也就成为革命成功的先驱。
中国经历了许多战士的精神和血肉培养，却的确长出了一点先前所没有的幸福的花果来，也还有逐渐生长的希望。③

这就是辛亥革命伟大真谛之所在，激励着后来革命者的斗志，成为中国革命从失败走向胜利的动力之一。

（鲁迅先生眼中的辛亥革命，是清末社会矛盾激化下的必然产物。他比较真实地把革命前的社会现实展现出来，给后人留下了宝贵的史料）

---

① 华盖集·这个与那个. 鲁迅杂文全集. 郑州：河南人民出版社，1999：175.
② 朝花夕拾·范爱农. 鲁迅选集·小说散文卷. 济南：山东文艺出版社，2003：476～478.
③ 而已集·黄花节的杂感. 鲁迅杂文全集. 郑州：河南人民出版社，1999：262.

让历史教学畅游在文学中

诗词、成语、对联、歌曲等文学语言在历史教学中具有独特的魅力，能够营造生动活泼、乐观愉快的气氛，能使学生带着一种高涨而激动的情绪进行学习和思考，从而对多彩的历史画卷产生惊奇、感动和震撼，同时也进行了学科之间的知识渗透。文学语言在历史教学中如能恰当运用，教学效果往往事半功倍。

首先，文学语言能使课文更加生动具体，使历史人物、事件得以再现，提高学生的学习兴趣，帮助学生掌握基础知识。历史课本的文字叙述简要，往往需要教师在讲述时做一些必要的补充。讲述历史人物时，应讲出他们的特点来，并顺便说明其年龄特征，尽可能给学生以生动具体的形象，从而避免雷同，避免公式化、概念化。《史记》中陈胜的"王侯将相宁有种乎"，项羽的"彼可取而代之也"，刘邦的"大丈夫当如是也"，同一主题，三种口气，表现出这三个人不同的身份、思想和性格。"普天之下，莫非王土。率土之滨，莫非王臣。"显示了西周奴隶制国家的强盛和周天子的无上权威，是对西周奴隶制的绝好写照。"山外青山楼外楼，西湖歌舞几时休。暖风熏得游人醉，直把杭州作汴州。"这首诗把南宋统治者腐败无能、醉生梦死的生活，只图偏安江南，不图恢复北方失地和中原故都的丑恶面目刻画得入木三分。"今日到南苑，明日到北海，何日再到古长安？叹黎民膏血全枯，只为一人庆歌有；五十割琉球，六十割台湾，而今又割东三省！痛赤县邦圻益蹙，每逢万寿祝疆无。"章太炎1904年为慈禧太后七十大寿所作的讽刺联，将慈禧太后40年的血腥罪恶史，一联以概之，跃入学生心中。"横断山，路难行，敌重兵，压黔境"，"雪皑皑，夜茫茫，高原寒，炊断粮"。这些歌词生动地再现了中国工农红军长征的艰难，把学生的思维引向了长征的征程。"红军不怕远征难，万水千山只等闲……"又使学生对英雄红军的崇敬之情油然而生。

其次，具有浓郁情感色彩的文学语言，是对学生进行思想教育的生动素材。"白骨露于野，千里无鸡鸣"道出了东汉末年军阀混战给社会生产和人民生活带来的沉重灾难。"春宵苦短日高起，从此君王不早朝。……后宫佳丽三千人，三千宠爱在一身"把唐玄宗统治后期宠爱杨贵妃,不理朝政的情景,栩栩如生地描绘出来了,使学生认清了酿成"安史之乱"的根源。"民国万税,天下太贫"揭示出国民党反动统治对广大人民的剥削、掠夺。"三人行必有我师""知之为知之,不知为不知""先天下之忧而忧,后天下之乐而乐""国事家事天下事,事事关心""天下兴亡,匹夫有责"等格言警句,又从道德修养方面启迪了学生。

再次,文学语言能深刻反映阶级社会中的阶级矛盾和阶级关系。引用《诗经》中的"不稼不穑,胡取禾三百廛兮?不狩不猎,胡瞻尔庭有悬貆兮⋯⋯"和"硕鼠硕鼠,无食我黍,三岁贯汝⋯⋯",把奴隶对奴隶主贵族残酷剥削的控诉鲜明地反映出来了,也就讲清了"国人暴动"的根本原因。引用杜甫的"朱门酒肉臭,路有冻死骨",白居易的"宣城太守知不知?一丈毯,千两丝!地不知寒人要暖,少夺人衣做地衣",使学生认清了唐朝统治阶级的残暴、安史之乱的灾难以及百姓的疾苦,理顺了唐末农民战争的历史背景。

最后,文学语言极具风格的逻辑结构和极富想象力的表达形式,最能吸引学生的注意,激起学生浓厚的求知欲。"千里长河一旦开,亡隋波浪九天来。锦帆未落干戈起,惆怅龙舟更不回。""尽道隋亡为此河,至今千里赖通波。若无水殿龙舟事,共禹论功不较多。"这两首诗对隋大运河做出完全不同的评价,对于培养学生用历史唯物主义观点全面地看待问题具有典范作用。对楚汉战争中项羽的失败,杜牧有"胜败兵家事不期,包羞忍辱是男儿。江东子弟多才俊,卷土重来未可知"。王安石有"百战疲劳壮士哀,中原一败势难回。江东子弟今虽在,肯与君王卷土来"。杜牧认为胜败乃兵家常事,哀叹项羽缺乏百折不挠的精神;王安石则以政治家的眼光指出项羽失却民心,败局无法挽回。谁的看法对?哪一种认识反映了历史现象的本质?组织学生运用思辨的方法进行分析,有助于培养学生分析问题的能力。

教师的文学语言要靠平时用心积累,厚积薄发。在历史教学中,可以用它来导入新课、讲授新课、课后小结和设计试题。但历史课不同于语文课,要围绕历史教学目的,密切结合教材,精心取舍,绝不可反客为主、舍本逐末,冲淡教学重点。

(文学语言在历史教学中具有独特的魅力,如能恰当运用,教学效果往往事半功倍。原载《广东教育》2003年第6期)

恢宏磅礴　千古绝唱

——刘邦《大风歌》赏析

大风起兮云飞扬，
威加海内兮归故乡，
安得猛士兮守四方！

这是汉高祖刘邦在位的最后一年（公元前195年），回到故乡——沛（今江苏沛县）写下的千古绝唱。全诗仅三句、23个字，格调昂扬激奋，凝聚了诗人对帝业和故土的深情厚谊，总结了自己一生的政治生涯和理想，既蕴含个人身世又隐喻历史风云。明代胡应麟在《诗薮》中誉之为"冠绝千古"之作。

大风起兮云飞扬

写"大风"，写"云飞"，从自然现象写起，仿佛以兴开篇，却又暗含比喻，内涵丰富，隐含着十几年的历史。十几年间，刘邦入咸阳，降子婴；战垓下，败项羽；俘臧荼，击赵利；废张敖，征陈豨；诛韩信，族彭越；灭英布，平卢绾……宛如风卷残云，气势磅礴。

威加海内兮归故乡

承第一句而来，写十几年历史发展的结果。秦末，陈胜首义，群雄并起。公元前209年，刘邦起兵于沛，转战十四个春秋，不仅在军事上取得全国范围的胜利，而且在政治上也颇有建树。招贤纳士，压抑商贾，迁徙豪强，轻徭薄赋，清静无为，休养生息，顺应了历史的发展趋势，初步稳定了西汉政权，客观上有利于人民，有利于社会安定。因而刘邦的威望空前提高，"威加海内"。十几年来，刘邦戎马倥偬，南征北战，一统天下，和亲匈奴，安抚南越。在一生事业达到顶峰之际，荣归故里，既可炫示于乡里，又可告慰于先祖。面对父老乡亲，百感丛生，感极而泣。"威加海内兮归故乡"，这"海内"与"故乡"是面和点的关系，终点和起点的关系，展开和回归的关系。

安得猛士兮守四方

承前二句而来，是写自己的愿望与理想。此时，群雄已灭，海内统一。自己风烛残年，而太子刘盈又生性懦弱，"国有疑难可问谁"？北方匈奴强悍，虎视汉庭，伺机南下；分封的同姓王尾大不掉，觊觎王位，蠢蠢欲动。创业之艰难，守成之不易。刘邦在为他的王朝思谋、担忧，威武雄壮之中隐含着深沉的忧虑——"安得猛士兮守四方"！刘邦在酒酣耳热之际，犹能念及猛将与固边的问题，这是欢乐中的不和谐音，也正是诗作的主要价值所在。任何事物，只有多少有些悲剧色彩，才能上升到崇高的境界，否则终嫌浮浅。如果只有对风起云扬的动荡岁月的回忆和威加海内的胜利时刻的品味，而没有对未来忧患的担心，怎能算雄才大略、目光深远的政治家呢？

全诗三句，浑然一体，写了过去、现在与未来，恢宏磅礴，冠绝千古。立足现实，追往忆昔，展望未来，"感于哀乐，缘事而发"，这正是刘邦当时心情的真实写照。刘邦不是诗界的英雄，《大风歌》却是英雄的"歌诗"。

《大风歌》的恢宏磅礴，还体现在用词的质朴上。全诗出现的都是大的形象，如风、云、海内、故乡、猛士、四方，形成宏大磅礴的不凡气势。风是"大风"，云是飞扬的"云"，士是"猛士"，给人以叱咤风云、气壮山河的感觉。整首诗围绕着一个"威"字在咏唱，"威"字是全诗的核心，给人以动感，风大、云飞，烘托出刘邦的军威和声威；帝业大定而归故乡，达到威望的顶峰；愿得猛士守土，是为刘氏天下绵延千秋。"威"是抽象的，又是具体的，它同"海内""故乡""猛士""四方"相连，实实在在，这是任何华丽辞藻都不能达到的艺术效果。

《大风歌》，刘邦的杰作，千古绝唱，恢宏磅礴。

（《大风歌》是一幅描绘了历史、现实、未来的形象生动的图画！原载《中学语文学习》2004 年第 114 期）

高考作文与历史的交融

　　高考作文，很多时候蕴含了对考生历史素质的考量。综观历年高考佳作，无不具有较为深厚的历史底蕴，闪烁着人文精神的光芒和理性思维的色彩，这就是最好的明证。笔者认为应当重视语文和历史学科的兼容，以历史素质的提升来支持和带动高考作文的创新。文史交融，才能相得益彰，才能在高考中取得满意的效果，取得语文和历史学习的双赢。

一、历史知识——高考作文的一个制高点

　　培根的名言"读史使人明智"并不是专门对历史学家说的，文学家、诗人乃至社会上的任何人都可以从历史中汲取智慧与精神的养料。政治家参照历史经验治国理政，军事家借鉴历史的战略战术，经济学家从历史中寻找组织生产的依据，平民通过学习历史增长知识和才干，学生读史可以"思接千载，视通万里"。

　　"绿窗明月在，青史古人空。"千古风流人物，无一例外地成了匆匆的历史过客。任何现象都不是永恒的，任何现象又都是历史的。历史是永不间断的时间长河，人们在现实中感知的只是这一发展长河中的一段。多少兴亡盛衰，唤起人们对相似社会现象的感叹，从那些已经消失的人和事中，叩问历史，掩卷叹息！消失的是时间，永不消失的是后人对千秋功业的缅怀。作为文化精粹的智慧言论和行事，运筹帷幄的大智大勇，辚轹百代的玉想琼思，解颐醒世的妙语珠连，都能给人一份明智、巧思和良知。

　　高速发展的现代社会已拉长了我们与传统的距离，然而永不衰竭的历史长流又无处不在地滋养我们的生活。历史知识愈丰厚，散乱的知识愈容易结成四通八达的网络，使原本模糊的印象明朗化，形成清晰的逻辑。如果把已经感悟到的作为进一步思考的契机，锲而不舍地多方探究，那又何愁不能在见解上高人一筹？因为，历史给了你一个观察的制高点，可谓"胸中历历著千年，笔下源源赴百川"。所以，历史知识是高考作文的一个制高点。

二、历史典籍——高考作文的主题话语

俗话说:"文史不分家。"所谓文以载史,史以文传。一些史学名著,同时又是优秀的文学作品,如《史记》就被誉为"史家之绝唱,无韵之离骚"。自高考制度恢复以来,高考作文与时俱进,经历了一个发展变化的过程,从命题作文、材料作文到近年来的话题作文,高考作文逐步回归"素质教育"的本质,即跳出恪守文体知识和写作范例的套路,给予考生更自由的写作空间,更有利于个性差异的发展。近几年全国卷作文的话题,无论是 2000 年的"答案是丰富多彩的",2001 年的"诚信",2002 年的"心灵的选择",还是2004 年获得高考命题权的十余省市的作文题,都是设计一个"指导语",框定一个较为宽泛的写作范围,让考生自主发挥。这样,俯拾可得的寓言、童话、小品文都可以成为高考作文的主题话语。如 2003 年的全国卷"感情亲疏和对事物的认知"的话题,切中传统文化中社会评价性心理的痼疾,引发考生乃至全社会的深入思考。所选《智子疑邻》语出《韩非子》,曾入编初中语文教材,文字浅显易懂。事实上,先秦诸子百家是中华民族思想的先驱,其传世作品大多言简意赅,一事一理,至今仍闪烁着理性的火花,有很强的现实意义。相信在今后的语文学习中,同学们会在诸如"四书五经"、中外寓言等历史文献的短章中流连一番。

三、史事名人——高考作文的论据素材

2001 年,一篇《赤兔之死》炒热了一位作文特长生,同时也使人们开始关注高考优秀作文选材的一些共性。既然话题作文不易走题,选材便成为关键。中华五千年历史文化,浩如烟海的文献资料,本身就是一个巨大的素材库。笔者浏览过 2002 年"心灵的选择"、2003 年"感情亲疏和对事物的认知"和 2004 年、2005 年获得高考命题权十余省市的一批满分、高分作文,发现其中不少都是汲取中外历史文化的养分,以历史事件和名人为素材,围绕试题给出的话题,以青春的心怀去阐述、感知。2002 年山东考生的一篇《刺秦》,浓缩了荆轲刺秦王这一历史事件,通过壮士的内心独白,凸显决斗前夜心灵的痛苦挣扎和艰难抉择。荆轲最终放弃刺秦,甘愿捐躯:"图穷匕见,我用匕首去刺秦王却给了他逃跑的机会;环柱而走,我有九次机会,却让他能拔剑伤我;倚柱而骂,我要保持太子的尊严。侍臣杀我时,我想起了天下苍生,他们没有看见我眼角的那颗英雄泪。"这样的结局,与张艺谋大片《英雄》的架构不谋而合。既不违背史实主线,又有自己独特的视角,展现荆轲心系天下苍生的胸怀,不禁让人拍案叫绝。江苏考生的一篇《历史,从那一夜开始》,聚焦的是司马迁受刑前的那个"暮秋之夜"。是"用高贵的头

颅证明历史的清白",还是"为了成就一部属于大汉的史书,做一个不完全的男子"?司马迁必须在日出之前做出选择。文末"一阵秋风呜咽着,吹起《史记》发黄的纸页"把读者的视线拉回现实的时空,点明"真正的勇敢不是为某件事壮烈地死去,而是为某件事卑贱地活着"的主旨。2003年广东一考生的《勿为情所障目》:"……君不见,为博褒姒一笑,周幽王的三百里烽火,不仅烧出片刻的欢喜,更吞噬了周朝的大好河山;只因凭着'六宫粉黛无颜色,回眸一笑百媚生'的妹妹,杨国忠便在一系列提拔中平步青云,扬眉吐气,唐王朝的衰败也由此而起;而吴三桂情动之下'冲冠一怒为红颜'的劣迹,千百年来仍然令人发指。而激愤至死的屈原,惨死风波亭的岳飞之所以成为令人扼腕的悲剧,除了统治阶级的利益冲突,难道就没有很大一部分是与君王疏远的原因吗?只因君王之目为情所障,看不到有幸埋葬忠骨的青山,只瞥见白铁无辜所铸的佞臣!情之障目,岂止不见泰山而已……"以史为据,立论严谨,文字精练,被评为满分。即使是写议论文,历史事件、名人名言往往是被作为有力的例证,增强论点的说服力。2004年重庆高考满分作文《菊花飘香的时节》,选取嵇康、庄子、项羽三个极具个性的历史人物,以高洁的菊花象征其品格,将人物自我的认识与他人期望的关系寓于生动形象的语言中。2005年广东高考满分作文《纪念历史 开创未来》一文,以连战的"缅怀之旅"作由头,以中国民主革命的伟大先驱孙中山先生的事例切入现实,并引发议论:"我们用各种各样的形式纪念这位伟大的先驱者。我们更希望有一天团圆的月光能洒向中山先生的陵墓——这应是最好的纪念。"而其他以反法西斯战争胜利60周年为背景的纪念文章,也获得不同程度的高分。可见,历史有时就是最好的素材。

四、独辟蹊径——高考作文的得分亮点

俗话说,"文无定法",但经典自有经典的共性。对传世佳作的反复解读会为高考作文提供体裁选择、构架设计等方面的借鉴,经典美文是高考作文的写作范例。近年来,不少优秀的议论文如2000年的《诚信归去来兮》《回答》等,就是以陶渊明、鲁迅等大家名作为范,融入当代学子的理性思考,谈古论今,信马由缰,已具备了杂文和哲理性散文风格。还有一些考生从四大名著中寻找创作灵感,或反弹琵琶,或旧说新解,像2003年的《孙悟空下岗记》《宝钗鸣冤》等,同样吸引阅卷老师和读者的目光。事实上,现场完成的800字作文,如果没有从形式到内容的创新,难以在数以百万计的考卷中脱颖而出。2001年江苏有一考生以娴熟的文言文(古白话)写成的《赤兔之死》风行;2003年北京一考生的《转折》,更是以通篇文言,从鹰鸷之辨说到转折之义,激起一片叫好声。当然,文言文高考作文也引起争辩,从教改导向上并不提倡写文言作文,但对于那些具备相当的历史学识和古文功底的考生来说,为什么不允许扬其所长,凸显其特色?既然高考文体不限,就应最大限度地开禁。

2003 年广东一考生的满分作文《甲三儿开讲》，通篇采用罕见的说书体，以一个说书人的口吻，将三个故事娓娓道来，说明感情的亲疏和对事物的认知没有绝对因果关系的主旨，全新的体裁让人眼前一亮。陕西一考生另辟蹊径，写出一首现代诗《无题》，这篇仅有 209 个字（含标题题记）的诗歌作文紧扣感情的亲疏和对事物的认知这一话题。全诗构思奇特，内容深刻，语言生动鲜活，打破了同学们比较一般的语言模式。"别总给理智放假"等语句凝练而有哲理，富于形象性且有诗歌的韵味，在一定程度上显示了考生较为厚实的文学基础和灵活运用艺术方法的能力，这在考场作文中十分难得，被判为满分。所有这些，不论是对文史碎片的解读，还是对文史材料进行故事新编，除了得益于古代历史与文学的浸染滋养，别无他途。

五、人文精神——高考作文的主题依托

高考作文随着时代的进步而进步，为全面推进素质教育起到了龙头作用。回首十年，高考作文经历了从命题、材料到话题作文的转变，这期间变化中也有不变。坚持正确的思想导向，考查同学们的思想修养，这是不变的。不管今后作文题怎么变，这一"主旋律"不会变。2001 年的"诚信"，触及了中华传统美德，也是现代社会道德中最核心的规范——诚实守信；2002 年的"心灵的选择"则要求同学们在真与假、美与丑、善与恶、义与利等层面做出正确的选择；2003 年的"感情亲疏和对事物的认知"，实际上是要求同学们"捕捉理性的灵光"（一篇满分作文题目）。连续几年的高考题都与道德情操紧密相连，说明个体的分析判断能力与人的思想素质有密切联系，素质教育要引导学生学会用自己的知识分析身边发生的事情，解决现实生活中的问题，提高自己的分析能力。因此，笔者认为，在高中作文训练中，除了加强对学生写作技艺的锤炼，更重要的是主题的提炼升华。学生可以对世相时弊做一定程度的批判，但灰暗的色调应当不出现或少出现在作文中；中外文化传统中的人文精神，如民族大义、传统道德、人间真情等，应当是一根红线，贯穿写作训练的始终。

以外行人的眼光看高考作文，未免"班门弄斧"，但弄斧必须到班门，否则难以提高。许多学生对文史交融、相得益彰的认识不清，认为只需"各扫门前雪，莫管他人瓦上霜"。呼吁同学们，不要漠视历史，注意文史知识与各个学科的相互渗透，毕竟"读史使人明智"，喜欢历史的好处不仅仅在于高考作文。《赤兔之死》的作者是一位理科生，2002 年北京理科高考状元曾把《中国通史》读了几遍，这似乎是再有力不过的例证。

六、文史交融——语文历史学习的双赢

中学历史的许多重大问题都可以从语文课文中得到启发，而中学语文的许多

课文也与历史有着重大的关系，甚至有的课文如不借助历史知识的帮助，学生是无法弄清楚的。鲁迅先生的文章，许多语言甚至全文都是隐喻的，如无历史知识作为"钥匙"，只凭语文教师在文字上的说明，同学们根本无法理解。如《记念刘和珍君》一文是作者在 1926 年"三一八"惨案发生后，针对一些人诬蔑群众而作的；《为了忘却的纪念》则是纪念在第二次国内革命战争时期受国民党文化专制迫害致死的五位青年作家。可以说，鲁迅先生的每一篇文章都有其时代背景，要理解文章，必须了解历史。

2001 年高考历史上海卷第 39 题以"公开信"的形式出现，从文句上看，丰富了试题的表达形式；从内涵上看，体现了惩恶扬善、经世致用等历史古训和褒扬正义、捍卫真理的历史责任感；从语文角度讲，要注意格式、对象、语气，不能写成抗议书或外交照会；从历史角度讲，要注意"史由证来，证史一致""论从史出，史论结合"这一特点。有据有理有情，呼吁正视历史，引以为戒，前事不忘，后事之师。2004 年高考历史上海卷第 36 题：美国哈佛大学的燕京图书馆内悬挂着一副清末民初一位诗人写的对联："文明新旧能相益，心理东西本自同。"对联赞叹了人类文明在时间和空间上的传承与交融，哲学家、社会学家、经济学家、科学家、文学家等各有讨论。假如你是历史学家，对这副对联作何评论？请自拟一个题目，写一篇历史小论文。这对同学们的文史表达能力等综合素质提出了更高的要求，体现了"文史不分家""文史相通"的治学传统。

历史学习不渗透语文知识，势必会影响同学们对历史的形象理解以及对语文的理性理解，最终影响同学们的分析能力，高考自然不会有理想的成绩。同学们在学习历史时，要恰当地与已学过的相关的语文课建立联系，这样才能相得益彰，取得事半功倍的成绩。如读秦亡汉兴史时联系《过秦论》《论积贮疏》，学习辛亥革命时联系《阿 Q 正传》《药》，研究整风运动时联系《反对党八股》《改造我们的学习》，钻研普法战争时联系《最后一课》，复习近代外国资本在中国的剥削问题时联系《包身工》等，例子不胜枚举，强调的就是文史的有机融合。

"文史不分家"，就不应该各自为政。从当代世界人才培养的取向来看，多学科的结合、渗透是大趋势。只有文史交融才能适应时代的需要，才能在高考中取得满意的成绩，才能取得语文和历史学习的双赢。

（高考作文，很多时候蕴含了对考生历史素质的考量。历年高考作文佳作都具有较为丰厚的历史底蕴，闪烁着人文精神的光芒和理性思维的色彩。原载《广东教育·高中》2005 年第 9 期，并被中国人民大学书报资料中心复印报刊资料《中学语文教与学》2006 年第 1 期全文转载）

唐诗证史

——以张籍的《野老歌》为例

　　唐朝是诗歌的朝代，诗歌是唐朝的见证，唐诗就是一部唐朝的史诗。唐诗的璀璨是当时政治、经济、文化发展的产物，它以其神奇的艺术魅力，将政治、经济、民族和对外关系等主要信息贯穿于唐文化的主要载体（唐诗）中，留下了一幅幅丰富多彩的社会画卷，为后人学习历史、了解历史原貌起了重要作用，也为陈寅恪先生倡导的"以诗证史，以史说诗"的治学方法增添了一道亮丽的风景。

　　陈寅恪先生指出："通论吾国史料，大抵私家纂述流于诬妄，而官修之书，其病又在多所讳饰，考史事本末者，苟能于官书及私著等量齐观，详辨而慎取之，则庶几得其真相，而无诬讳之失矣。"① 唐人诗歌，以抒发个人感情为主，虽亦属私著，但诗人笔下的人物、事件、场景，都是他们亲眼所见、亲耳所闻、亲身所历、深切所感，无诬无讳，应是第一手资料。中唐时期，政治黑暗，统治阶级剥削残酷，书写农民的疾苦成为新乐府诗人一个重要的主题。诗歌以形象反映社会实际，特定环境中人、物神形兼备，鲜明生动复制历史现场，可传递多种信息，供人诠释。张籍的《野老歌》（一作《山农词》）就勾画出一幅特色鲜明、生动具体的生活图画，传递出多种经济信息，拓展了人们的思维空间，再现已逝的历史场景，蕴含了丰富的经济史料，直接还原了唐时的经济现场，有利于深刻认识和了解当时的经济原相。

　　　　　老农家贫在山住，耕种山田三四亩。
　　　　　苗疏税多不得食，输入官仓化为土。
　　　　　岁暮锄犁傍空室，呼儿登山收橡实。
　　　　　西江贾客珠百斛，船中养犬长食肉。

---

① 陈寅恪. 金明馆丛稿二编·顺宗实录与续玄怪录. 上海：上海古籍出版社，1980：74.

　　诗人选取一家典型而又普通的农户，集中笔墨描述了他家苦难的生活。前四句为一层意思，开门见山，写老农终年辛劳而不得食。五六句为一层意思，写老农为了活命，不得不领着孩子们上山采橡树子充饥。七八句为一层意思，采用对比手法，描述当时社会的贫富悬殊现象，揭露社会制度的不平等现象。

　　"老农家贫在山住，耕种山田三四亩"，两见"山"字，强调这是一位山农。深山为农，本有贫困而思逃租之意，但安史之乱后的唐王朝处在多事之秋，财政困难，剥削无孔不入，即便逃避深山，也难逃税役。薄田"三四亩"，山地贫瘠收成少。

　　"苗疏税多不得食，输入官仓化为土"，"苗疏税多"必然引起劳动者"不得食"的不合理现象。老农种地却"不得食"，而官仓里的粮食却多得用不完，因长期积压而腐烂发霉化作"灰土"。这不仅表现出老农被剥夺的痛苦，而且表现出他眼见心血被践踏的痛心。

　　"岁暮锄犁傍空室，呼儿登山收橡实"，承接上文，铺叙事实。全家人辛苦一年到头，赢得的却是"空室"，一无所有，真叫人"何以卒岁"！"呼儿登山"四字又暗示出老农衰老羸弱，不得不叫儿子一齐出动，上山采摘橡树子充饥。"呼儿登山收橡实"，极其富有山居生活气息，使人想到"岁拾橡栗随狙公，天寒日暮深谷里"（杜甫《乾元中寓居同谷县作歌七首》）的名句，没有生活体验或对生活的深入观察，难以写出这样的诗句。

　　"西江贾客珠百斛，船中养犬长食肉"，老农之事，叙犹未已，结尾两句却笔锋一转，牵入一"西江贾客"。老农种田还要吃"橡实"，而"西江贾客珠百斛"姑且不说，就连他们养的狗都"长食肉"，这是多么经典而又深刻的嘲讽啊！

　　张籍以精练的语言，复制了历史现场，56个字传递了多种信息：第一，繁重的赋役逼得农民逃亡。老农住在西江边的深山里，西江是珠江干流，沿岸地区唐时分属岭南道的封州、康州、端州，那一带地广人稀，即使在最繁荣的天宝年间，那里每平方公里平均也不到5人。[①] 老农不住在离城乡较近，生产、生活都比较方便的地方，而选择深山，无非是深山人迹罕至，容易躲避赋役，表明繁重赋役逼得贫苦农民无以为生，只有逃亡勉强活命，"任是深山更深处，也应无计避征徭"（唐代杜荀鹤《山中寡妇》）。第二，土地兼并严重。史载"开元、天宝之中，耕者益力，四海之内，高山绝壑，耒耜亦满"[②]。老农在西江沿岸深山耕种山田，表明平地、丘陵已垦殖殆尽。岭南地方大、人口少，可见土地兼并同样严重。《野老歌》便是对"高山绝壑，耒耜亦满"的具体阐释。第三，贫苦农民陷入绝境。老农耕种"三四亩"山田，且不说"苗疏"收成不会

　　① 翁俊雄. 唐朝鼎盛时期政区与人口. 北京：首都师范大学出版社，1995：213.

　　② （清）董浩，等. 全唐文·卷380. 元结. 问进士·第三. 上海：上海古籍出版社，1990.

好，现参照唐代西南地区行复种制地区的粮食产量平均每亩 3 石计，[①] 4 亩山田所收不过 12 石，就是不纳税，全部做口粮也不够五口之家一年食用；而现在又要全部"输入官仓"，这就不是岁暮才无粮，一年四季都面临着饥饿的威胁，求生的路多么艰难。第四，社会风尚侈靡。张籍（约 767—约 830 年）生当中唐之世，政治腐败，社会黑暗，一方面广大民众赤贫，陷入绝境，另一方面物质财富集中在少数人手里，他们尽情享受，追求物欲，无所不用其极。吕思勉先生指出："世愈乱，奢侈愈甚。盖乱世四海困穷，自有乘机幸获者，奢侈之甚，由贫富之不均，非由物力之丰足也。"[②] 老农靠拾橡子求生，珠宝商以肉饲犬取乐。仅此一斑，足窥社会风气之全貌。梁启超云："善为史者，偏能于非事实中觅出事实。"[③] 他举小说为例，诗歌同样适用。

张籍的《野老歌》通过山农与官府、商人的对比，切中了田租苛重、"贾重农伤"的时弊，意蕴丰赡，传递出唐朝多种经济信息，胜过千言万语，对研究经济史具有特殊意义。

（唐诗对于研究唐代的历史、文化和文学具有重要的参考价值，唐诗可证史。原载《中学历史教学》2013 年第 9 期）

---

① 翁俊雄. 唐朝鼎盛时期政区与人口. 唐天宝年间西南地区农民生活初探. 北京：首都师范大学出版社，1995.
② 吕思勉. 隋唐五代史（下）. 上海：上海古籍出版社，1959：856.
③ 梁启超. 梁启超史学论著四种·中国历史研究法. 长沙：岳麓书社，1985：157.

品味唐诗宋词　漫步唯美殿堂

"诗是中国文学美学特质的集中体现，也是中国文化精神的集中体现。"（吴功正《中国文学美学》）诗词是语言的艺术，是作者的情感体验，渗透着作者的审美理想和审美情趣。大漠孤烟，长河落日，折射出唐诗丰富热烈的光彩；小桥流水，杏花春雨，透露出宋词沁人心脾的韵味。唐诗宋词是古典文化中的两颗明珠，传统文化之瑰宝。她们的璀璨是当时政治、经济、文化发展的产物，她们以其神奇的艺术魅力，将政治、经济、民族和对外关系等主要信息贯穿于文化的主要载体（诗词）中，留下了一幅幅丰富多彩的社会画卷。走进唐诗宋词，犹如走进了一座"美"的殿堂，品味唐诗宋词，是探寻"美"的历程，可以欣赏到不同的美，从而提高自己的鉴赏水平。

美是生命体验的感受，唐诗宋词广阔地、多角度地反映了人们的生活，将触角伸到生活的每个方面，从而从不同角度呈现出独特的美，蕴藏着千姿百态的美。

一、情感美（真情美）

"情致是艺术的真正中心。"（黑格尔《美学》）"没有感情，就没有诗。"（郭小川《谈诗》）艺术中的情要真，真情才能铸真景，真挚浓烈的感情来源于艺术家对现实生活的真切体验和感受，是积淀着人生哲理和生活意蕴的审美感情。李后主的《虞美人》被词评论家王国维推崇备至，他说："……后主词，真所谓以血书者也。"（王国维《人间词话》）"春花秋月"，多么温馨和富有诗意的季节啊，但诗人却丝毫无留恋之心，"何时了"，怎么还不结束呢！诗人之所以如此悲观和绝望是因为南唐灭亡了，诗人不再是南唐君主，而成了别人的阶下囚。"雕栏玉砌"虽然还在，但已物是人非，"问君能有几多愁，恰似一江春水向东流"，从艺术的表现手段上看这属于比喻，事实上这不正是诗人内心情感的真实表现吗？"谁言寸草心，报得三春晖。"（孟郊《游子吟》）吟出了普通而崇高的母爱，成为千古绝唱；辛弃疾的"最喜小儿无赖，溪头卧剥莲蓬"，从心灵深处流出了词人对幼儿的舐犊之情；李白的《赠汪伦》，更是表达了"桃花潭水三千尺，不及汪伦送我情"的真挚情谊；"海内存知己，天涯若比邻。"（王勃《送杜少府之任蜀州》）诗人从"远"与"近"的对比中，突出了朋友间真挚的感情。悲欢离合寻常事，只因深情相牵，即使在天涯海角，也是"人远天涯近"。这一联，从狭小的境界转为宏大，从戚恻的心绪转为豪迈，一扫前人赠别诗那种"黯然销魂者，唯别而已矣"的悲凉情调，将离情写得如此昂扬真挚，既是诗人旷达胸怀的表露，又是诗人美学理想的闪光。"月落乌啼霜满天，江枫渔火对愁眠。姑苏城外寒山寺，夜半钟声到客船。"（张继《枫桥夜泊》）通过"月落、乌啼、霜满天、江边的枫树、渔火、寒山寺"等景物的描写，写出了羁旅者孤子清寥、愁绪满怀的情感，概括了"日暮乡关何处是"的游子感伤之情，诗人在"真"的基础上所获得的体验含蓄地烘托出旅人的哀愁，给人以深刻的艺术感染，这种缠绵悱恻的情绪是悲凉凄清的，同时也流露出浓浓的真情美。唐诗宋词从不同角度反映了人的情感，体现了人情美、人性美。

二、意境美

"有境界则自成高格。"（王国维《人间词话》）"意境"指意与境、情与景、心与物的交融与统一。"情景相生而且契合无间，情恰能称景，景也恰能称情，这便是诗的境界。"（朱光潜《诗论》）"诗以情为主，景为宾，景物无自生，惟情所化，情哀则景哀，情乐则景乐。"（吴乔《围炉诗话》）景物只有融入感情，才有生命；感情只有景物附丽，才有依托。"国破山河在，城春草木深。感时花溅泪，恨别鸟惊心。"（杜甫《春望》）国家残破在诗人眼中，连盛开的花儿也会落泪，鸟儿的鸣啭也令诗人心悸。可见战乱给诗人带来的伤害是多么巨大！这两句诗情景交融，意在言外，构成了风韵天成、含而不露的独特的"意境美"。"前不见古人，后不见来者。念天地之悠悠，独怆然而涕下！"（陈子昂《登幽州台歌》）全诗直抒胸臆，一气呵成，动人心魄，尽管诗人没有描写具体的人事、景物，然而一个登高望远、仕途失意、满怀悲愤之气的文人形象不是跃然纸上吗？"故人西辞黄鹤楼，烟花三月下扬州。孤帆远影碧空尽，惟见长江天际流。"（李白《黄鹤楼送孟浩然之广陵》）这首诗由一系列单个的意象——黄鹤楼、烟花、孤帆、长江等组合起来，便成了一幅藏情于景的逼真画面。诗中没有直抒对友人依依不舍的眷恋，而是通过孤帆消失、江水悠悠和久伫江边若有所失的诗人形象，表达得情深意挚，表面上这首诗句句是写景，实际上却句句都在抒情，引发读者无尽的审美想象，形成了诗歌隽永的意境。"君问归期未有期，巴山夜雨涨秋池。何当共剪西窗烛，却话巴山夜雨时。"（李商隐《夜雨寄北》）前两句道出离别之苦、思念之切，后两句是对未来团聚

时的幸福想象。把现在时空和未来时空做了沟通，把现实和想象统一起来，虚实相生，构成了完美的意境。

"林花谢了春红，太匆匆。无奈朝来寒雨晚来风！胭脂泪，相留醉，几时重？自是人生长恨水长东。"（李煜《相见欢》）起句反复使用了极具视觉冲击力的春红、胭脂等颜色；江水如蓝，林花似火，正是"人生得意须尽欢"的季节。世界的灿烂，似乎蕴含着未来的美丽和辉煌，然而春日的胜景总是苦短，寒雨如抽，夜风如刀，将春红和春红所象征的一派浓情斫尽，春景锦缎似的容颜一瞬间憔悴殆尽，美丽永远如梦一样稍纵即逝，不可把握。"太匆匆"用的叠字叠韵，韵调迂徐舒缓，犹如心灵深处沉重的叹息，透露出一种彻骨的寒意。这种利用美感的差异性和外物荣枯与心境哀乐的矛盾，以乐景写哀情，使作品中的情与景相反相成，将亡国之恨烘托渲染得更加强烈。"大江东去，浪淘尽，千古风流人物。"（苏轼《念奴娇·赤壁怀古》）展现了万里长江滚滚东流、波浪滔天的雄伟壮阔景象，仿佛看到了历史上的无数英雄豪杰英勇奋斗的雄姿，脑海中浮现了一条历史人物的壮美画廊，进一步领悟到诗句雄浑的意境美。"驿外断桥边，寂寞开无主。已是黄昏独自愁，更著风和雨。无意苦争春，一任群芳妒。零落成泥碾作尘，只有香如故。"（陆游《卜算子·咏梅》）写梅花在恶劣的环境中独自开放，借以寄托词人报国无门，屡受排挤和打击的不平心境，表明了词人的心迹，不为沽名钓誉，只为拯救国家，是一种坚贞的自信，将物性与人格巧妙地融为一体，达到物我合一。唐诗宋词的意境美引人遐思，让人寻索不已、玩味不止，获得浓烈的审美享受。

三、节奏美（韵律美）

诗词的节奏使诗句抑扬顿挫，"情绪的进行自有它的一种波动形式，或先抑后扬，或先扬后抑，或者抑扬相间，这发现出来便成了诗的节奏"（郭沫若《论节奏》）。诗词的节奏是适应舞蹈和吟唱需要而形成的，它是人的生理节奏和生活、自然节奏的统一，人的情感的起伏、波动和生活节奏的张弛决定了诗的节奏。"噫吁嚱！危乎高哉！蜀道之难，难于上青天！"（李白《蜀道难》）开头突兀沉雄，表现的是见蜀道高危的惊惧情绪。全篇节奏较慢，起伏不平，通过节奏的变化给人们以美的享受。"床前/明月/光，疑是/地上/霜。举头/望/明月，低头/思/故乡。"（李白《静夜思》）"朝辞/白帝/彩云/间，千里/江陵/一日/还。两岸/猿声/啼/不住，轻舟/已过/万重/山。"（李白《早发白帝城》）诗中，一、二、四句的"光""霜""乡"，"间""还""山"押韵，但句内平仄交错，句间平仄相对，音调和谐，朗朗上口，具有强烈的节奏感和韵律美。"去年元夜时，花市灯如昼。月上柳梢头，人约黄昏后。今年元夜时，月与灯依旧。不见去年人，泪湿春衫袖。"（欧阳修《生查子》）押韵的字为"昼""后"

"旧""袖",使全诗的语言形成一种和谐美,产生前后呼应的回环美,读来让人朗朗上口,耳目一新。通过吟咏,可以感受到两个鲜明的画面,去年闹花灯盛况空前,花前月下,情意无限;今年,灯月依旧,可心上人芳影全无,怎不令人柔肠寸断?诗人创设的意境,足以使读者产生共鸣,为之叹惋。李清照的《声声慢》连用七对叠字"寻寻觅觅,冷冷清清,凄凄惨惨戚戚"。它把词的音乐性与词人的内在情感相融合,恰到好处地表现了词人内在情感的流动。这首词之所以受到人们的喜爱,不仅是因为它有着动人的节奏和旋律,更重要的是这优美的节奏和旋律恰当而又充分地表现词人孤独、空虚、悲苦、凄凉的精神状态。"寻寻觅觅"写词人的心情寂寞,似有所失,茫然寻觅精神慰藉的心理情态。而寻觅的结果呢?依然是室空无人,一片冷清。"凄凄惨惨戚戚"进一步写词人忧愁悲伤。从词的形式来看,叠字的运用增强了作品的音乐效果,而从词作所表现的情感内容来看,这短促而抑郁的声调传达的正是词人凄凉悲苦的心绪,情景交融,余韵悠长。

四、自然美

"美的真全在自然","惟有艺术才能真实表现自然"(宗白华《美学散步》)。自然之所以成为一切艺术的范本,原因就在于它表现出一种博大的生命精神。我国地大物博,山川河流、风土人情风格迥异,为诗人们提供了广阔的创作空间。大自然以其丰富的外在形态,向人们展示了广阔的审美天地。无论是天象、山水,还是动物、植物,都能以其感性形态直接引起人们的美感。"黄河远上白云间,一片孤城万仞山。"(王之涣《凉州词》)以其苍凉辽阔,气势磅礴,悲怆壮美,把人们的思绪带到了黄沙戈壁的边陲;"飞流直下三千尺,疑是银河落九天。"(李白《望庐山瀑布》)豪迈奔放,气势磅礴,展现了祖国山河的壮美;"晴空一鹤排云上,便引诗情到碧霄。"(刘禹锡《秋词》)金秋十月,天高云淡,祥鹤展翅,令人浮想联翩、心驰神往。"水光潋滟晴方好,山色空蒙雨亦奇。欲把西湖比西子,淡妆浓抹总相宜。"(苏轼《饮湖上初晴后雨》)再现了西湖风景美。"故人具鸡黍,邀我至田家。绿树村边合,青山郭外斜。开轩面场圃,把酒话桑麻。待到重阳日,还来就菊花。"(孟浩然《过故人庄》)"大儿锄豆溪东,中儿正织鸡笼,最喜小儿无赖,溪头卧剥莲蓬。"(辛弃疾《清平乐》)把恬静秀美的农村风光和淳朴诚挚的情谊融成一片,把自然美、人格美和一种理想中的社会之美构成一曲优美的交响乐章,令人神往。

五、哲理美

唐诗宋词中,有些既充满了诗情画意,又闪耀着哲理的光辉,能给人以

"哲理美"的享受。诗人在进行创作时往往把自己的情操、理想等融入景物描绘之中，或给人以启迪，或给人以鼓舞……"离离原上草，一岁一枯荣。野火烧不尽，春风吹又生。"（白居易《赋得古原草送别》）描写古原草的枯荣，侧重于它的茂盛，并由此生发，写出野草顽强的生命力，透露出诗人的坚强意志和豪迈气概，富有人生哲理，给人启迪。"尽道隋亡为此河，至今千里赖通波。若无水殿龙舟事，共禹论功不较多。"（皮日休《汴河怀古》）不仅从两个方面评价了隋朝大运河的作用，而且还从两个方面评价了隋炀帝的功与过，这种用矛盾分析问题的方法难能可贵。"东风夜放花千树，更吹落，星如雨。凤箫声动，玉壶光转，一夜鱼龙舞。宝马雕车香满路，笑语盈盈暗香去。众里寻他千百度，蓦然回首，那人却在，灯火阑珊处。"（辛弃疾《青玉案·元夕》）表面上看，这是一首情词，描述一对意中人在元宵之夜街头巧遇的情形，实际上是作者的处境和品格的象征。辛弃疾曾经在抗金斗争的最前线出生入死，南归之后又遭到投降派的排挤和打击。这位幽独的美人，她不慕繁华，刻意避开节日的喧闹，自甘寂寞独立于灯火阑珊处，正是词人处境和品格的象征和表白，表面上寄情山水，似乎忘怀世事，实际上仍不改初衷，坚持操守，时刻未忘记收复中原。此外，词中还有理性的启示：刻意的苦苦追求往往不可得，偶尔时刻、无意之间往往能得之，这就是"众里寻他千百度，蓦然回首，那人却在，灯火阑珊处"。对事业、对爱情、对荣誉，无不如此。王国维在谈到做学问的三种境界时，引用了包括《青玉案》结句在内的三句诗词：第一种境界是："昨夜西风凋碧树，独上高楼，望尽天涯路"；第二种境界是"衣带渐宽终不悔，为伊消得人憔悴"；最后才是"众里寻他千百度，蓦然回首，那人却在，灯火阑珊处"。没有前两种境界的苦苦追求，就不会有最后的突然发现。这也是《青玉案》中蕴藏的弦外之音吧！诗人把自己的人生领悟以及诗中蕴含的哲理，通过词这种文学体裁告诉读者，与读者共同分享其中的理趣。

"不识庐山真面目，只缘身在此山中。"（苏轼《题西林壁》）"问渠哪得清如许，为有源头活水来。"（朱熹《观书有感》）"春色满园关不住，一枝红杏出墙来。"（叶绍翁《游园不值》）"山重水复疑无路，柳暗花明又一村。"（陆游《游山西村》）"人有悲欢离合，月有阴晴圆缺。"（苏轼《水调歌头》）"少年不识愁滋味，爱上层楼，爱上层楼，为赋新词强说愁。而今识尽愁滋味，欲说还休，欲说还休，只道天凉好个秋。"　（辛弃疾《丑奴儿·少年不识愁滋味》）……这些诗词对于事物或现象有深刻的概括和理解，充满了睿智的哲理之美。

六、想象美

"如果说到本领，最杰出的艺术本领就是想象。"（黑格尔《美学》）"艺术是靠想象而存在的。"（高尔基《再论文理通顺》）"江流天地外，山色有无中。"（王维《汉江临眺》）展现了一幅气势磅礴、造化自然的山水画卷。诗人的想象是飞腾的，一个"外"字，把这一巨幅画卷的空间无限拉向了远方，创造了一个"黄河之水天上来""惟见长江天际流"的画境；而山色的那种若有若无、若隐若现的情景，又颇有点像印象画派的描绘，从郁郁葱葱的朦胧山色中让人产生一种身临其境而又超然物外的感觉。"大漠孤烟直，长河落日圆。"（王维《使至塞上》）短短十个字紧紧抓住事物的形象特征，跃然纸上的是一派莽莽平沙、浊水斜阳的塞外风光，笔力苍劲，意境雄浑，视野开阔，将自己的孤寂情绪巧妙地融化在对广阔的自然景色的描绘中。"松下问童子，言师采药去。只在此山中，云深不知处。"（贾岛《寻隐者不遇》）短短二十个字，却有人物、有环境、有情节，经过几问几答，诗人想找到"隐者"的迫切心情和童子自然之至的答话神态毕现于读者眼前，而那位与青松、白云为伴，以采药为乐的隐者的形象令人遐想不已。"回眸一笑百媚生，六宫粉黛无颜色。"（白居易《长恨歌》）不仅凝练，而且给人以极其鲜明的形象感。"忽如一夜春风来，千树万树梨花开。"（岑参《白雪歌送武判官归京》）满树白雪，豪情满怀的诗人竟生奇思妙想，想象是一夜春风吹得万树梨花盛开。"不知细叶谁裁出，二月春风似剪刀。"（贺知章《咏柳》）柳叶本来是常见之物，但在诗人新颖大胆的想象之下，别开生面，更加生动可爱。不论是抒情诗，还是叙事诗，诗人总是凭借诗歌中的形象来抒发感情。通过想象我们也能在有限的篇幅里领略到无限宽广的艺术内容。

七、语言美

诗词用最少的文字来表达深邃的道理、复杂的内容和丰富的情感。"不著一字，尽得风流。"（司空图《诗品·含蓄》）每首诗词的字数有限，因此诗人就必须十分讲究用词的精当确切、凝练含蓄，有时一字一词包含着极丰富的内容。"横看成岭侧成峰，远近高低各不同。"（苏轼《题西林壁》）省略了五个"谓语"——横看、侧看、远看、近看、从高处往下看、从低处往上看，想象庐山俊秀的姿态，感受诗人高超的语言表现力。"春风又绿江南岸"（王安石《泊船瓜洲》）中的"绿"字，诗人曾五易其字，先后选用了"到""过""入""满"等字，最后才选定"绿"。"绿"字形象地写出了江南绿草茵茵、生机勃勃、春意盎然的景象。"梳洗罢，独倚望江楼。过尽千帆皆不是，斜晖脉脉水悠悠，肠断白苹州。"（温庭筠《望江南》）不足三十字的小令，运用了"独倚""斜晖""脉脉""悠悠""肠断"等传神的词语，描写了一个少妇在望江楼上终日盼望归人的心情，把少妇的绵绵思恋化作具体可感的形象。

语言美还表现为语言风格的多样性和表现手法的丰富性。不同的诗歌作品或不同的诗人，表现出不同的语言风格，如李白诗歌的"豪放"，杜甫诗歌的"史实"，白居易诗歌的"通俗"，李清照的"婉约"等，都显示出诗人语言的不同风格之美。"危楼高百尺，手可摘星辰。不敢高声语，恐惊天上人。"（李白《夜宿山寺》）运用的是夸张的手法；"墙角数枝梅，凌寒独自开。遥知不是雪，为有暗香来。"（王安石《梅花》）则运用了衬托的手法；"黄四娘家花满蹊，千朵万朵压枝低。留连戏蝶时时舞，自在娇莺恰恰啼。"（杜甫《江畔独步寻花》）运用的是白描的手法；"泉眼无声惜细流，树阴照水爱晴柔。小荷才露尖尖角，早有蜻蜓立上头。"（杨万里《小池》）则运用了拟人的手法，诗人着眼于小池，抓住泉眼、树阴、小荷、蜻蜓等景物的特点，用清新活泼的语言，描绘了一幅静谧、温馨而又富有生机的"泉池小荷图"。

八、色彩美（画面美）

色彩之美极大地吸引着我们的眼球，激发起我们的联想，带给我们一个色彩鲜明的美丽世界。色彩的组合给唐诗宋词带来了浓郁的画意和鲜明的节奏。"两个黄鹂鸣翠柳，一行白鹭上青天。"（杜甫《绝句》）黄、翠、白、青四种颜色，点缀得错落有致。而且由点到线，向着无垠的空间延伸，画面静中有动，富有鲜明的立体感。明丽的色彩组合，正绘出了诗人舒展开阔的心境。"孤山寺北贾亭西，水面初平云脚低。几处早莺争暖树，谁家新燕啄春泥。乱花渐欲迷人眼，浅草才能没马蹄。最爱湖东行不足，绿杨阴里白沙堤。"（白居易《钱塘湖春行》）诗中的云、莺、树、燕、花、草，都具有鲜明的色彩感，交汇成一幅生机盎然的"早春图"。"烟中列岫青无数，雁背夕阳江欲暮。"（周邦彦《玉楼春》）"青无数"指暮霭中青山连绵，眺望不尽；而雁背上那暗红的夕照却不过一缕而已。青、红二色的对比，一个无限多，一个非常少；然而正是在无边青苍的背景上，才衬托出这一缕晚照是那样的引人注目和令人依恋。

诗人爱用鲜明的对比色来增加感情色彩的浓度。白居易回忆江南春色之美，说："日出江花红胜火，春来江水绿如蓝。"杨万里赞美西湖荷花的姿色风韵，说："接天莲叶无穷碧，映日荷花别样红。"蒋捷感叹时序匆匆、春光易过，说："流光容易把人抛，红了樱桃，绿了芭蕉。"这些佳句都是用鲜明的对比色，使画面显得十分绚丽，诗人的情感也表现得明朗而热烈。这种"着色的情感"，具有绘画的鲜明性和直观感，仿佛可以使人触摸，增强了诗歌意境的感染力，也给我们一幅鲜明美丽的图画。

九、人格美（情志美）

文学即人学，人是文学作品反映和表现的主要内容，人的思想、情感、性格和行动在文学作品中占第一位。唐诗宋词中有大量言志述怀之作，它们充分地表达了诗人们远大的抱负、崇高的志向、爱国爱民的真挚情怀以及高尚的品格。杜甫的《望岳》："会当凌绝顶，一览众山小。"豪迈的气概、高远的志向令人荡气回肠；而在《茅屋为秋风所破歌》中则唱道："安得广厦千万间，大庇天下寒士俱欢颜，风雨不动安如山！"胸怀天下、关心民间疾苦的真切情感是如此感人肺腑。李清照的"生当作人杰，死亦为鬼雄"，显示了巾帼不让须眉的豪迈之美。岳飞的"三十年功名尘与土，八千里路云和月。莫等闲，白了少年头，空悲切"，表达了对功名富贵的轻视以及发奋自强的精神美。柳宗元的"千山鸟飞绝，万径人踪灭。孤舟蓑笠翁，独钓寒江雪"，远离尘嚣、清高孤傲、遗世独立的性格永远垂范后世。李白的"安能摧眉折腰事权贵，使我不得开心颜"的傲岸不屈，苏轼的"人有悲欢离合，月有阴晴圆缺"的洒脱达观，展现了人格美。陆游临终前写下的《示儿》："死去元知万事空，但悲不见九州同。王师北定中原日，家祭无忘告乃翁。"短短 28 个字，道出了诗人对光复失地的必胜信念和忧国忧民的情怀，读之无不使人动容。

　　唐诗宋词既有语言艺术的节奏美、抒情美，又有绘画艺术的视觉美、意境美，还有音乐艺术的韵律美、流动美等。唐诗宋词完美地把诗词创作与艺术美学结合起来，满纸留香，让人回味无穷，给我们带来了美的享受，也洗涤着我们的心灵。想象那月照唐朝雨落宋朝，该是怎样的意境啊！走进唐诗宋词，就是走进了一个神奇迷人的"美"的殿堂。大师们从一张薄薄的书页上站起来，沿着字里行间向我们走来，一袭古装，长发飘飘，风姿万千：古朴雄浑的陈子昂，清朗雄健的王之涣，娴静淡远的孟浩然，飘逸豪放的李白，沉郁顿挫的杜甫，清扬畅丽的白居易，奇诡璀璨的李贺，精巧艳丽的温庭筠，凄婉优柔的李煜，娴雅清婉的晏殊，豪放旷达的苏轼，婉约凄美的李清照，豪放苍凉的辛弃疾，雄放流畅的陆游……

　　（唐诗宋词是古典文化中的两颗明珠，传统文化之瑰宝。唐诗宋词从不同的角度呈现出独特的美，更蕴藏着千姿百态的美。本文系课题《传承国学经典熔炼书院气质——天河中学唐诗宋词鉴赏与中学生审美情操培养研究》成果之一。本文获广州市天河中学 2015 年优秀教育教学论文评选二等奖）

对联入课堂　教学添光彩

对联，俗称"对子"，雅称"楹联"，被誉为"诗中之诗"，是中国传统文化的瑰宝。对联不仅以文学性、艺术性、趣味性、实用性见长，更蕴含着丰富的历史知识。将史实与文采融合为一，褒贬爱恨集于一体的联语，向我们展示着历史发展的滚滚潮流，诉说着英雄人物的悲欢离合，描述着劳动人民的酸甜苦辣，怒斥着历史罪人的所作所为……一副副对联，就是一幅幅雄伟瑰丽、气壮山河、波澜壮阔的历史画卷。

在教学中有选择地引对联入课堂，可以导入新课，激发兴趣，活跃课堂气氛；可以剖析重难点问题，加强识记、理解，加深认识；可以传承优秀传统文化，升华人文素养；可以课堂小结，养成历史感悟能力；可以渗透德育教育，培养情感态度与价值观；可以激发审美兴趣，培养审美能力和创新能力；可以引联入题，凸显新课程理念，落实"三维目标"；可以优化教学方法、提高学生学习能力，带领学生在文史的海洋中遨游，为教学添光增彩。

一、导入新课，激发兴趣，活跃课堂气氛

美国教育家布鲁诺说，"学习的最大动力乃是对所学材料的兴趣"；德国的歌德说，"哪里没有兴趣，哪里就没有记忆"；捷克的夸美纽斯说，"兴趣是创造一个欢乐和光明的教学环境的主要途径之一"；宋代程颐说，"未见意趣，必不乐学"。可见兴趣是最好的老师。

讲"秦朝中央集权制度的形成"一课，我们可以用一副对联导入："砌墓修城，残士毁文，多行暴政千夫指；并国设县，铸钱定制，一统神州万代功。"猜猜里面说的是历史上的哪位著名人物，学生很自然会想到并回答是秦始皇。接下来我们具体分析秦始皇这个"千古一帝"是否如对联所说。让我们走进秦朝，探寻秦朝中央集权制度的形成。

可见，对联能快速地吸引学生的注意力，激起他们强烈的求知欲望，活跃课堂气氛。

二、剖析重难点问题，加强识记和理解

讲授"发达的古代农业"这一课时，可以运用对联来剖析。对这一课，《普通高中历史新课程标准》要求学生"了解古代中国农业经济的基本特点"，"学会搜集、整理和运用人类经济活动和社会生活方面的相关资料，理解历史上不同国家与地区的社会经济发展模式，并对其做出科学的评价和解释"，可见它是一个重点问题，也是一个难点问题。为此，首先笔者指导学生阅读教材，归纳、总结我国封建小农经济的特点和影响。然后引导学生欣赏一副对联："有水有田又有米；添人添口还添丁。"这是古人根据男女姓氏制作的一副结婚喜联，请学生猜一猜男女各姓什么（男的姓"潘"，女的姓"何"）。此对联折射了古代中国人哪些心理？（以农为本、多子多福等）"有田""添丁"会带来什么？（小农经济形成、封建政治秩序的建立等）你们能否给它加个横批？（"自给自足""男耕女织"等）学生们被老师新奇有趣的问题一步一步地引向思维"高地"，教材中抽象的说教在这里被教师转化为一次轻松愉悦的知识耕耘。这正是我们课堂教学必须追求的效果！

如在学习选修1"王安石变法"，可运用这样的对联故事：北宋丞相吕蒙正早年家境贫寒、穷困潦倒。有一年春节即将来临，别人都忙碌地准备过年，自己却家徒四壁。一气之下，提笔写了一副怪联："二三四五；六七八九。"横批："南北。"此联的寓意是缺衣（一）少食（十），没有"东西"。既表达了他对贫富不均的社会现象十分不满，又深刻揭露了北宋中期社会危机严重、阶级矛盾尖锐的现实，而这正是"庆历新政"和"王安石变法"的重要社会背景。

在分析甲午战争失败的原因时，笔者引用了一副对联："万寿无疆，普天同庆；三军败绩，割地求和。"此联揭示出正是清政府的避战求和、妥协退让的方针，直接导致了战争的失败和《马关条约》的签订。它暴露了清政府的腐败无能，给学生耳目一新的感觉，大大有助于理解和记忆。

为了深入理解辛亥革命结果这一难点，引用民国初年民间的一副对联："帝德乾坤大，皇恩雨露深。"这副对联间接地反映了辛亥革命的不彻底性，虽然成立了民国，民主共和观念也得到了广泛传播，但封建思想依然存在，为此资产阶级激进派发起了新文化运动，进一步宣传自由、民主、平等、博爱的资产阶级思想，彻底批判封建思想。

为了便于分析抗日战争胜利后的国内形势，选用了"抗战胜利一元复始；和平建国万象更新"的对联来说明当时人民要求和平民主的愿望。但国民党政府坚持内战独裁的既定方针，等到内战时机成熟后就悍然发动内战，人民的愿望顿时化为泡沫，同时也说明人心的向背是胜败的根本。

"先抓吃穿用；实现农轻重。"横批："综合平衡。"这是 1962 年周恩来总理在全国财经工作会议上的即兴对联，随后成为流行的春联。此联是对当时"调整、巩固、充实、提高"国民经济建设方针的通俗易懂的注解。

三、传承优秀传统文化，升华人文素养

对联是从中华民族特有的文化土壤中生长出来的，具有鲜明的中国文化和中国民俗的特色，是传统文化的精华。陈立夫先生说过："中国文字之美为世界之冠，以之成为对联，则美上加美，为中国所独有。"一千多年来，对联文化长盛不衰，反映了中华民族强大的生命力、创造力和凝聚力，体现了中华民族的理想、信念与追求，形成了中华民族强大的精神支柱。华中科技大学原校长杨叔子说："一个国家如果没有先进的科学技术，一打就垮；一个国家没有传统的优秀文化，不打自垮。"这就是告诉我们要守住中华传统文化的根，有了传统文化，国家即便灭亡了，还有复兴的机会，没有了传统文化，国家就彻底没有希望了。作为教育，既要传播先进的科学技术知识，更要传承祖国的优秀传统文化。

陈寅恪先生说："对联是富有民族特色的。"1932 年夏，他为清华大学入学考试的国文试题出了一道以"孙行者"为上联的对联题，要求考生对出下联，将古典的对联运用到现代大学的招生考试中，可见传统文化的绵延长久和对联的生命力。这次考试，一半以上考生交了白卷。对出"胡适之"而获满分的考生，仅周祖谟（著名语言学家、北京大学教授）一人。答"祖冲之"者，也视为符合要求，因"祖""孙"尚可成对。祖冲之是南北朝时期数学家，是全世界第一个把圆周率的准确数值算到小数点后七位数的人。还有一考生对以"王引之"，对得也不错。王引之是清代嘉庆年间著名学者，江苏高邮人，继承其父王念孙的音韵训诂学，世称高邮王氏父子，学术贡献很大。考卷中凡答"唐三藏""猪八戒""沙和尚"等都不及格。周汝昌先生说："对联乃是我们这个伟大民族的美学观和语文特点的综合产物，是几千年文化史上的高级创造积累的特殊成就。"方克逸先生说："名片虽小，得一张可见一人身份；对联尤精，每一副总蕴中国文化。"每次讲授祖冲之时，笔者往往要学生猜谜语"爷爷打先锋"或对陈寅恪先生的"孙行者"对联，学生兴趣盎然，教学效果良好。

对联作为传统文化的一朵奇葩，应有自己的一席之地，历史教师也有传承优秀传统文化的义务和责任。

四、课堂小结，养成历史感悟能力

讲到如何评价秦始皇时，笔者引用了一联："身前一把火，焚书坑儒，一统

列国情何壮；身后一把火，阿房成灰，二世亡秦事可哀。"上联讲秦始皇在位期间，用 10 年时间灭六国，统一全国，并统一文字、度量衡、货币、法律，为维护统治，以残暴手段镇压"异端"思想，焚书坑儒。下联讲秦始皇统治时大兴土木，建造巨大宫殿阿房宫，全部工程至秦亡尚未完成。暴政导致秦末农民起义，阿房宫后为项羽所焚，其遗址今仅存巨大的夯土台基，大秦帝国终至二世短命而亡。该联形象地概括了秦始皇的功与过，简单明了，意味深长。

对孙中山先生的评价可引用汪尔驹题中山陵联："废两千年帝制，首义归功先行者；积四十载经验，遗言启迪后来人。""废两千年帝制"概括了孙中山先生的丰功伟绩，领导辛亥革命，结束清朝统治，推翻帝制，建立民国；"积四十载经验"概括了孙中山先生晚年思想的伟大转变，开始实行"联俄、联共、扶助农工"三大政策，实现国共第一次合作，发动国民大革命，并在弥留之际留下"革命尚未成功，同志仍须努力"的警世遗言。对联简明易懂，概括了孙中山先生的一生。引用此联作为一课的小结，使学生领略了孙中山先生大无畏的革命精神，受到深刻的思想教育，更加深了对孙中山先生的敬仰，同时又可借用形象思维，有效地帮助学生记忆、掌握历史要点，形成系统性和整体性，达到良好的教学效果。

抗日战争后期，国民政府在豫湘桂战役中丧师失地、溃不成军，可以引用这样一副对联：

桂政府数次搬迁，宜山不宜，都安不安，百色百变，从此凌云直上，安居乐业；

四战区再度撤退，向华失向，夏威失威，云淞云散，盼望龙光返照，气煞健生。

此联对仗别致，颇具匠心。上联写出了国民党广西省政府仓皇撤退的窘境（从桂林先后迁往宜山、都安、百色、凌云、乐业等县），下联则将与广西溃败有关的几个主要军事人物（向华：张发奎，第四战区副司令长官；夏威：国民党桂系名将；云淞：韦云淞，是桂系将领；龙光：邓龙光，是桂系将领；健生：白崇禧，国民革命军副总参谋长，桂系主要头目之一）逐次拎出，既表达了对深重国难的悲愤与忧伤，又讽刺了国民党军队的作战不力和指挥无方，可谓构思巧妙、入木三分。运用此联，可让学生对抗战相持阶段国民政府的消极抗战、积极反共政策产生更为深刻的认识和理解。

五、渗透德育教育，培养情感态度与价值观

对联具有鲜明的观点、立场和强烈的感情色彩，或歌颂或批判，或鼓励或

讽刺，褒贬有加，爱憎分明，有助于学生增强是非观念，形成正确的价值观，培养良好的情感态度与价值观。

慈禧太后是中国近代史上的一个重要人物。慈禧太后对洋人奴颜婢膝，割地赔款；对人民疯狂镇压，残酷压榨。她的政治活动跨章节，很分散，引用章太炎1904年为慈禧太后七十大寿所作的讽联，将慈禧太后40年的血腥罪恶史，一联以概之：

今日到南苑，明日到北海，何日再到古长安？以黎民膏血全枯，只为一人庆歌有；

五十割琉球，六十割台湾，而今又割东三省！痛赤县邦圻益蹙，每逢万寿祝疆无。

上联写慈禧太后为了个人贪欲，不顾人民死活；下联写她每过一个生日，就给国家带来一次丧权失地的灾难：50岁时，法国侵华，打开中国西南门户，日本占朝鲜，吞并琉球；60岁时，日本侵华，割占台湾；70岁时，日俄又为争夺东北大打出手。慈禧太后面对帝国主义的侵略行径，又是赔款，又是割地，这就是"每逢万寿祝疆无"。上下联末句把媚语"一人有庆，万寿无疆"，颠倒用之，讽刺辛辣，妙手天成。

讲述中国的抗日战争时，可引用1940年伪南京市警察厅长申省三献上的强迫灵谷寺中的灵谷老人为汪精卫伪国民政府成立所写的一副对联："昔有盖世之德；今有罕见之才。"表面看起来，此联妙语连珠，对汪精卫赞誉极高，实际上这是一副用谐音格写的刺联："盖世"谐音为"该死"，"罕见"谐音为"汉奸"。这样，在对联中激起了学生对卖国贼的憎恨，挖掘出学生昂扬的爱国主义斗志。

1976年1月8日，周恩来总理不幸病逝，全国人民为了表达对总理的无限怀念和对"四人帮"的无比仇恨，自发地掀起了悼念总理的"四五"运动，并写下了大量的悼文、挽联。笔者引用张复同志写的一副挽联来表达对总理的讴歌、哀思：

"五四"运动，"四五"精神，顶天立地大英雄。生荣死哀，光耀二十世纪；

"八一"倡义，"一八"赍志，赤胆忠心好总理，鞠躬尽瘁，恩被九亿神州。

上联巧妙地把发生在天安门广场的"五四"运动和"四五"运动联系起来，下联把周恩来领导的"八一"南昌起义和"一八"总理忌日联系起来，给人以联想，增强了对周总理的深切怀念之情。

六、激发审美兴趣，培养审美能力和创新能力

文学美是通过语言、文字、韵律、节奏、结构等因素有机组合来实现的。对联是诗中诗，能充分发挥诗词曲之长，集诗词曲的格律、句式、声韵于一体；它短小精悍，言简意赅，含义隽永，情理兼具，耐人寻味；它句子整齐，结构匀称，富有文采，可以将历史人物和事件引向诗画般美妙壮丽的意境之中，给人以无穷的回味。如前文所引"中国捷克日本，南京重庆成都"堪称妙对。

对联具有对称美、音乐美、参差美、意境美，思想性、艺术性俱佳，可领略汉语独特的美。如周恩来的"浮舟沧海，立马昆仑"寥寥八字，就生动地描绘出革命战士的英雄气概。用"刚直不阿，留得正气冲霄汉；幽愁发愤，著成信史照尘寰"来引领学生进入司马迁的心灵世界，感受心灵的美，享受美的熏陶，体验汉语言文字的无穷乐趣。

中学生学习历史，重要的不仅是历史知识，而且更在于历史启迪。历史学习的核心能力是历史思维能力。提供新材料，创设新情境，提出新问题，引导学生积极思考和探究是我们培养学生历史思维能力的主要方式，而对联就是很好的史料来源。如学习"甲午中日战争"，可以引用光绪帝挽邓世昌联"是日漫挥天下泪，有公足壮海军威"为例，可出题：是日是指哪一年？"公"是指谁？说说他的主要事迹。他有哪些优秀品质值得我们学习？"海军"是指哪支军队？这支军队的结果如何？这一结果说明了什么？如此设问，由浅入深，层层深入，由知识及能力，全面考查，尤其是其中开放式的两问，学生均可有感而发。

七、引联入题，凸显新课程理念，落实"三维目标"

许多对联以历史事件和历史人物为背景材料，为历史研究提供了非常珍贵的资料，并在一定程度上揭示了历史的真相，对于认识历史大有裨益，也为命题提供了素材。引联入题，可以丰富历史试题的结构和呈现形式，展示历史文化的博大和深厚，使严肃的试题也多了些诗情画意的味道。《普通高中历史课程标准（实验）》提出了历史课程的"三维目标"，即"知识与能力""过程与方法""情感态度与价值观"。引联入题，既对增强考生历史学习的兴趣、提高文学修养、拓宽知识面有一定的意义，有助于历史课程"三维目标"的落实，也能使试题生动活泼、诗意盎然，如 2001 年上海卷第 27 题引四川广安邓小平故居的一副楹联："扶大厦之将倾，……安邦柱国，万民额手寿巨擘；挽狂澜于既倒，……兴工扶农，千载接踵颂广安。"让考生根据所学知识推测此联的创作年

代，考查考生准确获取历史信息的能力。2003 年上海卷第 13 题引新疆一座晚清名臣祠堂中的一副楹联："提挈自东西，……十年戎马书生老；指挥定中外，……万里寒鸦相国寺。"考查考生阅读史料、迁移知识的能力。单从语文角度来看，考生不一定全部理解，但从历史角度来说，从楹联内的"晚清"（时间）、"新疆"（地点）、"戎马"与"指挥"（内容）、"名臣"（人物身份）等词语的提示，考生可以从容确定它颂扬的是左宗棠，考生作答的过程，也是其学习过程和学习方法的检测与运用过程。

2009 年山东卷第 11 题引 20 世纪重庆商务总会的一副楹联："古人忠愤，异代略同，借热情规划商情，要与前人分一席；天下兴亡，匹夫有责，望大家保全时局，莫教美利让四方。"来考查它体现了近代工商业者的实业救国思想；2010 年重庆卷第 16 题引近代重庆总商会会所楹联曰："登高一呼，直召唤四百兆同胞共兴商战；纵目环球，好凭此数千年创局力挽利权。"来考查最早提出该主张的是早期维新派；2010 年上海卷第 20 题引"前年杀吴禄贞，去年杀张振武，今年又杀宋教仁；你说是应桂馨，他说是洪述祖，我说确是袁世凯"来考查二次革命；"眼珠子，鼻孔子，朱子高于孔子；眉先生，胡后生，后生长于先生。"这是对联艺术中典型的双关联，"朱子高于孔子"的本义是人的眼珠子在位置上比鼻孔高，其寓意的最佳解释是朱熹继承和发展了儒家学说等。

2004 年高考上海卷第 36 题出了这样一道历史试题：美国哈佛大学的燕京图书馆内悬挂着一副清末民初一位诗人写的对联："文明新旧能相益，心理东西本自同。"对联赞叹了人类文明在时间和空间上的传承与交融。哲学家、社会学家、经济学家、科学家、文学家等各学科大家各有评论。假如你是历史学家，对这副对联作何评论？请自拟一个题目，写一篇历史小论文。

上联"文明新旧能相益"是从人类历史的纵向角度点出历史的传承，下联"心理东西本自同"是从历史发展的横向角度点出东西方文化的碰撞。此题要求考生写一篇历史小论文，内容具有人文性，即考查学生的思维能力和个性倾向；情境设计也具有人文性，用对联来承载丰富厚重的题意。它以探究理念来提升基础知识，既能考查学生的知识，又能考查学生的思维能力、写作能力、创造能力，较好地落实了历史课程的"三维目标"。

总之，对历史教学中的对联引用讲述，只是一种教学手段，用来辅助有关教材。不能超越教材内容去旁征博引，更不能喧宾夺主，应该恰当地运用对联配合史实讲解，使史实更加有血有肉、形象生动。这样也可以使学生感到饶有兴趣，既扩大知识面，加深对历史知识的理解、记忆和深化，又受到情感态度与价值观等方面的教育。

参考文献

[1] 曾伯藩. 论对联的功用和意义. 南昌职业技术师范学院学报，2001 (1).

〔2〕余德泉，孟成英. 古今绝妙对联汇赏. 广州：广东人民出版社，1998：10.

〔3〕梁羽生. 名联谈趣. 上海：上海古籍出版社，1998：12.

〔4〕巴城. 中国对联故事总集. 呼和浩特：内蒙古大学出版社，2002：4.

〔5〕刘太品. 古今对联趣话. 北京：西苑出版社，2003：9.

〔6〕乐大华. 对联故事拾趣. 北京：金盾出版社，2005：5.

〔7〕张月峰. 对联在中学历史教学中的应用研究，http：//www.doc88.com/p - 187718247385. html.

（对联是中国传统文化的瑰宝，对联入课堂，可以为教学添光增彩。原载《广州师训》2014 年第 4 期，后又发表在《广州广播电视大学学报》2014 年第 6 期，略有删改）

吟唐诗　话赋税

　　唐朝是诗的时代、诗的国度，有"诗唐"的美称，唐诗就是一部唐朝的史诗。唐诗的璀璨是当时政治、经济、文化发展的产物，她以其神奇的艺术魅力，将政治、经济、民族和对外关系等主要信息贯穿于唐文化的主要载体（唐诗）中，留下了一幅幅丰富多彩的社会画面，为后人学习历史、了解历史原貌起了重要作用，也为陈寅恪先生倡导的"以诗证史，以史说诗"的治学方法增添了一道亮丽的风景。

　　读唐诗，既可以读出无限的美感与震撼，也可以品出无尽的苦难与悲伤。唐诗证史，亦能证税，唐诗中有不少诗句涉及赋税方面。其中，赞美赋税的诗很少，以反映官府横征暴敛、苛捐杂税繁重和民不聊生的居多，以抨击官宦人家的奢侈生活和官府征税中腐败风气的居多。读后能够使人了解大唐时期的赋税制度，对今天的税收工作也能起到借鉴作用。

一、借怀旧赞美赋税

　　唐初统治者吸取隋亡教训，轻徭薄赋，推行"均田制"的土地制度，实行"租（田赋）庸（徭役）调（户税）制"的赋税制度，另有盐税、茶税、酒税、矿税及杂税等，主要表现为力役（徭役、兵役）和实物形态。赋税负担比隋朝减轻了1/3，奠定了从"贞观之治"到"开元盛世"繁荣局面的基础。

　　"忆昔开元全盛日，小邑犹藏万家宝，稻米流脂粟米白，公私仓廪俱丰实。九州道路无豺虎，远行不劳吉日出。齐纨鲁缟车班班，男耕女织不相失。"杜甫在《忆昔·其二》诗中，对开元盛世的称颂与褒扬之意溢于言表。这幅人民安居乐业，农民五谷丰登，商贾不绝于道，民富国强，四海升平的美妙图画，除有赖于当时的政治清明外，经济上则有赖于赋税制度的公正合理。这是对盛唐时期民富国强的歌颂，同样也蕴含着对当时取之有度的赋税制度的赞扬。

　　"昔岁逢太平，山林二十年。泉源在庭户，洞壑当门前。井税有常期，日晏犹得眠。"元结在《贼退示官吏》一诗中，以眷恋不已的心情回忆起在以往的太平日子里，人们按时足额交清赋税后，心安理得地在家里享受舒适生活，即便是日上高竿，也能安然酣睡的情景，这是对依律定额征税的一种肯定和赞美，也说明当时在合理的赋税制度下，百姓能够安居乐业。

"高城直下视，蠢蠢见巴蛮。安可施政教，尚不通语言。且喜赋敛毕，幸闻闾井安。岂伊循良化，赖此丰登年。案牍既简少，池馆亦情闲。秋雨檐果落，夕钟林鸟远。南亭日潇洒，偃卧恣疏顽。"白居易在《征秋税毕题郡南亭》诗中也表达了对当时赋税的期待：朝廷不增加法定税额之外的负担，百姓不承担法定税额之外的更多辛劳，赋税虽是国家履行职能之必需，却并非可以随意施行，二者即便不能相与为一，至少也会相安无事。

"私家无钱炉，平地无铜山。胡为秋夏税，岁岁输铜钱。钱力日已重，农力日已殚。贱粜粟与麦，贱贸丝与绵。岁暮衣食尽，焉得无饥寒。吾闻国之初，有制垂不刊。庸必算丁口，租必计桑田。不求土所无，不强人所难。量入以为出，上足下亦安。兵兴一变法，兵息遂不还。使我农桑人，憔悴畎亩间。谁能革此弊，待君秉利权。复彼租庸法，令如贞观年。"白居易在《赠友五首》中，针对政府向农民征税居然以铜钱计算这种"求土所无""强人所难"的举措，从而导致了农民贱卖自己的耕织成果，造成了"钱力日重""农力日殚"等严重局面的做法，诗人无限憧憬地回顾了立国之初的贞观之治时以丁计庸、以田计租、量入为出的赋税方式，而对"两税法"之后所造成的"使我农桑人，憔悴畎亩间"的伤农后果大为反感。在他心中，革此弊端而恢复原来的租庸调制，成了一个美好的愿望。

诗人们赞美赋税，实际目的是借怀旧来表达对现状的不满。

二、贫富悬殊、民不聊生

西方有一句民谚这样形容税收："税收是我们走向文明社会的阶梯。"而在中国古代，赋税在引领那些达官贵人过着穷奢极欲的生活之前，已经先将纳税的人们带进了地狱。

"老农家贫在山住，耕种山田三四亩。苗疏税多不得食，输入官仓化为土。岁暮锄犁傍空室，呼儿登山收橡实。西江贾客珠百斛，船中养犬长食肉。"张籍在《野老歌》中，选取一家典型而又普通的农户，集中笔墨描述了他家苦难的生活。前四句为一层意思，开门见山，写老农终年辛劳而不得食。五六句为一层意思，写老农为了活命，不得不领着孩子们上山采橡树子充饥。七八句为一层意思，采用对比手法，描述当时社会的贫富悬殊现象，揭露社会制度的不平等现实。《野老歌》通过老农与官府、商人的对比，切中了田租苛重、"贾重农伤"的时弊。

"美人梳洗时，满头间珠翠。岂知两片云，戴却数乡税。"郑遨在《富贵

曲》中，抓住富室女子首饰之华美珍贵这样一个典型事物进行渲染，一个富室女子的两片云鬓就花费了"数乡"农民所缴纳的赋税，深刻地揭露出贵戚显宦、地主富室生活的奢靡浮华。

"帝城春欲暮，喧喧车马度。共道牡丹时，相随买花去。贵贱无常价，酬直看花数：灼灼百朵红，戋戋五束素。上张幄幕庇，旁织笆篱护。水洒复泥封，移来色如故。家家习为俗，人人迷不悟。有一田舍翁，偶来买花处。低头独长叹，此叹无人喻。一丛深色花，十户中人赋。"白居易的《买花》诗，前四句大写帝城暮春时节人们看牡丹的热闹盛况；次四句极力描述牡丹价钱的昂贵；再次六句通过描述牡丹的移植保护和对它的迷恋而更加透露出买花者的财富"实力"；最后六句借一个农夫的感慨而点明题旨。全诗通过官僚贵族不惜重金购买牡丹的描写，反衬出城里的某些人恣意享乐、挥金如土的奢靡、腐朽生活。"一丛深色花，十户中人赋"，把"一丛"花与"十户"赋进行对比，直斥达官贵人挥霍人民血汗、纵情享乐的事实。

同样，李绅的《悯农》诗中也说："春种一粒粟，秋收万颗子。四海无闲田，农夫犹饿死。"作者采用相互对比、前后映衬的方法，不仅给人以鲜明强烈的印象，而且发人深省，将问题留给读者自己去思考，从而取得更好的效果。"尽道丰年瑞，丰年事若何？"（罗隐《雪》）是的，丰收了又怎样呢？"农夫犹饿死"。是谁制造了这人间的悲剧？答案是很清楚的。正如马克思所说的："劳动替富者生产了惊人作品（奇迹），然而，劳动替劳动者生产了赤贫。劳动生产了宫殿，但是替劳动者生产了洞窟。劳动生产了美，但是给劳动者生产了畸形。"

"朱门酒肉臭，路有冻死骨。"杜甫的《自京赴奉先县咏怀五百字》更是运用强烈对比，揭露了上层统治集团醉生梦死、穷奢极欲、横征暴敛的罪恶，高度概括了贫富对立的严酷现实。

与此同时，统治者却挥霍无度。晚唐懿宗的女儿同昌公主出嫁时，仅赐钱就达五百万缗，这一项支出就超过岁额的四倍。这些负担最终都要落在百姓头上。

三、横征暴敛、税吏凶横

唐代思想家李翱曾上奏称：施行"两税法"之后，各地节度使又假借向朝廷进献之名加派赋税，其所得之中只有1/3用来应付进献，而2/3都装进了私囊，使得"（百姓）父子、夫妇不能相养"。有什么样的政体基础，就会培养出什么样的官吏。在皇权专制体制下，税吏的形象总是与"苛酷""凶横"等词联系在一起。

王梵志在《贫穷田舍汉》中，记述了乡官里胥的残暴行径："贫穷田舍汉，庵子极孤悽。两共前生种，今世作夫妻。妇即客舂捣，夫即客扶犁。黄昏到家里，无米复无柴。男女空饿肚，状似一食斋。里正追庸调，村头共相摧。幞头巾子露，衫破肚皮开，体上无裈袴，足上复无鞋。丑妇来恶骂，啾唧搦头灰。里正被脚蹴，村头被拳搓。驱将见明府，打脊趁回来。租调无处出，还须里正倍。门前见债主，入户见贫妻。舍漏儿啼哭，重重逢苦灾。如此穷硬汉，村村一两枚。"这首诗惟妙惟肖地描绘了唐代农业社会里一对夫妇的佣作及其生活情况，妇给人舂捣，夫给人耕作，黄昏回家里，无米复无柴，还要交纳庸调，被债主逼债，屋漏儿哭，日子过得极其艰难。

"军国多所需，切责在有司。有司临郡县，刑法竞欲施。供给岂不忧？征敛又可悲。州小经乱亡，遗人实困疲。大乡无十家，大族命单赢。朝餐是草根，暮食仍木皮。出言气欲绝，意速行步迟。追呼尚不忍，况乃鞭扑之！邮亭传急符，来往迹相追。更无宽大恩，但有迫促期。欲令鬻儿女，言发恐乱随。悉使索其家，而又无生资。听彼道路言，怨伤谁复知！'去冬山贼来，杀夺几无遗。所愿见王官，抚养以惠慈。奈何重驱逐，不使存活为！'安人天子命，符节我所持。州县忽乱亡，得罪复是谁？逋缓违诏令，蒙责固其宜。前贤重守分，恶以祸福移。亦云贵守官，不爱能适时。顾惟孱弱者，正直当不亏。何人采国风，吾欲献此辞。"元结在《舂陵行》中，先概括叙述了赋税繁杂、官吏严刑催逼的情况，勾勒出广阔的社会背景；再细致描写具体的催租场景，描述了百姓困苦不堪的处境；后写诗人在催征赋税时的思想活动。全诗反映了当时苦难的现实，充满了对横征暴敛的反感和对人民的深切同情。

公元 768 年，杜甫根据亲身的闻见，作了一首《岁晏行》，描写了岁暮年寒，民不聊生的惨况。"岁云暮矣多北风，潇湘洞庭白雪中。渔父天寒网罟冻，莫徭射雁鸣桑弓。去年米贵阙军食，今年米贱大伤农。高马达官厌酒肉，此辈杼轴茅茨空。楚人重鱼不重鸟，汝休枉杀南飞鸿。况闻处处鬻男女，割慈忍爱还租庸。往日用钱捉私铸，今许铅锡和青铜。刻泥为之最易得，好恶不合长相蒙。万国城头吹画角，此曲哀怨何时终。"这首诗用朴实、沉郁的笔触，真实深刻地反映了社会的黑暗和劳动人民的悲惨生活。老百姓不堪军赋、租庸的重负，衣食无着，被迫卖儿鬻女；而奸商权贵却趁机私铸恶钱，对百姓进行残酷的盘剥，达官贵人则过着骄奢淫逸的生活。它使人联想起了杜甫的名句："朱门酒肉臭，路有冻死骨。"结尾借城头画角之声，对统治阶级无休无止的暴政提出了愤怒而又沉痛的抗议。

"篱落隔烟火，农谈四邻夕。庭际秋虫鸣，疏麻方寂历。蚕丝尽输税，机杼空倚壁。里胥夜经过，鸡黍事筵席。各言官长峻，文字多督责。东乡后租期，车毂陷泥泽。公门少推恕，鞭扑恣狼藉。努力慎经营，肌肤真可惜。迎新在此岁，唯恐踵前迹。"柳宗元的《田家·篱落隔烟火》诗，从三个角度来呈现农民的生活与官吏和官府欺压农民的现实。先是展示一个寂静农村的傍晚：一年的劳动果实尽被剥夺的农家庭院，庭院中秋虫的鸣声造成令人不安的暂时寂静；接着显现农民忙于接待差役的情景：农民即使款待差役，赋税交迟也得不到宽容，刻画了冷酷无情的现实；最后述说官府的可怕，表达了一种阴郁的预感：农民的处境绝不会改变。在写法上，全诗采用白描的手法，简洁勾勒出邻里交谈时的情景和里胥催租时的凶残嘴脸，并用暗示和照应的手法，把农民交尽赋税以后"聊就空舍眠"那种一贫如洗的"秋虫鸣""方寂历"的可悲情景和里胥借官长的威风恐吓和敲诈农民的凶残嘴脸毫无遮掩地呈现在读者的面前，体现了作者对劳动人民的深切同情，对官吏凶残嘴脸的极大憎恶。

"官仓老鼠大如斗，见人开仓亦不走。健儿无粮百姓饥，谁遣朝朝入君口？"曹邺的《官仓鼠》把贪官污吏比作官仓里的老鼠，语言直白，痛快淋漓。从字面上看，似乎只是揭露官仓管理不善，细细体味，却句句是对贪官污吏的诛伐。诗人采用的是民间口语，然而譬喻妥帖，词浅意深。他用"斗"这一粮仓盛器来比喻官仓鼠的肥大，既形象突出，又点出了鼠的贪心。最后一句，又把"鼠"称为"君"，俨然以人视之而且尊之，讽刺性极强，深刻地揭露了这个是非颠倒的黑暗社会。

皮日休在《橡媪叹》中，借一位老太婆之口对苛租重赋、贪官狡吏进行了强烈谴责。"秋深橡子熟，散落榛芜冈。伛偻黄发媪，拾之践晨霜。移时始盈掬，尽日方满筐。几曝复几蒸，用作三冬粮。山前有熟稻，紫穗袭人香。细获又精舂，粒粒如玉珰。持之纳于官，私室无仓箱。如何一石余，只作五斗量！狡吏不畏刑，贪官不避赃。农时作私债，农毕归官仓。自冬及于春，橡实诳饥肠。吾闻田成子，诈仁犹自王。吁嗟逢橡媪，不觉泪沾裳。"诗人描写拾橡子老妇的苦难生活时，侧重刻画人物的形体外貌和行为过程，让人同情，催人泪下；揭示造成这种恶果的根源时，则侧重刻画人物的心理情绪，让人愤怒，使人扼腕。诗人写出了橡媪身受的三种压迫：一是租税之苛重。农民的全部收获，除了"纳于官"之外，竟一无所余。丰年尚且如此，荒年就更不堪设想了。二是贪官污吏的勒索。他们趁丰收之年大捞一把。"如何一石余，只作五斗量！"官吏从中剥削比官税还要多！这"如何"二字，表现了农民出乎意料的惊诧心理。三是"私债"的剥削。晚唐社会"狡吏不畏刑，贪官不避赃"，他们利用"农时"以官粮放私债，"农毕"自己获得厚利，再把本钱归回"官仓"。国家的官粮竟变成了官吏残农害民、中饱私囊的本钱。这三重剥削夺了农民的口中食，农民只好"自冬及于春，橡实诳饥肠"。诗人通过对丰收之年驼背老年妇女仍要捡橡子充饥这一事件的叙述，对封建统治阶级对农民实行敲骨吸髓的剥削和官吏变本加厉的贪污进行淋漓尽致的揭露，深刻地揭示了唐末农民起义前夕的社会现实。

"虐人害物即豺狼，何必钩爪锯牙食人肉？"这是白居易对税吏的评价。白居易在《杜陵叟》一诗中描写了一个因税吏苛征而让皇帝"免税令"打了水漂的黑色幽默故事。该诗采用了语气极为强烈的反问句式，激愤之情溢于言表，税吏之恶跃然纸上！"杜陵叟，杜陵居，岁种薄田一顷余。三月无雨旱风起，麦苗不秀多黄死。九月降霜秋早寒，禾穗未熟皆青乾。长吏明知不申破，急敛暴征求考课。典桑卖地纳官租，明年衣食将何如？剥我身上帛，夺我口中粟。虐人害物即豺狼，何必钩爪锯牙食人肉？不知何人奏皇帝，帝心恻隐知人弊。白麻纸上书德音，京畿尽放今年税。昨日里胥方到门，手持尺牒牓乡村。十家租税九家毕，虚受吾君蠲免恩。"禾穗青干、麦苗黄死、赤地千里的背景下展现出两个颇有戏剧性的场面：一个是贪官污吏如狼似虎，逼迫灾民们"典桑卖地纳官租"；一个是在"十家租税九家毕"之后，里胥才慢腾腾地来到乡村，宣布"免税"的"德音"，让灾民们感谢皇帝的恩德。事实上，当灾荒严重的时候，由皇帝下诏免除租税，由地方官加紧勒索，基本完成甚至超额完成"任务"，乃是历代统治者惯演的双簧戏。

"杜陵叟"这个典型所概括的，不仅是杜陵一地的"农夫之困"，而是所有农民的共同遭遇。一生面朝黄土背朝天、靠天吃饭、土里求食，饱尝农耕之苦后还要受到长吏、里胥们的盘剥和戏弄。纳税人的地位低到如此境地，也就没有办法避免他们在将来某一天忍无可忍地揭竿而起了。

四、穷兵黩武、抽丁抓夫

服兵役是农民们负担国家税课的基本形式之一：他们可以没钱，但男丁不可能无力吧……"车辚辚，马萧萧，行人弓箭各在腰。爷娘妻子走相送，尘埃不见咸阳桥。牵衣顿足拦道哭，哭声直上干云霄。道旁过者问行人，行人但云点行频。或从十五北防河，便至四十西营田；去时里正与裹头，归来头白还戍边。边庭流血成海水，武皇开边意未已。君不闻汉家山东二百州，千村万落生荆杞。纵有健妇把锄犁，禾生陇亩无东西。况复秦兵耐苦战，被驱不异犬与鸡。长者虽有问，役夫敢申恨？且如今年冬，未休关西卒。县官急索租，租税从何出？信知生男恶，反是生女好；生女犹得嫁比邻，生男埋没随百草！君不见青海头，古来白骨无人收。新鬼烦冤旧鬼哭，天阴雨湿声啾啾。"杜甫的《兵车行》以极其生动的诗句描绘出一幅统治者穷兵黩武，连年征战，拉丁征兵，戍守边疆，致使田园荒芜，却仍催索租税、鬼哭人怨的图景。壮丁们无限期地超期服役，千百万士兵战死沙场，农村生产凋敝，民不聊生，而朝廷依旧索租逼税——"县官急索租，租税从何出"，点面结合地勾画出"安史之乱"前一个历史时期里唐朝社会的真实状况。

杜甫作于759年春的著名组诗"三吏""三别"便真切反映了由于唐王朝大肆抽丁抓夫给百姓带来的深重灾难，其中既有已过兵役年龄的老汉，也有不及兵役年龄的中男，甚至连根本没有服兵役义务的老妇也被捉去，反映了统治者穷兵黩武、连年征战给人民带来的深重灾难。

五、赋役繁重、农民逃亡

唐朝实行租庸调制，田赋多采用征粮的方式，调则多表现为织物等，因而唐诗中对赋税形象的描述大多折射在农民或"织妇"的身上。

"织夫何太忙，蚕经三卧行欲老。蚕神女圣早成丝，今年丝税抽征早。早征非是官人恶。去岁官家事戎索。征人战苦束刀疮，主将勋高换罗幕。缲丝织帛犹努力，变缉撩机苦难织。东家头白双女儿，为解挑纹嫁不得。檐前袅袅游丝上，上有蜘蛛巧来往。羡他虫豸解缘天，能向虚空织罗网。"元稹的《织妇词》以荆州首府江陵为背景，描写织妇被剥削被奴役的痛苦。因为征战的需要，官家对丝税的征收不仅提前，而且加重，织妇必须"努力"才行，以致东家的女儿都"为解挑纹嫁不得""苦恨年年压金线，为他人作嫁衣裳。"（秦韬玉《贫女》）

织布的无衣蔽体，种地的食不果腹。"田家少闲月，五月人倍忙。夜来南风起，小麦覆陇黄。妇姑荷箪食，童稚携壶浆。相随饷田去，丁壮在南冈。足蒸暑土气，背灼炎天光。力尽不知热，但惜夏日长。复有贫妇人，抱子在其旁。右手秉遗穗，左臂悬敝筐。听其相顾言，闻者为悲伤。家田输税尽，拾此充饥肠。今我何功德？曾不事农桑。吏禄三百石，岁晏有余粮。念此私自愧，尽日不能忘。"（白居易《观刈麦》）眼看那满眼金黄丰收在望，可那余粮只有公家的人才能独享。种地的人呢？只好"家田输税尽，拾此充饥肠"，细细思量，这是一幅何等揪心的画面啊！

"安史之乱"（755—763 年）打破了唐朝的稳定局面，节度使攫取了征税权，百姓饱尝重税之苦。"安史之乱"后，苛捐杂税（如青苗税、地头钱等附加税）层出不穷，百姓典田卖地、流离失所，政府掌握的纳税户数锐减，按人丁征收的"租庸调制"丧失了存在的基础。780 年，唐德宗任用杨炎推行"两税法"，针对土地兼并日益严重的情况，提出征税"唯以资产为宗，不以身丁为本"，改变了租税徭役据丁口征收，以财产的多少为计税依据，拓宽了征税的广度，增加了财政收入，使赋税负担相对公平合理，一定程度上减轻了人民的税收负担。但好景不长，正税之外的加征使百姓苦不堪言。翰林学士刘允章曾言"两税法"导致农民有"八苦"，其中就包括赋税繁多、官吏苛征和敲诈、替逃户承担税捐等。"两税法"实施不久即告失败。对此，白居易的《无名税》（一名《重赋》）诗，不仅对赋税制度做了生动的写照，同时对"两税法"的产生、发展、消亡也做了精当的剖析，称得上一篇生动的赋税史实录。"厚地植桑麻，所要济生民；生民理布帛，所求活一身。身外充征赋，上以奉君亲；国家定两税，本意在爱人。厥初防其淫，明敕内外臣；税外加一物，皆以枉法论。

奈何岁月久，贪吏得因循；浚我以求宠，敛索无冬春。织绢未成匹，缫丝未盈斤；里胥迫我纳，不许暂逡巡。岁暮天地闭，阴风生破村；夜深烟不尽，霰雪白纷纷。幼者形不蔽，老者体无温；悲端与寒气，并入鼻中辛。昨日输残税，因窥官库门；缯帛如山积，丝絮如云屯。号为羡馀物，随月献至尊；夺我身上暖，买尔眼前恩。进入琼林库，岁久化为尘。"

劳动者在封建剥削制度下，"所要""所求"仅仅是"济生民"，乃至"活一身"。"身外"之物，即生存必需以外之物，要奉献君王。在"两税法"实施初期，唐王朝为维护其严肃性，防止在执行过程中擅自滥增税目税额，明令官吏不得在税法规定的范围之外，私自额外附加征收，否则作为枉法论处。但随着时间的推移，贪得无厌的封建官吏仍在两税定额之外敲诈勒索。许多官吏为了得到升官提位，在正税之外用"羡余"的名义，向上级官吏甚至皇帝进贡。沉重的苛捐杂税，使劳苦人民陷入了民不聊生的悲惨境地。这种额外的苛捐杂税，也就是白居易将诗命题为《无名税》的由来吧？

两税法是中国封建社会赋税制度的一次大的变革，是剥削农民的新形式。中唐时期诗人柳宗元在《田家》中发出了"蚕丝尽输税，机杼空倚壁"的感叹！元稹在《田家词》中写道："姑舂妇担去输官，输官不足归卖屋。"晚唐诗人聂夷中在《田家》中也写道："父耕原上田，子劚山下荒。六月禾未秀，官家已修仓。"这说明当时农民蚕丝已全部纳租税，织布机空空地倚靠在墙边，农民不得已变卖房屋家产去缴纳租税，而官府对农民的痛苦毫不关心，稻谷还没有扬花，就已在修理仓库，准备征收租税了。

陆龟蒙的七绝《新沙》就对当时统治者横征暴敛、无孔不入的赋税制度进行了辛辣的嘲讽。"渤澥声中涨小堤，官家知后海鸥知。蓬莱有路教人到，应亦年年税紫芝。"在大海的波涛声中，随着潮涨潮落，海边逐渐淤积起一线沙堤，堤内形成了一片沙荒地，还没等飞翔的海鸥发现，那眼疾手快的官吏，立即派差役光顾，将它纳入了征税范围。蓬莱仙岛本来是神仙居住的地方，但如果有路通往人间，恐怕早就被官府年年来就灵芝课税了。诗人不去写官府对通都大邑、良田膏沃之地的重赋苛敛，也不去写官府对普通贫苦农民的残酷压榨，而是选取了渤海边上新淤积起来的一片沙荒地作为描写对象，用近乎开玩笑的幽默语言来揭示封建官府对农民敲骨吸髓的赋税剥削。

面对繁重的赋税，人们自然而然地想到了逃离。可"普天之下，莫非王土"，他们又能逃到哪里去呢？这其中的走投无路者少不得就要从流民转向盗贼甚至"暴民"。

王梵志的《贫穷实可怜》，表达了"逃户"们的身不由己："贫穷实可怜，饥寒肚露地。户役一概差，不办棒下死。宁可出头生，谁肯被鞭耻。何为抛宅走，良由不得已。"

晚唐的玄泰禅师在衡山七宝寺修行时期，目睹一些农民为了逃避赋税，躲

到深山老林去放火烧山开垦荒地，写下了《畲山谣》："年年斫罢仍再锄，千秋终是难复初。又道今年种不多，来年更斫当阳坡。"

聂夷中在《伤田家》中写道："二月卖新丝，五月粜新谷。医得眼前疮，剜却心头肉。我愿君王心，化作光明烛。不照绮罗筵，只照逃亡屋。"

杜荀鹤的《山中寡妇》更是清楚地表达了逃户们逃到深山也要纳税的无奈：即使来到深山最偏远的地方，也无法逃脱赋税和徭役的罗网。"夫因兵死守蓬茅，麻苎衣衫鬓发焦。桑柘废来犹纳税，田园荒后尚征苗。时挑野菜和根煮，旋斫生柴带叶烧。任是深山更深处，也应无计避征徭。"

沉重的赋税使人民苦不堪言，纳税人的境遇如此凄惨，难怪我们很少看到唐诗中有对赋税的赞美。

唐诗中的"税"痛，也是中国历史之"痛"。

（唐诗是一部唐朝的史诗。唐诗证史，亦能证税，读涉及赋税方面的诗，既可以了解大唐时期的赋税制度，也可以品出无尽的苦难与悲伤）

清风润眸　明泉洗心

——谈唐宋诗词的德育功效

唐宋诗词是中国文学艺术宝库中的一朵奇葩，闪烁着不朽的艺术光芒，成为渗透德育的有效载体。中国科学院院士杨叔子先生指出："让中华诗词陶冶学生情感，活跃学生思维，融入学生心灵，铸造校园辉煌。这是时代与形势的需要，是国家与民族的需要。"在历史教学中运用唐宋诗词可以对学生进行哪些方面的德育呢？

一、陶冶情操，感悟历史，培养学生的爱国主义情怀

唐宋诗词留存着唐、宋先贤们美好的情感、高尚的情操、崇高的精神及人生智慧，是优秀传统文化不可分割的一部分。唐宋诗词中所表现出来的民族责任感和强烈的爱国情操，是华夏历史上动人心魄的精神文明之花，能使学生激情澎湃，增强民族情感和责任心，激发学生的爱国主义情怀，陶冶情操。

"死去元知万事空，但悲不见九州同。王师北定中原日，家祭无忘告乃翁。"（陆游《示儿》）这是诗人的遗嘱，也是诗人的最后号召，它教育和鼓舞了后代无数的读者。辛弃疾的词豪壮而苍凉，雄奇而沉郁。"想当年，金戈铁马，气吞万里如虎。"（《永遇乐·京口北固亭怀古》）这是他驰骋疆场的真实写照，有气壮山河之势，激烈昂扬之情。"凭谁问，廉颇老矣，尚能饭否？"（《永遇乐·京口北固亭怀古》）他以廉颇自比，表达了自己老当益壮而又无人赏识的复杂心情。虽然情绪稍稍消沉，难道我们不该为他强烈的爱国情怀而感动吗？文天祥"人生自古谁无死，留取丹心照汗青"（《过零丁洋》）的诗句，让我们有着同样的感动。人生有死，可死的意义却全然不同。文天祥要让自己忠于国

家的赤诚之心流传千古。①

此外，"黄沙百战穿金甲，不破楼兰终不还"（王昌龄《从军行》），"愿将腰下剑，直为斩楼兰"（李白《塞下曲》），"会挽雕弓如满月，西北望，射天狼"（苏轼《江城子·密州出猎》），"西北望长安，可怜无数山。青山遮不住，毕竟东流去"（辛弃疾《菩萨蛮·书江西造口壁》），"壮志饥餐胡虏肉，笑谈渴饮匈奴血"（岳飞《满江红》），"位卑未敢忘忧国，事定犹须待阖棺"（陆游《病起书怀》）……都是洋溢着爱国热情的诗词，是对学生进行思想教育的生动教材。我们感受到的不仅是作者忘身报国的高尚情操，更重要的是激荡在我们心中的汹涌澎湃的爱国主义情怀。

爱国主义教育是德育的核心所在，而唐宋诗词节奏鲜明、朗朗上口，表现出来的爱国主义情感容易引起学生的共鸣，为学生所接受。

二、情景交融，进入史境，净化学生的心灵

唐宋诗词言简意赅，向人们展现了一幅幅生动的历史画卷。如讲授"从诸侯争霸到秦朝统一"这一课时，笔者就引用了李白的《古风》诗导入："秦王扫六合，虎视何雄哉，挥剑决浮云，诸侯尽西来。"这首诗极力渲染秦王嬴政的雄才大略和灭六国、平定天下的威风。首句张扬了秦王之赫赫声威，不言平定四海，而言"扫"空"六合"；再用"虎视"形容其勃勃雄姿，更觉咄咄逼人；第三句"浮云"象征当时天下混乱阴暗的局面，而秦王拔剑一挥，则寰区大定，"决"字显得何其果断，有快刀斩乱麻之感；于是乎天下诸侯皆西来臣服于秦了。字字掷地有声，句句语气饱满，赞扬之意溢于言表。这首诗把学生带进秦王嬴政灭六国的统一战争中，使他们如临其境、如见其人、如闻其声，课堂氛围和教学效果可想而知。

在学习唐代的灌溉工具筒车时，为了防止学生将其与三国时的翻车混淆，笔者引用了唐代诗人徐来军的《调水令·筒车》中的一段："翻倒，翻倒，喝得醉来吐掉，转来转去自行，千匝万匝未停。未停？停未？禾苗待我灌醉。"它用拟人的手法，形象生动地描绘了以水力为动力的筒车在灌溉中的运行情况及作用，有一种恬静的自然美，如向学生展示一幅逼真的活动画像。"自行"，说明筒车不用人力，而是在水力冲动下不停运转，灌溉禾苗。进而，引导学生将筒车和翻车进行比较，从中发现它们之间的相同点和不同点，发展学生的观察、归纳能力。这样，学生既辨别了二者的区别，牢固地掌握了基础知识，又领略到了大自然宁静和谐的美，心灵受到了净化，并对古代劳动人民的智慧充满崇敬之情。

---

① 杨永涛. 文史互动：试说如何把文学作品融入历史教学. 中学历史教学参考，2005（4）：25.

讲述"经济重心的逐渐南移"时，可以引用不同时代的作品。中唐时有白居易的《忆江南》："江南好，风景旧曾谙。日出江花红胜火，春来江水绿如蓝。能不忆江南？"晚唐时有韦庄的《菩萨蛮》："人人尽说江南好，游人只合江南老，春水碧于天，画船听雨眠。垆边人似月，皓腕凝霜雪。未老莫还乡，还乡须断肠。"宋代有柳永的《望海潮》："东南形胜，三吴都会，钱塘自古繁华。烟柳画桥，风帘翠幕，参差十万人家……有三秋桂子、十里荷花。羌管弄晴，菱歌泛夜，嬉嬉钓叟莲娃。千骑拥高牙，乘醉听箫鼓，吟赏烟霞。异日图将好景，归去凤池夸。"让学生在优美的意境中渐渐感受江南之美，对江南经济的开发有了感性的认识。这富丽非凡的江南景色，正是经济重心南移的反映。

唐宋诗词美不胜收，读之，不仅能陶冶情操，感染人的情感，而且能净化思想、提高品位。

三、诗情画意，培养审美情趣，渗透环保意识

中国几千年来的农业文明浸透了小农生活方式的味道，展现了广阔农村宁静、淳朴、简单、自然的社会生活。"故人具鸡黍，邀我至田家。绿树村边合，青山郭外斜。开轩面场圃，把酒话桑麻。"（孟浩然《过故人庄》）"老妻画纸为棋局，稚子敲针作钓钩。"（杜甫《江村》）"鹅湖山下稻粱肥，豚栅鸡栖对掩扉。桑柘影斜春社散，家家扶得醉人归。"（王驾《社日》）"大儿锄豆溪东，中儿正织鸡笼，最喜小儿无赖，溪头卧剥莲蓬。"（辛弃疾《清平乐》）把恬静秀美的农村风光和淳朴诚挚的情谊融成一片，把自然美、人格美和一种理想中的社会之美构成一曲优美的交响乐章，令人神往。

"飞流直下三千尺，疑是银河落九天。"（李白《望庐山瀑布》）使人感到祖国山川的壮美；"接天莲叶无穷碧，映日荷花别样红。"（杨万里《晓出净慈寺送林子方》）又使人仿佛置身于江南水乡"莲叶何田田"的诗情画意的秀美之中；"人闲桂花落，夜静春山空。月出惊山鸟，时鸣春涧中。"（王维《鸟鸣涧》）"明月松间照，清泉石上流。"（王维《山居秋暝》）等，往往荡涤读者之胸襟，给人以恬淡宁和的无尽遐思。

人与自然的和谐相处，渗透着环保意识。环保意识是反映人与自然环境和谐与可持续发展的一种价值观，是人类通过深刻反省自我与自然、社会关系的一种觉悟意识。隋唐时，全国经济重心继续南移，随着江南的进一步开发，人地矛盾凸显。"忆昨深山里，终朝看火耕。"（刘禹锡《历阳书事七十韵》）"海将盐作雪，山用火耕田。"（吕渭《状江南仲冬》）"起来望南山，山火烧山田。"（温庭筠《烧歌》）可见，江南的进一步开发，一定程度上牺牲了环境，"向山要田"极为普遍，随着土地资源的开发，人地矛盾有所缓和，但生态平衡也遭到严重破坏。

它的发展之路给我们今天的发展提供了怎样的借鉴？这不仅扩展了教材内容，激活了学生的发散性思维，同时还培养了他们思考问题的能力，并且使历史与现实联系起来，充分挖掘了历史教学的教育功能：以史为鉴，发展经济绝不能以污染环境为代价，应走可持续发展之路。由此警示我们，经济建设中要注重自然环境和生态平衡的保护，走可持续发展道路，培养学生的环保意识。

四、昭示哲理，启迪智慧，提升学生的辩证思维能力

唐宋诗词中，有的既充满了诗情画意，又闪耀着哲理的光辉，能给人以"哲理美"的享受。《普通高中历史课程标准（实验）》规定："掌握历史学习的基本方法。学习历史唯物主义的基本观点和方法，努力做到论从史出、史论结合。"我们可以引用三位诗人对大运河的评价加以比较，从中体会历史评价的方法和辩证的观点。"千里长河一旦开，亡隋波浪九天来。锦帆未落干戈起，惆怅龙舟更不回。"（胡曾《汴水》）"汴水通淮利最多，生人为害亦相和。东南四十三州地，取尽膏脂是此河。"（李敬方《汴河直进船》）"尽道隋亡为此河，至今千里赖通波。若无水殿龙舟事，共禹论功不较多。"（皮日休《汴河怀古》）胡曾认为开运河弊大于利；李敬方认为开运河利弊参半；皮日休认为开运河弊大于利。比较胡曾、李敬方、皮日休三人的观点，谁的观点最为公正？这不仅能够吸引学生，还可以培养学生运用辩证唯物主义和历史唯物主义的基本观点，分析历史事件和历史人物的能力，有利于学生站在历史的高度思考、审视历史。

"历史的发展，毕竟是人们活动的结果。在史书里看见了历史人物的群像，就愈益感到历史的丰富性。离开了人，也谈不上历史。"① 所以，在教学中，历史人物的评价问题应该引起教师的充分重视。"每个历史人物都有自己所处的时代背景，或者说是时代局限性。评价历史人物，不能脱离其所处的时代，假如用当前的时代价值观来衡量历史人物，就陷入了主观臆断的误区。"②

如评价楚汉之争的项羽："胜败兵家事不期，包羞忍耻是男儿。江东子弟多才俊，卷土重来未可知。"（杜牧《题乌江亭》）"百战疲劳壮士哀，中原一败势难回。江东子弟今虽在，肯为君王卷土来？"（王安石《乌江亭》）"生当作人杰，死亦为鬼雄。至今思项羽，不肯过江东。"（李清照《夏日绝句》）"沛公百战保咸阳，自古柔弱伏暴强。慷慨悲歌君勿恨，拔山盖世故应亡。"（张耒《项羽》）杜牧认为胜败乃兵家常事，哀叹项羽缺乏百折不挠的精神；王安石则以政治家的眼光指出项羽失却民心，败局无法挽回；李清照借项羽的宁死不屈反

① 白寿彝. 中国通史·第一卷·导论. 上海：上海人民出版社，1989：322 - 323.
② 孙文范，李治亭. 马克思主义与历史人物评价. 史学月刊，1982（1）：4.

讥徽宗、高宗父子的丧权辱国，从另一个角度表达了对项羽的赞扬；张耒认为项羽骄横失去民心，由优势转为劣势，失败是必然的。而刘邦"约法三章"，收揽民心，转败为胜，体现了矛盾的两个方面相互转化的哲学道理。四人均是从不同视角而发出的历史慨叹，耐人寻味。

五、领略诗词魅力，弘扬传统文化，升华人文素养

历史是"进一步培养和提高学生的历史意识、文化素质和人文素养，促进学生全面发展的一门基础课程"①。中学历史教学应该使学生"通过历史学习，进一步了解中国国情，热爱和继承中华民族的优秀文化传统，弘扬和培育民族精神，激发对祖国历史与文化的自豪感"②。传统文化是一个民族赖以生存的根，是一个民族的象征，一个民族的灵魂，唐宋诗词是中华民族传统文化中的两朵奇葩，在世界文化之林占有不可取代的地位。唐宋诗词极具风格的逻辑结构和极富想象的表达形式，很能吸引学生的注意力和兴趣，从而激起浓厚的求知欲望。"春种一粒粟，秋收万颗子。四海无闲田，农夫犹饿死。"（李绅《悯农》）作者采用相互对比、前后映衬的方法，前三句描写了农业丰收和四海开辟的景象，但最后一句激起了人们层层思索的涟漪。"采菱辛苦废犁锄，血指流丹鬼质枯。无力买田聊种水，近来湖面亦收租。"（范成大《四时田园杂兴》）农民已瘦得不成人形，官府连水面也不放过，形成强烈的对比，发人深省，将问题留给读者自己去思考，从而取得更好的效果。唐宋诗词既有语言艺术的节奏美、抒情美，又有绘画艺术的视觉美、意境美，还有音乐艺术的韵律美、流动美等。唐宋诗词完美地把诗词创作与艺术美学结合起来，满纸留香，让人回味无穷，给我们带来了美的享受，也洗涤着我们的心灵。想象那月照唐朝雨落宋朝，该是怎样的意境啊！教师要积极引导学生主动地从唐宋诗词中汲取丰富的精神营养，欣赏优美的诗词，体会丰富的意境，领会博大的情怀，领略无穷的魅力，感悟精深的文化，从而激发起我们热爱传统文化、热爱祖国的情感，升华文化素质和人文素养。

六、联系背景，知人论世，突出作品风格

《普通高中历史课程标准（实验）》必修 3 学习模块中提出"知道《诗经》、《楚辞》、汉赋、唐诗、宋词、元曲、明清小说等文学成就，了解中国古代不同时期的文学特色"等，在教学活动建议中也提出"举办文学艺术作

---

① 教育部. 普通高中历史课程标准（实验）. 北京：人民教育出版社，2003：5.
② 教育部. 普通高中历史课程标准（实验）. 北京：人民教育出版社，2003：1.

品欣赏会，从历史的视野赏析文艺作品"。可见文学作品对于文化史教学的重要性。讲授文化史时，必须学会从历史的角度探寻文艺作品背后所体现的时代背景和时代特色。比如，唐代国力强盛，投笔从戎的知识分子大多精神昂扬、情感豪迈，他们的诗，尤其是边塞诗，虽然有关于塞外环境的恶劣的描写，也有对故乡、亲人的深切的思念，但更多的是同仇敌忾的愤慨、保家卫国的决心，因而格调高亢、情绪激荡。而宋代则大不相同，由于内忧外患、积贫积弱、国力衰微，已没有了大唐的气象，在知识分子的笔下，豪迈之气少了，悲凉之气多了，雄伟气魄少了，家国之愁多了。如陆游、文天祥等的诗词都表达了对山河沦落的痛心，对国家前途命运的担忧。了解作家的生平、思想、创作风格，有助于对其作品内容的理解和把握。如辛弃疾曾经在抗金斗争的最前线出生入死，南归之后又遭到投降派的排挤和打击，所以其词多为回忆过去如火如荼的战斗生活，或者表达报国无门的愤懑情绪，风格豪放悲慨。"郁孤台下清江水，中间多少行人泪。西北望长安，可怜无数山。青山遮不住，毕竟东流去。江晚正愁余，山深闻鹧鸪。"（辛弃疾《菩萨蛮·书江西造口壁》）辛弃疾生活在南宋时期，山河沦陷、生灵涂炭、朝廷腐败、奸臣横行，国家处于风雨飘摇之中，这首词巧妙地借用鸟（鹧鸪）鸣的谐音，传达出天下百姓热切盼望收复中原，统一国家的呼声，表达了作者国耻未雪、壮志未酬的忧愤和有家难归的飘零之感。

讲授"辉煌灿烂的文学"时，可以采用李白、杜甫和白居易等著名诗人的诗来论唐诗，结合柳永、苏轼、李清照、辛弃疾等著名词人的作品来赏宋词。同样是唐诗，前期以李白为代表的浪漫豪迈诗风，反映了国家的强盛与发达；杜甫"三吏三别"则是"安史之乱"后唐朝由盛转衰的真实反映；后期的白居易《卖炭翁》等作品则写出了社会的动荡与黑暗。在介绍李清照的词作风格时，引用她的《声声慢·寻寻觅觅》，让学生体味揣摩"梧桐更兼细雨，到黄昏，点点滴滴。这次第，怎一个愁字了得"的词句，词人那多愁善感、细腻入微、哀婉缠绵的婉约风格就流露无遗。在介绍苏轼的作品时，引用他的《念奴娇·赤壁怀古》中的"大江东去，浪淘尽，千古风流人物"，学生就能领略到作者那慷慨激昂、气吞河山、挥洒自如的豪放风采。融文学作品于文化史教学之中，能够使文化史的教学变得更加丰满，使历史课堂更加生动形象、耐人寻味，更具感染力。教师如果脱离诗词本身去分析作品风格，就难免天马行空，作品风格就变成无本之木、无源之水了，学生也会一头雾水，教学效果就要大打折扣。将唐宋诗词和历史背景结合起来，在历史背景下鉴赏，可以开阔学生的视野，增强学生的理解能力，陶冶学生的情操。

七、以诗证史，文史交融，培养情感态度与价值观

唐宋诗词具有鲜明的观点、立场和强烈的感情色彩，或歌颂或批判，或鼓

励或讽刺，褒贬有致，爱憎分明，有助于学生增强是非观念，形成正确的价值观，培养良好的情感态度与价值观。

"忆昔开元全盛日，小邑犹藏万家室，稻米流脂粟米白，公私仓廪俱丰实。"（杜甫《忆昔》）直观、形象地展示了"开元盛世"时经济高度繁荣的画面，称颂与褒扬之意溢于言表。"春宵苦短日高起，从此君王不早朝。……后宫佳丽三千人，三千宠爱在一身。"（白居易《长恨歌》）"一骑红尘妃子笑，无人知是荔枝来。"（杜牧《过华清宫》）"开元之末姚宋死，朝廷渐渐由妃子。禄山宫里养作儿，虢国门前闹如市。"（元稹《连昌宫词》）很好地印证了玄宗后期不理朝政、政治腐败的现实，使学生在富有感染力的历史情境中直观、形象地感受开元盛世的富庶与繁荣，又会惋惜地感叹玄宗晚年统治的没落、衰败，同时也认清了酿成"安史之乱"的根源。

"国破山河在，城春草木深。感时花溅泪，恨别鸟惊心。烽火连三月，家书抵万金。白头搔更短，浑欲不胜簪。"（杜甫《春望》）这里不设问，只让学生亲眼看见"安史之乱"期间颠沛流离的百姓生活。"剑外忽传收蓟北，初闻涕泪满衣裳。却看妻子愁何在，漫卷诗书喜欲狂。"（杜甫《闻官军收河南河北》）描绘了惊闻"安史之乱"被平定，唐军收复了河南河北的捷报后的悲喜交加、急于奔回老家的喜悦心情，一改以往的颓丧心态，激情如春雷乍响，惊喜的洪流喷涌而出。这也从一个侧面反映了长达八年的"安史之乱"给北方农业生产造成的巨大破坏以及给人民造成的颠沛流离的苦难生活，深刻揭示了人民对于国家统一、社会稳定的迫切向往。

如讲"魏晋南北朝佛教盛行"时，引用杜牧的《江南春》能给学生形成直观的印象，今后只要提起这一话题，学生马上会想起"千里莺啼绿映红，水村山郭酒旗风。南朝四百八十寺，多少楼台烟雨中"。枯燥的史实和形象的历史画面结合在一起，不但能激发学生的想象力和对历史的兴趣，而且能帮助学生加深对教材的理解。"南朝四百八十寺，多少楼台烟雨中"不正是南朝时期佛教盛行的真实写照吗？

"山外青山楼外楼，西湖歌舞几时休？暖风熏得游人醉，直把杭州作汴州。"（林升《题临安邸》）辛辣的讽刺中倾吐了郁结在广大人民心头的义愤，表达了诗人忧愤时局，抨击南宋朝廷苟安江南，痛心时人对危局无动于衷的思想感情。这首诗也从一个侧面反映了两宋商业和城市的繁荣史实，这是因为两宋商业环境相对宽松，在空间上打破"市""坊"的界限，时间上也打破"日中为市"的限制，商业才会空前繁荣，从而造就了北宋的都城汴梁和南宋都城临安这两个繁华的商业中心。如果学生对这段史实比较了解的话，就能充分运用相关的历史知识来深刻体会诗人对南宋朝廷的痛斥和失望，达到消化与巩固相关语文知识的目的，避免了无病呻吟式的空洞说教。

清风润眸，明泉洗心。唐宋诗词是世界文化宝库中的璀璨明珠，千古流芳。

唐宋诗词极高的思想价值和艺术价值，是对学生进行德育不可多得的素材，挖掘唐宋诗词的育人内涵，不仅可以提高学生的艺术素养，还可以陶冶情操，净化灵魂，开阔胸襟，培养健康的审美情感，塑造良好的心智品质，培养学生健全的人格，培养学生的爱国意识、民族自豪感和高度的民族文化认同感。

（清风润眸，明泉洗心。在历史教学中，我们可以利用唐宋诗词本身所具有的诸多优势，使它服务于历史教学，渗透德育）

教学随笔

　　"一个人的精神发育史实质上就是一个人的阅读史。"阅读是教师专业发展的前提，是教学的源头活水；教学是阅读效益的反馈；写作是教学得失总结的见证。阅读促进教学，教学反馈阅读，教学见证写作，写作促进教学，教学与写作反过来对阅读又是一个促进，从而形成一种良性循环。阅读是一种积累，也是写作的基础，在阅读、教学中有所感悟并付诸笔端是一种良好的习惯。

学史感悟

历史作为一门科学，具有自身的学科体系和广泛的包容性，时间上纵横古今，空间上囊括中外。历史，连接着过去、现实和未来，在空间—时间的坐标系上画出了一条起伏涨落不定的曲线，印证着人类曾经历过的动态轨迹。回首人类历史，令人感慨万千，情不自禁地领悟到了陈子昂登上幽州台时"前不见古人，后不见来者，念天地之悠悠，独怆然而涕下"的感受，产生了诸如"天下兴亡，匹夫有责"的历史使命感。

历史是昨天，现实是今天，未来是明天。昨天、今天、明天，环环相扣，辩证统一，了解昨天，有助于认识今天、把握明天。历史是一杯陈年老酒，时代越久越醇香。因此，笔者真诚地建议诸君：在繁忙劳碌之余，不妨花一点心思去品味一番像陈年老酒的历史，对于历史感的寻觅，将使你"思接千载，视通万里"，对你的终生大有裨益，它将指点你成长、成熟和成才。

17世纪英国哲学家弗兰西斯·培根有一句名言：读史使人明智。杜威说："历史是了解现在的钥匙。"恩格斯曾断言："我们根本没想到要怀疑或轻视'历史的启示'，历史就是我们的一切。"列宁更是警示人们"忘记历史就意味着背叛"。

西方史学家马克·布洛赫认为"历史学以人类的活动为特定的对象，它思接千载，视通万里，千姿百态，令人销魂，因此它比其他学科更能激发人们的想象力"。历史是一部真实动人的生活教科书，是关乎你我他（她）这样的普通人的学科，是与个人密切相关的学问。对个人来说，历史有助于培养人的历史感、开拓人的胸襟、陶冶人的品格情操、升华人的精神，还能启迪智慧、增长才能，提高文化素养，从而提高认识、分析问题和处事应变能力。对国家来说，历史是我们振兴中华、进行有中国特色社会主义建设的一门指导性学科，国策的制定、国家的未来走向等重大问题都与之关系密切。李大钊说得好："历史这样的东西，是人类生活的行程，是人类生活的连续，是人类生活的变迁，是人类生活的传演，是有生命的东西，是活的东西，是进步的东西，是发展的东西，是周流变动的东西。"当代史学大师白寿彝告诫我们："我们研究过去是为了了解过去。了解过去是为了解释现在。解释现在是为了观察将来。总之，研究历史不是引导人们向后看，而是引导人们向前看。"

前事不忘，后事之师。历史是过去与现在永不休止的对话，是过去和现在有着深刻联系的一门学科；是人们了解自己所处的社会，理解变化与延续的唯一途径。过去是现在的"前身"，现在是未来的"蓝本"，今日中国是昨日中国的发展，今日之世界是昨日之世界的演变。"历史是彷徨者的向导"，是人们不能轻易抛弃的行囊，也许她可能沉重，但远行必不可少。我们可以从原始人钻木取火、农人戴月荷锄归的历史场景中体会到劳动的伟大；从大禹治水三过家门而不入、屈原"路漫漫其修远兮，吾将上下而求索"、文天祥"人生自古谁无死，留取丹心照汗青"等名人事迹中受到良好的品德熏陶，领悟做人之道、为国为民之责；历史是反思之学，是明智之学，我们理应从中总结经验、汲取营养、获得启迪；以前人为鉴，避免重蹈其覆辙，以前事为师，努力获取其教益，从而在振兴中华、建设祖国的伟大事业中保持警醒的头脑，能够趋利避害，择善而从。

历史虽然久远，化为飞烟，变成泥土，但是她的心灵、智慧、力量会升华和蒸腾，冲破万里云层、千山暮景，穿越时间的阻隔，映照、荡漾人间万物，与过去、今世、来日同存。史学是石，敲击出希望之火；史学是火，点燃了生命之灯；史学是灯，照亮了人类之路；史学是路，引导我们平稳地走向灿烂的明天！

（历史是昨天，现实是今天，未来是明天。了解昨天，有助于认识今天、把握明天。原载《考试报·高一历史》2005 年 1 月 7 日）

读书的感悟

我是一名教师，是个爱读书之人，也时常有文章发表。不论忙碌或悠闲，也不论睡前或饭后，我喜欢打开书柜，随手取一本，随诗、随词、随文，静心品读，心旷神怡，万般心烦愁绪、红尘俗事，皆远书而散。

我们有优越的条件——巴金给予了三部曲，冰心递来了小橘灯，郭沫若填好了炉中煤，老舍开设了茶馆，鲁迅深深地祝福……读书使我们"思接千载，视通万里"，与古今中外最伟大、最优秀、最博学的人成为朋友、成为知己！

读文学，升华我们的情感；读哲学，引发我们的睿智；读历史，观照我们的现实；读天文、读地理、读科技，我们便会认识世界，看清脚下的位置，知道应该向哪里走去……

读庄子，读到的是空灵、澄净，心如澄澈秋水，行若不系之舟；读司马迁，读到的是刚直、坚韧，"究天人之际，通古今之变，成一家之言"，著成信史照尘寰；读李白，读到的是"仰天大笑出门去，我辈岂是蓬蒿人"的豪迈与飘逸，"天生我材必有用，千金散尽还复来"的潇洒与自信，"安能摧眉折腰事权贵，使我不得开心颜"的傲气和不屈；读李清照，读到的是"花自飘零水自流。一种相思，两处闲愁"的一丝惆怅，"只恐双溪舴艋舟，载不动许多愁"的一副断肠，"生当作人杰，死亦为鬼雄"的一种悲壮……

读《皇帝的新装》，我知道了做人要诚实；读《海的女儿》，我感受到了人性的善良；读朱自清的《背影》，我理解了父爱的伟大；读余秋雨的《都江堰》，我领略了水的魅力。我喜欢"涉江采芙蓉，兰泽多芳草"的温馨情怀；我陶醉于"采菊东篱下，悠然见南山"的情趣；我忘情于"劝君更尽一杯酒，西出阳关无故人"的离别情景；我品味"衣带渐宽终不悔，为伊消得人憔悴"的悲伤……

读书是一种情趣，是一种享受；读书是一次心灵的美好放逐，是一次忘我的投入，也是一次灵魂的愉悦，这是一种令人感到余香，美不胜收的精神盛筵。成功时，给我冷静；悲伤时，给我安慰；退缩时，给我鼓励。与书相伴，那是生命旅程中不可或缺的加油站。

　　读书是"举手长劳劳，两情同依依"的微笑，是"无可奈何花落去，似曾相识燕归来"的彷徨，是"此情无计可消除，才下眉头，却上心头"的朦胧，是"念桥边红药，年年知为谁生"的慨叹。读书，远离浮躁；读书，生命得以升华！

　　（"最是书香能致远，腹有诗书气自华。"读书是一种陶冶；是一种享受。原载《天河中学》校报 2011 年 4 月 30 日第 3 版）

历史之美

　　历史，既是一种抽象，又是一种具象。当历史是一种抽象时，时间上纵横古今，空间上囊括中外。当历史成为一种具象时，可以是苍凉的故都、世代繁衍生息的土地，可以是盛唐的蕙风、晚清的烟雨，可以是长城万里、京杭运河，可以是秦砖汉瓦、赫赫王朝……可以是所有的黯淡与辉煌。

　　历史之美在于人美。"人是万物的尺度"，"人是宇宙的精灵，万物的灵长"。一代一代的人去，一代一代的人来。芸芸众生，英雄豪杰，汇成千年史河，洋洋洒洒，缤纷绚丽。

　　他满怀报国之情，却被君王无情地放逐，整日徘徊于湘水与洞庭之间，"长太息以掩涕兮"，看着国家走向危亡，心中悲痛不已，却又无力挽回；本想就此归隐山林，做个闲云野鹤，心里却放不下国与民，"哀民生之多艰"。当得知国都为敌所破时，毫不犹豫地自沉于汨罗江。"苟且偷生"在他眼里，如粪土般惹人厌恶，生为楚人，死为楚鬼，是汨罗江上的不沉之魂。他就是屈原。历史之美，美在忠贞不屈。

　　那潮湿阴暗的书房，布满灰尘的木桌，一只长满茧子的手，吃力地握着毛笔，小小的一笔一画，仿佛千斤重荷，直压得他愈发苍老。即便这样，那颤巍巍的笔下，一切善恶美丑尽数流淌、熠熠生辉，持之以恒 20 多年，他用生命书写了"史家之绝唱，无韵之离骚"。他就是司马迁。历史之美，美在坚忍不拔。

　　如血的残阳映红西天，大漠的风尘肆意弥漫，一个神采奕奕的男子，衣襟飘飘，长袖一挥，丝路应运而生，从此大汉四百年的繁荣，东西千余年的密切交往成为他人生中最亮丽的风景。他就是张骞。历史之美，美在长袖一挥的洒脱。

　　大唐的旭日升起来了！映着万光普照的繁华，他毅然登上了渡海的船只，怎奈路途坎坷，滔天的大浪把他昔日的豪情击个粉碎，垂暮之年的他却乘风破浪，披荆斩棘，六渡重洋是他人生中最绚丽的一笔，同时自己也因远渡扶桑，传播文化而万古流芳。他就是鉴真。历史之美，美在屡败屡战的执着。

　　他生在一个战乱的年代，国之将破，却毅然扛起了重担，保卫国家，收复失地。敌人闻风丧胆，不由地发出"撼山易，撼岳家军难"的感叹。大胜之时，他高吟一曲《满江红》，怒发冲冠，准备直捣黄龙，却被朝廷以十二道金牌召回。他被奸臣诬告，蒙冤下狱，面对酷刑，袒出背，只见四个大字"尽忠报国"，众人羞愧……逼写供词，他大笔一挥四个字"天日昭昭"，最终殒命于风波亭，青山有幸埋忠骨。他就是岳飞。历史之美，美在尽忠报国的赤诚。

眼前是哭声遍地的黎民百姓，身后是重权在握的赫赫显贵，他毅然做出抉择，为民，一切为民！为除贪官，他七次劝谏，为罢权贵，他五次犯上，朝廷上令众官震颤，万民间令百姓颂扬，天地间让公道长存，历史中使英名永留。他就是包拯。历史之美，美在一心为民的正直。

雄鸡一唱天下白，旭日东升，一位伟人昂首屹立在世界的东方，天地万物瞬时沸腾，人民解放的浪潮席卷中华大地。玉宇澄清，星火燎原，一个将才的睿智；指点江山，激扬文字，一个领袖的激昂。苍茫大地，谁主沉浮？他就是毛泽东。历史之美，美在缔造共和国的辉煌。

他是一位真正的耕耘者。当他还是一个乡村教师的时候，已经具有颠覆世界权威的胆识；当他名满天下的时候，却仍然只是专注于田畴，淡泊名利，一介农夫，播撒智慧，收获颇丰。他毕生的梦想，就是让所有的人远离饥饿。他就是袁隆平。历史之美，美在稻菽千重浪。

……

历史之美是抽象的，又是具象的，历史是美的殿堂。在《山海经》中，感觉了历史的浪漫；从"史家之绝唱，无韵之离骚"的《史记》中，感觉了历史的凝重；西汉的"文景之治"呈现出一种清雅恬淡之美；唐朝的"开元盛世"表现了一种富丽辉煌之美。从三皇五帝到秦皇汉武，从群雄三国到唐宗宋祖，从一代天骄到世纪伟人，中华历史有了荡气回肠的神韵、烁铁熔金的炽热；有了磅礴万里的壮阔，柔情百结的妖娆；有了霹雳雷电的震怒，狂海惊涛的大喜。从《诗经》到《楚辞》，从汉赋到唐诗，从宋词到元曲，再到明清小说等，五千年文明史承载了无与伦比的历史之美，中华历史有了海雨天风之气势，危崖怒云之美幻；有了铁骑陷阵之威武，高山流水之雅致；有了金风红叶之意境，花海流霞之灿烂。从人类筚路蓝缕的开辟到现代科学的巨大成就，从日月江河的壮丽到万里长城的雄浑，从古代贤哲的睿智到民族精英的嘉言懿行，从古拙质朴的石器、陶器、青铜器，到美不胜收的雕塑、绘画、诗歌、音乐……美的人物，美的精神，美的品德，美的文化，美的艺术……自然美、社会美、艺术美、科学美……无不在历史之美的长河中流光溢彩。

历史之美在于其博大、雍容与神秘，恰似长夜的星空……

（历史之美在于人美，在于博大、雍容与神秘。原载《天河中学》校报2013年5月8日第4版）

阅读·教学·写作

一、阅读，教师专业发展的前提

历史学科包罗万象，上自天文、下至地理，各类学科知识无所不含。因此，历史教师的阅读应该博一点、杂一点，立足专业，"左顾右盼"，尽量使自己的知识体系变得开阔、深广。读什么样的书、读谁的书，最能反映一个人的眼界、功底、视野、学识和品位。① 历史学科的知识既包罗万象，又具有很强的现实性，这就要求历史教师在具备比较精深的专业知识的同时，还要有广阔的阅读面。②

《中学历史教学参考》"走进名师"栏目，以自我叙事方式展现了部分中学历史学科名师的精彩人生及所取得的不俗成就。这些名师无一例外地提到阅读对他们专业发展的重要作用。如李惠军老师说："教历史的人不能不读书，读书是一种交流，在交流中你会感到困惑，在困惑中思考，在思考中释惑，这是一个历史老师发展的必由之路，也是提高生活质量和生命品质的一种活法。"③ 阮巧玲老师认为阅读改变人生、阅读改变课堂、阅读改变学生，"总有书香萦心怀"，在"润物无声"中从事教学和科研。④ 李明海老师以"一个中学教师读书教学的自白"为副标题阐释了"读书改变人生"，"读书改变课堂"的经历。⑤ 全仁经老师的"耕读人生"⑥，孙双武老师的"怡心书香，探索守望"⑦ 等。

---

① 陈伟国.一位历史教师的茁壮成长.中学历史教学参考，2008（11）.

② 陈杰.专业教学杂志是历史教师成长的阶梯.历史教学（中学版），2010（12）.

③ 李惠军.困学苦旅.中学历史教学参考，2008（1-2）.

④ 阮巧玲.总有书香萦心怀.中学历史教学参考，2009（9）.

⑤ 李明海.重知厉行　勇于创新——一个中学教师读书教学的自白.中学历史教学参考，2008（9）.

⑥ 全仁经.耕读人生——我的心路.中学历史教学参考，2008（6）.

⑦ 孙双武.怡心书香，探索守望——一个普通中学历史教师教育生涯之感悟.中学历史教学参考，2009（3）.

笔者认为阅读,一是教学工作的需要,是更好的生存之道。二是一种情趣,一种享受,一次心灵的美好放逐,一次忘我的投入,一次灵魂的愉悦,一种令人感到余香、美不胜收的精神盛筵。成功时,给人冷静;悲伤时,给人安慰;退缩时,给人鼓励。与书相伴,那是生命旅程中不可或缺的加油站。读书,远离浮躁;读书,生命得以升华!三是成为"三好"(思想好——有思想,不人云亦云,保持自己的独立思考;身体好——有健康的身体、心理;业务好——"教得好""考得好""写得好")教师的必由之路。

作为中学历史教师,有四类书是必读书:一是专业教学杂志和论文,如《中学历史教学参考》《历史教学》《中学历史教学》等,它对教师的教学、写作帮助很大,有助于教学、命(解)题和写作能力的提高;二是文史随笔之类的闲书,如余世存编写的《非常道》,苏文编著的《晚清民国人物另类档案》,徐百柯的《民国那些人》,钱波、夏宇编,德风供图的《原来如此:1840—1949年中国底本》等,它对课堂教学帮助很大,有助于了解一些历史的碎片,增加教学的丰富性、趣味性;三是中外史学名著和史学理论著作,如黄仁宇的《万历十五年》、陈旭麓的《近代中国社会的新陈代谢》、罗荣渠的《现代化新论》、茅海建的《天朝的崩溃》、斯塔夫里阿诺斯的《全球通史》、余伟民主编的《历史教育展望》、赵亚夫的《历史教育人格理论初探》等,它有助于提高历史的洞察力,提升自己的学科专业能力;四是教育随笔、艺术之类的书,如肖川的《教育的理想与信念》、吴非的《不跪着教书》、李泽厚的《美的历程》、陈炎主编的《中国审美文化史》等,它有助于构建多元的人文知识结构,使自己具备广阔的文化视野和浓厚的文化底蕴,以便于在历史研究与教学中,真正做到科学性与人文性的统一。

老子说:"轻则失根,躁则失君",言之有理。历史教师要沉下心来阅读,没有广泛的涉猎与浏览,不能够打开思路,容易受一家之说的束缚;没有精深的专业研读,不能形成专业的历史逻辑思维。读书不是一时的事情,它是一种书香人生,可以使你驶入一个宁静的心灵港湾,使自己的教学登上"会当凌绝顶"的境地。

二、教学,阅读学习效果的反馈

"读书破万卷,教学如有神。"阅读和教学是相辅相成的,没有高层次的阅读,就没有高水平的教学。首都师范大学历史系教授赵亚夫说:"历史有效教学的原动力不在教育学和心理学,而在历史学。以往凡是把历史讲得不熟不透的教师,都是因为学科功底不好的缘故。"

对一个教师而言,阅读就是最好的备课。课堂能否焕发活力,教学是否有效,取决于阅读。阅读丰富了我们的教学,培育了我们的人文精神。只要用心

教学，陈述史实也可以妙语连珠，营造场景也可以惊心动魄，反思历史也可以令人感慨。站在讲台，打开心扉，尽情融入课堂的每一个当下，自能与学生情相交、心相印。如讲述"解放战争"时，如何从"双十协定的签订"过渡到"全面内战的爆发"呢？笔者曾引用了梁漱溟先生的"一觉醒来，和平已经死了"的故事。如"九一八"事变后，日军步步深入，国土成片沦陷，笔者讲述了 1935 年何香凝赠裙附诗一事，反映了全国上下对蒋介石"攘外必先安内"国策的不满，并当场朗诵了这首《为中日战争赠蒋介石及中国军人以女服有感而作》诗："枉自称男儿，甘受倭奴气。不战送山河，万世同羞耻。吾侪妇女们，愿往沙场死。将我巾帼裳，换你征衣去。"学生们一下子被何香凝的爱国情怀所感染，纷纷鼓掌，拍案叫好。

记得 1995 年高考前，笔者把黄安年教授的《20 世纪的现实与高中〈世界历史〉课本》（《历史教学》1994 年第 12 期）一文在班上对学生介绍，认为文中的"30 年代发生在中国、埃塞俄比亚、西班牙的反法西斯局部战争，三国人民打击了国际法西斯侵略势力，但是在很大程度上处于孤立无援的不利地位；由于一些大国的纵容、绥靖、中立自保，国际上未能形成反法西斯的统一力量去遏制法西斯发动世界大战的图谋"很有新意。结果当年高考第 43 题就考了"分别指出 30 年代发生在中国、埃塞俄比亚、西班牙的反法西斯局部战争的时间、主要特点和意义。概括说明这些局部战争为什么未能遏制第二次世界大战的爆发"这一题目。1995 年江西省报考文史类的考生总人数为 37 013 人，历史单科成绩 120 分以上全省仅 4 人（第一名 127 分，笔者有一学生 126 分，名列第二），110～119 分 143 人（笔者教的有 2 人），全省及格率仅 21.1%（见《江西招生报》1996 年 1 月 10 日），而我班的平均分接近 90 分。

2006 年，广东省高考历史第 29 题（14 分）：18 世纪中后期，清政府主持编修了《四库全书》。同一时期，法国的狄德罗主编《百科全书——科学、艺术和工艺详解辞典》。请回答：①分别简述这两部巨著出现的社会背景。②编纂（撰）这两部巨著的主要目的分别是什么？③这两部巨著各自产生了什么影响？无独有偶，2006 年，北京高考文科综合第 37 题第（1）问填表（8 分）也考到了 18 世纪中西文明重要成果的两部著作——清朝《四库全书》与法国《百科全书》，请参考已填充的文字，完成空白部分。

如果大家注意到《中学历史教学参考》2006 年第 5 期上的《让思想的光芒照耀历史课堂》这篇文章，答案呼之欲出，相比之下，这篇文章与北京卷对《四库全书》的评价比广东卷更客观些（答案略）。

"中国是中国的，也是世界的，特别是近代以来，中国是在外部世界不断冲击下发展的。把中国史放入世界背景下，站在历史和现实的交叉点上，以现代化的眼光分析比较，促使学生去关注、思考，感悟历史发展的潮流和时代的精神脉络，激发他们的社会责任感和历史使命感。

"以《四库全书》的教学为例。若单纯放在中国史背景下，无疑是一个巨大的文化成就，但放在世界背景下，与同时代的《百科全书》相比，两者的差距就很明显。两者的成书时间只差 4 年，就篇幅相比，《四库全书》共有 9.97 亿字，《百科全书》仅有 0.226 8 亿字。但《百科全书》的价值远远超过《四库全书》。《四库全书》在编纂过程中竭力清除各种反封建的'异端'思想，全部禁毁的书多达 2 453 种，部分禁毁的达 403 种，是秦始皇焚书坑儒以后的又一次空前的文化典籍浩劫。《百科全书》由法国启蒙思想家编纂，以天赋人权、自由平等为标准，关注现实，重视科学技术，批判专制制度，全书洋溢着人性光辉与理性精神。从此意义上讲，《四库全书》是维护封建专制的帮凶，《百科全书》则是呼唤新社会的助产士，推动了法国资产阶级革命的爆发，推动了世界历史的现代化进程。"①

课堂是生动的，多姿多彩的。"问渠哪得清如许，为有源头活水来。"阅读就是历史教学的源头活水。"阅读能提高自己的专业素质，阅读能改变自己的历史课堂。"② 阅读和教学能达到"天光云影共徘徊"的境界。③

三、写作，教学得失总结的见证

宋代文学家欧阳修曾说："君子之学，或施于事业，或见于文章。"读书与写作一样，应该是一个教师的"优秀意识"。④ 没有大量的阅读，所谓的写，特别是所谓的写好，都不会成为现实。但只读不写也不行，大量的写，对读又是一个促进，而且多写会使写作熟能生巧。课堂和写作存在着一种水乳交融的血脉关系。没有了课堂，写作就成了无源之水、无本之木。教育科研可以使一个教师较快地成熟、清醒、理性起来，从容面对教育生态，更好地生存与生活下去。⑤ 历史教师的科研离不开课堂，课堂实践是历史教师成长的基石，也是历史教师产生教育灵感的源头，更应该是历史教师从事教育科研的着眼点和归结点。⑥ "教师的文章离不开课堂，离不开课堂教学中发生的故事。这是教师拥有的'专利'，是所有专家无法取代的'先天'优势，只是需要平时不断积累。"⑦

笔者认为，阅读是一种积累，也是写作的基础，在阅读、教学中有感悟，并把自己的感悟付诸笔端，就有了写作。"书读到一定程度就会想，书读到一定程度就想用，书读到一定程度就能写。""写作是对教学实践的反思，是对思想边际的

① 郭富斌，张艳. 让思想的光芒照耀历史课堂. 中学历史教学参考，2006（5）.
② 李翰. 让阅读改变自己的课堂. 历史教学（中学版），2010（12）.
③ 吴自兴，范多宝. 以读促教　升华教学. 历史教学（中学版），2009（1）.
④ 赖配根. 读书分子的阅读姿态. 人民教育，2006（12）.
⑤ 陈伟国. 一位历史教师的茁壮成长. 中学历史教学参考，2008（11）.
⑥ 李惠军. 叙事与历史教师的教学科研. 中学历史教学参考，2005（5）.
⑦ 聂幼犁. 由串门"历史博客"而想到的"写文章". 中学历史教学参考，2006（5）.

挑战，是对读书和理论的反刍，是对教学行为的修正。"① 坚持阅读，不断地吸收新鲜空气，才能适应时代的发展，自己的思想与教学、写作水平也在潜移默化中提高。教学见证写作，写作促进教学，写作与教学有机统一，形成良性循环。

回忆自己所写的文章，有的是为了评职称，有的来自市、区的年会论文评比，有的来自阅读的体会或灵感。以《〈国史概要〉与高考选择题》一文为例，笔者读了樊树志教授的《国史概要》，感慨良多，觉得这本书无论是对历史爱好者，还是对史学研究者而言，都不失为一部好的史学作品，也是史学论文写作的一个很好的范例。对中学历史教师而言，无论是对教学教研、论文写作，还是对高考备考，作用尤其重要。此外，笔者在文中对解答近五年（2006—2010 年）高考历史部分选择题（含港澳台地区全国联考试题）谈了一己之见，认为该书：①直接提供答案。②成为试题的题干。③隐含试题的答案。文章刊登在《广州教学研究》2011 年第 1 期上。

通过阅读，扩大了自己的视野，提高了思维与理论水平，教学、写作能力有较大的提高。任教的历史课效果优良，所带毕业班高考成绩多次名列省、市、区前茅，多次获得学校"高中毕业班工作突出贡献奖"。先后发表了《让历史教学畅游在文学中》《研究性学习在高考历史上海卷中的渗透》《高考作文与历史的交融》《历史教学运用对联渗透德育浅议》《浅谈诗词在高考历史试题中的运用》等文章。笔者曾在市、区、校教研经验交流会上讲了三句话，获得了大家的热烈掌声：第一句是多看书；第二句是多看书，多看专业书；第三句是多看书，多看专业书，尤其是多看专业杂志，如《历史教学》《中学历史教学参考》等。所谓"操千曲而后晓声，观千剑而后识器"。

通过阅读《历史教学》《中学历史教学参考》等，还了解了很多本人所敬重的老师的情况，如赵亚夫、冯一下、梁励、姚锦祥、叶小兵、朱煜、任世江、任鹏杰、魏恤民、齐健、黄牧航、何琼、何成刚、戴军、陆安、郑流爱、朱可、傅元根、梁仁华、林桂平、曾凡国、刘俊利、邹樱、庞友海、张汉林、夏辉辉、毛经文、胡军哲、邓兴国、彭禹等老师（恕不能一一列举）。笔者拜读过他（她）们的文章，久闻大名，深感敬佩。他（她）们有的是大学老师，有的是教研员，有的是中学老师，有的年长于笔者，有的年轻有为，都为笔者所敬重。

总之，"一个人的精神发育史实质上就是一个人的阅读史"（朱永新语）。阅读是教师专业发展的前提，是教学的源头活水；教学是阅读效益的反馈；写作是教学得失总结的见证。阅读促进教学，教学反馈阅读，教学见证写作，写作促进教学，教学与写作反过来对阅读又是一个促进，形成一种良性循环。"阅读·教学·写作"是教师专业发展的"三部曲"。

---

① 束鹏芳. 像水一样——历史的倒影. 中学历史教学参考，2008（5）.

（阅读·教学·写作"三位一体"，相辅相成。阅读是教师专业发展的前提，是教学的源头活水；教学是阅读效果的反馈；写作是教学得失总结的见证。"阅读·教学·写作"是教师专业发展的"三部曲"。本文获广州市天河中学2015年优秀教育教学论文评选三等奖）

立高尚师德　做"三好"教师

"教书育人，师德为本。"教师要完成教书育人这一根本任务，必须具备高尚的师德；以德立教，为人师表，与时俱进，锻造不朽师魂！

陶行知先生说："教师对自己从事的教学工作抱什么态度，对掌握业务专门知识抱什么态度，这也是师德问题。"笔者认为，身为教师，要力争做一个"三好"（思想好、身体好、业务好）教师，这也是师德问题。

"思想好"主要是指做教师的要有思想。

有思想，通俗地说就是做事、说话不跟风，不人云亦云，保持自己的独立思考。苏格拉底说："有思想力的人是万物的尺度。"笛卡尔说："我思故我在。"帕斯卡尔说："人是一根能思想的苇草。"巴尔扎克说："一个有思想的人才真是一个有力量的人！"生命之所以宝贵，是因为它最终要面对死亡；思想之所以宝贵，是因为它可以让生命永恒。思想是人的灵魂所在，是生命的精髓。

教师是人类灵魂的工程师，教育工作的特殊性决定了教师必须是有思想的人。因为教师面对的不是机器、不是植物，而是活生生的有头脑、有个性、有感情的年轻人。如果没有思想，只把学生当作容器，简单灌输现成的知识，认为只要把教材规定的知识点讲完了就万事大吉了；或者为了考试得高分（其实也就是班平均分比同类班高一两分，甚至零点几分），不顾学生的身心健康，加班加点，采用强硬高压手段超量布置作业，并且都是以"为了你们好"的名义，弄得学生敢怒不敢公开言。这样的教学，还有什么趣味可言？这样的工作，对教师而言，视若畏途；这样的学校，对学生而言，形如鸟笼。

教育是心灵对话的活动，课堂是生命相遇、心灵相约的场所。遇到有思想的教师，是学生一生的幸运。有思想的教师，不仅是知识的传授者，而且是学生思想的引领者、心灵的塑造者、精神的培育者。他对现实世界不回避，大至国际政治、国家政策，小到学生的爱好打扮、学校的各种工作，都会提出自己的见解；对于理论和权威，他敢于怀疑和批判；对于现成的结论和观点，他会引导学生思考判断；他会把课堂教学变成一种精神探索的旅行，让学生通过心灵体验来学习知识、掌握方法、增长智慧，来净化情感、陶冶心灵、完善人格，来感受生活、认识社会、品味人生，从而使课堂教学成为师生共同的精神享受。有思想的教师，虽然无法改变整个大环境，但他试着改变身边的小气候——即使戴着镣铐，也会尽最大努力把舞跳得更美！

有思想的教师，才能培养出有思想的学生。"教师没有了思想，只能培养驯服的思想奴隶"（吴非《不跪着教书》），学校只能教出一群精神侏儒。

"身体好"指做教师的要有健康的身心。

1957年，清华大学校长蒋南翔在全校体育积极分子会上向学生提出，"每个同学要争取毕业后能为祖国工作50年"，从此，"为祖国健康地工作50年"这句口号从清华园传遍全国各个高校。有了健康的身心才有思维敏捷的头脑，才能集中精神学习、工作，干活才会质量高。身体好是教师可持续发展的保证！

"业务好"主要指做教师的要**"教得好""考得好""写得好"**。

"教得好"。作为教师，如果没有爱心，你的才华再出色，你不可亲；如果没有一定的才华，你不可敬。要使学生信服你，你还得有渊博的知识，有精湛的教学艺术，这样的教师才能博得学生的敬重和爱戴。一个知识面不广的教师，很难真正给学生以人格上的感召力，没有博览群书，思想贫乏，见识浅陋，语言枯燥，教学中不能旁征博引、信手拈来，只能就课文讲课文，就字词讲字词，就试题讲试题，课堂会因此而单调乏味、死气沉沉。教师要有思想，上课有激情，知识渊博，教学生动有趣，否则得不到学生认可。作为教师，课要上得好。这里有三层意思：第一，从自己的角度看，自己的课是否符合新课程标准的原则，这是正确度；第二，从学生的角度看，学生爱不爱听你的课，这是认可度；第三，从教学结果看，你的课学生学到了多少，这是有效度。好课应该是较高正确度、较高认可度和较高有效度的结合。

"考得好"。教师好不好，还得看学生的成绩（尤其是高考）考得好不好。"高徒出名师。"作为一个好教师，自己学生的成绩一定要考得好。在现行教育评价机制下（新课程改革也需要分数），分数无可回避地成为衡量学生学习和升学的主要依据，成为评价一个教师是否优秀的依据之一。作为教师，无论在社会、家庭、学校、学生还是教师本人，自己教授学生所取得的成绩仍然要摆在显要的位置。因此，教师要熟悉教材、熟悉考试、熟悉高考，研究高考试题。

"写得好"。文章写得好，是好教师必备的素质。写作是教师应该具有的基本功，教而不思则罔，思而不写则殆；通过写作，促进自己的教学行为，从而改进自己的教学行为；写作能提高自己的思维能力、驾驭文字的能力、概括能力和想象能力等，教学、教研相长，对于教师的专业成长，其作用不可估量。教师的文章不能经常见诸报刊，社会知名度的范围、影响就有限，就不容易博得同行的共鸣和得到群体智慧的共振。

无独有偶，华南师范大学刘良华教授的观点是：做教师的要有想法（思想）、做法（行动）、说法（写作）。刘老师与笔者的"三好"教师观大同小

异，所见略同。

让我们了解昨天，把握今天，拥抱明天，力争做一个"三好"教师！

（做一个思想好、身体好、业务好的"三好"教师，这是师德问题。本文获 2015 年广州市"弘扬高尚师德，争做四有教师"师德建设主题教育月征文评选二等奖）

文史俱佳　雅俗共赏

——《国史十六讲》读书札记

书如食粮，有的几口可以下肚，若快餐；有的则如美食，需要细嚼慢咽，慢慢品尝，如樊树志先生所著《国史十六讲》（中华书局，2006）。

回顾学习中国历史的经历，留在脑海深处的多半是枯燥的年份、人名和历史事件，展现在历史课堂和书籍上的都是盖棺定论、死板教条、形似枯槁的记述。但历史真的是这样的吗？历史真的是要这样来学和领悟的吗？《国史十六讲》作者一改历史书枯燥乏味的风格，引用了大量的典故和文章，重现了当时的风土人情，将读者一下子带到了当时的社会之中，令人兴趣盎然，欲罢不能，有如穿越时空，身临其境。

樊先生的《国史十六讲》，是他为复旦大学开设的一门精品课"国史概要"所撰写的讲义，目的是"给不同专业的学生一个历史深邃感的启示，激发他们重新思考中华文明史的兴趣"。作者既提炼百家之言，又构成一家之说，一改以往历史教材的常规写法，大量吸收国内外的最新历史研究成果，在个案的描述和史事的评价上，以及清新的文笔、稳健的持论等各方面都给人耳目一新的享受，开阔了读者的视野，激发读者对历史的独立思考，在欣赏文字的过程中接受了更多的历史知识和历史真相。

《国史十六讲》主要以时间和朝代为序，分十六个专题概述了中国自史前到清朝前期的历史，以文化在历史进程中的变迁为主线，概略性地介绍从中国人的起源到清朝最终走向没落的过程。在21万字的篇幅内，作者是从自己的读史心得中提炼出对中华文明史上的重要问题的具有深度和新意的解读。在篇章的安排、内容的取舍、标题的斟酌上"煞费苦心"，独具匠心，澄清了许多被误导和戏说搅得相当混乱的历史观念，并大胆质疑，理性剖析，融入自己的深刻感悟。书中吸收了大量最新研究成果，尤其是海外学者的新视野、新观点，不少地方对传统的历史观念构成了挑战，展示了国史画卷的另一面。无论是对

于历史爱好者，还是对史学研究者而言，都不失为一部好的史学作品。

《国史十六讲》视野开阔、文字优美，把中华辉煌的几千年文明史浓缩在十六讲里，既"好看"——写法吸引人，也"值得看"——让人觉得读有所值。

一、视野开阔，博学严谨

传统的中国古代史教科书，多单纯地以"五种生产方式"的依次更替为框架，往往被写成生产发展史和农民战争史。在结构上，则是政治、经济、思想文化三大板块的机械排列。与之不同的是，《国史十六讲》将中国历史分为"大同之世"（史前史与传说时代）、"青铜时代"（夏商周三代）和"中华帝国时期"（秦至明清）；突出文明、文化的作用，淡化阶级斗争，对于农民起义很少论及；一定程度上打破传统"三大块"模式；采取"专题"的形式，不求面面俱到，也不纠缠于历史的细枝末节，用晓畅的语言较为全面地勾勒出中国历史的发展大势。

《国史十六讲》不是单纯地介绍历史知识和其他学者的学术观点，而是融合了国内外众多研究成果来力图揭示历史背后的意义。樊先生对于中国史的"纵通"有着较好的把握，对于中国史在世界史中的地位和意义也有明确的认识。除了引用《史记》等经典历史著作外，还有针对性地引用了《世界文明史》《亚洲史》《宋代文化史》《中国：传统与变革》《中国人口史》诸多中外历史学家的研究著作和论文，广泛关注海内外学者的研究动态，大量吸取他们的研究成果，对海外学者尤为重视，显示出作为一个历史学教授博学严谨和深厚的文化底蕴、学术素养。据初步统计，书中所引中国内地学者 18 人 23 次，海外学者 43 人 74 次，海外学者引用人数和次数分别是内地学者的两倍多（人数）及三倍多（次数）。

中国学者对中国史的认识有时候有"不识庐山真面目，只缘身在此山中"的弱点（樊先生也深有感慨）。而海外学者比我们更具有全球史的眼光，更注重历史比较研究的方法，可对中国史开启一些不同的角度或思路。受其影响，《国史十六讲》经常以世界史为背景来分析中国史。该书在引用海外学者观点之后常常提示读者：是否可以据此换一种角度思考我们久难解决的问题？开阔的视野令人眼界大开，显示出的恢宏气势恰是它的魅力所在。

二、侧重文化，详略得当

《国史十六讲》采用专题的形式，以文化在历史进程中的变迁为主线，概括性地介绍了从中国人的起源到清朝闭关自守的过程，其中对每个朝代的政治体制变迁、文化发展、社会特点等方面提纲挈领的介绍有助于读者从整体上把握历史的延续性，从而避免过多地陷入细枝末节当中，重点清晰、详略得当。从先秦的诸子百家到秦汉魏晋南北朝的经学、谶纬、清议、玄学，再到宋朝儒学的新发展，明朝的朋党之争与文人社团都有专题进行叙述；史前和夏商周等思想问题，魏晋南北朝时期的民族融合，盛行于唐代的佛教文化，晚明开始的西学东渐及清朝前期的文字狱问题也间接地在文中被提及。可见，作者侧重于思想文化方面，为我们理清了从上古时代一直到近代的中国文化发展脉络。这说明，文化产生、发展依赖于当时的社会经济条件，但文化的发展又对社会发展产生重大影响。中国历史上凡是经济繁荣，产生世界性影响的时期，都是最为开放、文化最为发达、交流空前活跃、充满活力的时期，比如唐代，唐朝人上至唐太宗李世民下至普通商人居民，无不眼界开阔，对其他文化广采博收，使包括音乐艺术在内的大唐文化远播世界，京城长安成为当时世界上最大的城市，有居民百万，吸引着亚洲各地的商贾、留学生和朝拜者，唐朝无可争议地成为世界性大帝国；相反，凡是历史上文化专制闭塞、停滞不前的时期，也就是国力衰弱、一蹶不振的时期，比如清朝后期。

除了重点对文化史的探究外，对政治制度、经济等各方面的论述也是详略得当，重点分明。关键字用黑体标出，便于读者阅读；诸如论述秦汉时中央集权体制初建的维持方法，解释魏晋风度的特点，分叙唐朝佛教的各派别等。以黑体字表明论点，并于后文详细分述，这有助于读者把握重点，理清各部分的基本脉络，并且加深对思想文化方面的理解。全书主次鲜明，重点清晰，对于我们了解以及研究历史有着很大的帮助，也是论文写作的一个很好的范例。

三、学术热点，引人注目

《国史十六讲》论及了不少学术热点话题，也是当今最具前沿性的课题。这些话题不仅能激起青年学子的兴趣，也是为专业学者所重视的。

有些话题集中于国内学界。如关于中国有无"封建社会"的争论是当前中国历史学界的一个热点话题。由于"封建"概念的混乱是解决此问题的最大障碍，近年来已有不少学者致力于对"封建"概念的辨析。对此，该书第二讲中"解读'封建'的本意"有专门讲述："封建"一词来源于周朝的封邦建国。周天子把土地和人民分封给诸侯，叫做"建国"；诸侯再把土地和人民分封给卿、大夫，叫做"立家"。这样就形成了金字塔形状的封建体制：天子、诸侯、卿、大夫、士、庶人。就天子与姬姓诸侯这一体系而言，封建与宗法有着密切关系。周天子既是政治上的共主（国王），又是天下同姓（姬姓）的大宗。政治上的共主与血缘上的大宗，紧密结合，成为"封建"的精髓。这与今天的封建主义、封建社会大相径庭。"封建"即"封邦建国""封建亲戚"的本意，正反映

了内地学界的新动向，予人以启发。

有不少课题是海内外学者共同探讨的。也许正因为海外学者的启示，才使中国的某些问题走出狭隘的境界，从而焕发出新意。例如第九讲"繁荣和创造的黄金时代——宋朝"。在传统史学家的笔下，在传统教科书中，宋朝是一个积贫积弱、屡屡遭受非议、评价不高的朝代，但是西方学者很早就敏锐地察觉到了这是个黄金时代。在樊先生笔下，这是一个前所未见的发展、创新和文化繁荣的时期，有着令人叹为观止的科技发展与经济辉煌。宋朝在农业发展和商业革命中取得重大突破；文官政治取代了军人政治，一扫贵族阶层对政治的影响，越来越多的平民通过科举制度进入统治阶层，其比例超过官员总数的三分之一，为历代之最；中国古代四大发明中的三大发明——印刷术、火药、指南针诞生于宋代，并由此改变了整个世界的面貌和状态：印刷术在知识传播方面，火药在战争上，指南针在航海上，并且随着这些发明的利用又引起了无数的变迁。这些变化促进了15—16世纪的大航海时代的到来。宋代有辉煌的一面，无论在科技、经济和文化各领域，都是繁荣与创造的黄金时代。

对晚明史的认识也受到海外学术的影响。一般人认为全球化是20世纪末21世纪初才出现的新事物，但樊先生指出，不少海外学者认为全球化进程早在16世纪就开始了。而且当时的经济中心不是在欧洲，而是在亚洲，尤其是在中国。明代通常被认为是极端落后的，而事实上其晚期经济正处于世界前列。在明朝，中国的丝绸、棉布、瓷器被运往世界各地，与此同时，世界白银产量的四分之一至三分之一流向了中国。在这种背景下，郑和比西方人早一个世纪开始大航海的尝试，先后七次下西洋，主要目的是要"宣教化于海外诸番国""欲耀兵异域，示中国富强"，显示天朝大国的富庶与强盛，而没有葡萄牙人、西班牙人建立殖民地的雄心和野心。也正是因为中国的富庶，西方列强一直垂涎于中国，并在后来大举入侵由于闭关导致军力落后的清王朝。这种论点既是对长期以来"西方中心论"的挑战，也是对早期西方汉学"中国停滞论"的极大颠覆。尽管具体结论值得商榷（实际上，已有一些学者认为西方学者对中国经济的"先进性"估计过高），但其方法论的意义已引起国内学界的重视。"晚明社会变迁"由此成为明史研究的一大热点。《国史十六讲》在"全球化"背景下看晚明史，提出"晚明历史大变局"论，希望把对晚明史的认识引向更高的层次。在更宽广的视野上看待15—18世纪的中国，樊先生多方引证说"当时世界经济的中心正是中国"！此类论述，不一而足，给人以启迪和兴趣。

四、学术宽容，久违一见

樊先生不是简单地靠讲故事吸引眼球，在对史实的重新梳理过程中，大量吸收了国内外学界的最新成果和相关争议。作者在直陈各家之言的同时，有一些历史事实的介绍，坦言自己的学术观点，也有自己的一些推测与论断，使我们能领会到久违的学术宽容。例如：第二讲中"解读'封建'的本意"，以一个史家所独有的"大历史观"洞察力，剖析了"公社"与"井田"制度对中国根深蒂固的历史影响，指出从周代的农村公社到汉代的王莽改制、宋代的王安石变法，及至近代民主革命先驱孙中山的"平均地权"，其中有着某种一脉相承的传统思想：即对公社与井田的赞美与怀恋。这一耐人寻味的现象令人深思。第三讲在介绍了诸子各派学说之后，指出春秋时期的"百家争鸣"既有学术性，也有较强的政治性——游士们向各国国君游说，兜售自己的政治主张。政治需要使得那些政治性强的学派，如法家和儒家成为显学；而关注科学、放弃政治追求的墨家则失去其"显学"的地位。第四讲对汉武帝"罢黜百家，独尊儒术"进行评述，作者指出，汉武帝的"儒表法里"的统治政策，也是后世统治者的治国秘诀，独尊儒术的背后是儒与法的并用。虽然运用政权的力量控制意识形态是法家的发明，但秦始皇以镇压手段控制意识形态不成功，而汉武帝用另一种方式——"劝以官禄"，使儒家教化逐渐普及，取得了极大成功。第十讲讲述朱熹新儒学"从'伪学'到官学"的坎坷之路，说明学术与政治的密切联系早已有之，这是中国学术的一大特点。作者直言：在中国历史上，用行政命令手段禁锢一个学派、一种学说，屡见不鲜，它并非学派之争，而是排除异己的政治斗争手段。

五、挑战定论，见解独到

《国史十六讲》将中国与世界其他国家进行同时期的比较，便于读者了解中国在世界上的定位；解释了中国分封制下的封建制度与欧洲中世纪的 feudalism 的区别，指出了两者的不同；对晚明开始的西学东渐与东学传入西方，中国人是否起源于非洲等，见解独到。

樊先生还对一些传统定论发起挑战，提出了自己的一些推测与论断。例如：五代时期，曾历仕五朝八姓十一帝的冯道，被旧史家斥责为"无耻之徒"，而作者根据海外学者的研究成果，认为冯道其实是一个"模范宰相"。通常人们认为汉武帝"罢黜百家、独尊儒术"是只许儒家一派存在，是文化专制主义的表现。樊先生根据国内学者的新研究，指出最初董仲舒的建议只在于确立儒家在官学与朝廷政治中的地位，而不是禁止诸子百家在社会上流传。在现实政治中，汉武帝并不完全依赖儒士，其治国方略为"儒表法里"。所谓"王道与霸道"，亦即儒术与法术并用，才是专制集权的真正秘密。传统观点认为"倭寇"是"骚扰中国沿海的日本海盗"，20世纪60年代起陆续有中外学者对此提出异议，认为嘉靖时期中国沿海"倭寇"的主要成员是海上武装走私的中国民间商人集团，其首领"倭寇王"王直就是徽州商人。他们为了冲破明朝的海禁政

策，与官方正面冲突，被称为"倭寇"。当然王直的队伍中确实雇用了一些日本人，但他们处于从属的地位。樊先生认为，随着全球化趋势的发展，海外贸易的需求日益增长，而明朝的"海禁"政策就越来越显得不合时宜。"倭患"实际上反映了官方与民间之间海禁与反海禁的斗争。这一提法或许还需要进一步检验，但无疑值得重视。有学者认为"东林党"并非一个"政党"，而是被它的敌人污蔑为"朋党"。樊先生在此基础上进一步论证，提出"东林非党论"，并指出东林书院并非议论政治的讲坛。"党"这个字，在现今国人的话语体系中的含义，主要指"政党"。政党是近代政治的产物，17世纪英国出现辉格党、托利党之前，并无政党。就中国而言，1894年出现兴中会之前，也无政党可言。中国古代史籍中常见的"党"，是朋党之"党"，而非政党之"党"，例如东汉的"党锢之祸"，晚唐的"牛李党争"，北宋的"新党""旧党"，南宋的"伪学逆党"等，几乎无一例外是朋党或是被对立面诬陷为朋党的。"东林党"当然也是如此。汉字的特性往往一字多义，朋党之"党"，与政党之"党"，是同一个字。在英文中，政党之"党"是 Parties，朋党之"党"是 Factions，区分得一清二楚，绝不至于把"朋党"误为"政党"。

六、标题新颖，文笔生动

《国史十六讲》标题新颖，充满诗意。如"第七讲　唐：充满活力的世界性帝国""第九讲　繁荣和创造的黄金时代""第十一讲　骑马民族驰骋的年代""第十四讲　面向海洋的时代""第十六讲　夕阳无限好，只是近黄昏"。这都让人充满好奇心，激发了读者的阅读欲望。

《国史十六讲》旁征博引，清晰明确地表达出自己的观点，使得读者在轻松阅读的同时不仅巩固了基础知识，也对学界对某些问题的看法有个大致的掌握。而且，樊先生在写作过程中援引不少诗词及成语典故，使得语言表述更为形象生动，引人入胜。据说樊先生在复旦大学开课时，曾经"三百人的梯形教室人满为患，坐在台阶上的、站在墙边的，听得津津有味，不时有笑声传出"。这对于一堂历史课来说，是罕见的。樊先生把他富有魅力的讲述带进了《国史十六讲》。信手翻书，随处可见这样的生动讲述："影响最为深远的是'制礼作乐'，就是令孔子顶礼膜拜、魂牵梦萦的礼乐文明……他对春秋时代的'礼崩乐坏'极为不满，他的名言'是可忍，孰不可忍也'，就是对'礼崩乐坏'的怒吼。"前辈史学家张荫麟关于楚文化的一段论说，真是让人神往呀！"楚人的生活充满了优游闲适的空气，和北人的严肃紧张的态度成为对照。这种差异从他们的神话可以看出。楚国全族的始祖不是胼手胝足的神农，而是飞扬缥缈的火神；楚人想象中的河神不是治水平土的工程师，而是含睇宜笑的美女。楚人神话里没有人面虎爪、遍身白毛、手执斧钺的蓐收（上帝的刑神），而是披着荷衣、系着蕙带、张着孔雀盖和翡翠钺的司命（主持命运的神）。适宜于楚国的神祇不是牛羊犬豕的腥膻，而是蕙肴兰藉和桂酒椒浆的芳烈；不是苍髯皓首的祝史，而是采衣姣服的巫女。再从文学上看，后来战国时楚人所作《楚辞》也以委婉的音节、缠绵的情绪、缤纷的辞藻，而别于朴素、质直、单调的《诗》三百篇。"在讲述"郑和下西洋"一节时，作者不仅用清晰的思路为读者理清了事件的来龙去脉，还情不自禁地感慨："这位伟大的航海家，把他最崇敬、最热爱的大海作为长眠之地。确实，他是大海之子，他是属于大海的。按照他的遗愿，带回南京的只有一双鞋子和一撮头发，葬在南京城外的坟墓里，供后人凭吊。"作者仿佛是郑和的莫逆之交，对于郑和之死感慨满怀。历史在散文般多情的叙述中向我们款款走来，直抵灵魂深处。像这样富有魅力的语言帮助我们亲近历史，从而成为进入历史的一个通道。

随着樊先生的笔墨神游，的确是一件赏心悦目的事。假如说"历史是已经消失的客观存在"，樊先生则是力求把这"存在"真实地再现出来，并于深入浅出中告诉我们"是什么""为什么是这样"，在"然"中，让你耳目一新；在"所以然"中，让你豁然开朗。正如有人这样评价："在该书每一个章节，你都能读到中国历史学界的最新成果和相关争议；虽然作者也有所倾向，但他都直接说出一家之言的判断理由。学习这样的历史，真的感觉好酷，好像在看 BBS 论战一样，在观战之余，读者内心逐渐有了一个开放、客观的国史轮廓。"

总之，《国史十六讲》带给我们的是简明扼要而又不失优雅地述说历史的快乐，既给初学者以知识，也给治史者以启迪；好读又耐看，是一部雅俗共赏的佳作。

（《国史十六讲》带给我们的是简明扼要而又不失优雅地述说历史的快乐，既给初学者以知识，也给治史者以启迪。该书好读又耐看，是一部雅俗共赏的佳作。本文获 2015 年"书香羊城"——广州市第六届人文社会科学普及读书征文活动优秀奖）

红色经典追怀峥嵘岁月
抽丝剥茧呈献党史真相

——重读叶永烈先生的《红色的起点》

"没有共产党，就没有新中国。没有共产党，就没有新中国。共产党辛劳为民族，共产党一心救中国。它领导人民走解放的道路，它领导中国走向光明……"这是一首传唱已久的歌，这是一支催人奋起、令人热血沸腾的革命歌曲，衷心地讴歌了中国共产党。

2005 年，笔者一口气读完了叶永烈先生 30 多万字的《红色的起点》（广西人民出版社，2005）时，就被深深地吸引住了。2011 年是建党 90 周年，笔者重读了《红色的起点》，丝毫没有陈旧之感，依然令人心潮澎湃，浑身升腾起一股昂扬向上的力量。

中国共产党的成立是"开天辟地的大事"，是红色中国革命的起点。尽管这丛红色的火焰当时所发出的光和热很微弱，还不足以照亮、温暖整个黑暗、寒冷的中国，但历史雄辩地证明，中国的面貌从此焕然一新了。

90 多年前，中国共产党在上海诞生，出席的代表仅 15 人（含共产国际代表 2 人）。谁能料到，后来它不仅改变了中国，也改变了世界。太多人渴望知道，这个当时只有 50 多名党员的小党，是如何在军阀林立、列强环伺的旧中国孕育成型的？又是如何在强大的反动势力阻挠、破坏和镇压的严酷岁月里艰难起步的？曾为了一个目标围坐在李公馆大餐桌旁的 15 位代表又有着怎样迥异的人生轨迹呢？然而，由于云遮雾障，多年来竟然没有一部长篇巨著细细描述中共成立初期的历史！叶永烈先生以客观的笔调，忠于史实，写出了一部详尽展现这一重大历史事件的纪实长篇，在中国共产党诞生 70 周年前夕出版，引起了轰动。

叶永烈先生用纪实文学的形式，抽丝剥茧，最大程度上真实解读并还原了建党之初那段历史，为人们解开了一个个多年以来悬而未决的谜团，纠正了一些由于各种原因造成的流传甚广的不正确说法。比如，共产国际在中国共产创建过程中究竟提供了哪些帮助？党的缔造者"南陈北李"为什么都没有出席党的"一大"？中共"一大"开闭幕时间是如何确定的？"一大"文献中为什么没有中文稿？"一大"文献英文稿为什么又会在美国哥伦比亚大学出现？为什么李书城当年的公馆才是"一大"会址，而博文女校只是代表招待所？为什么"一大"代表被确认为15位而不是毛泽东所说的12位？同时对根据现有史料仍无法弄清的一些谜团，也做出了缜密合理的推断。

《红色的起点》对于建党过程中的风云人物、党的"一大"会议出席者，重彩浓墨，一一描述。李大钊、陈独秀以及在"南陈北李"帐下的一批具有新思想的青年斗士，个性鲜明，栩栩如生，跃然纸上。我们看到了李大钊为人敦厚，诚实谦和，不争名利，颇孚众望；陈独秀博学多才，性格火暴，领袖地位，家长作风；毛泽东有强烈的求知欲、注重国情的务实精神……"一大"15名代表的人生之旅，一一有所叙述，给人以历史的纵深感。

让我们把目光转向中国共产党成立之初，15位来自不同社会阶层，据崇同一个学说——马克思学说的热血青年，汇聚到上海，在白色恐怖的笼罩下，冒着生命危险，先在上海法租界内的一所房子里，后又辗转到嘉兴南湖，召开了中国共产党第一次全国代表大会，会议正式宣布中国共产党成立。这是一群热血青年，这是一次年轻的会议，参加大会的代表平均年龄只有28岁。但随着革命的深入，在行进中，有人继续奋进，有人退伍，有人落荒，有人颓唐，有人叛变。有些人为了追求真理，追求革命理想，坚持中国共产党的领导，与反动军阀、国民党反动派展开了可歌可泣的斗争，不惜牺牲自己年轻的生命，如"一大"代表邓恩铭，被国民党逮捕，最后被残酷杀害时年仅30岁；"一大"代表毛泽东，在经历的挫折中，不断地证明自己的革命能力、领导才能和军事才能，最后成为新中国的开国领袖；也有当初发起成立中国共产党，最后却进行反党活动，被开除党籍的陈独秀；也有最早加入共产主义小组，最后却成为大汉奸的周佛海……作者客观地反映了历史人物，不回避矛盾，"不以后来论当初"。叶永烈先生尊重史实，毫不避讳地描写了建党之初的另外一些真实细节：从孕育、诞生到摇篮期，它所经历的种种艰难困苦和危险磨难，有坚定，也有动摇；有高洁，也有污浊；有忠贞，也有背叛，但这些并没有影响它最终发展成为改变并引领中国历史的执政党。正如书中第281页引用鲁迅先生所说的话："因为终极目的的不同，在行进时，也时时有人退伍，有人落荒，有人颓唐，有人叛变，然而只要无碍于进行，则愈到后来，这队伍也就愈成为纯粹、精锐的队伍了。"党史中记载，党的"一大"和"二大"都是在上海两个李姓代表家中召开的，而党对这两位曾因为某种原因脱党，同时又为党做出过突出贡献的同志感情厚笃。因而，新中国成立后追认李汉俊为烈士；1948年初，毛主席托人给李达送去一封亲笔信："吾兄系本公司发起人之一，现公司生意兴隆，望速前来参加经营。"开国领袖在黎明的曙光即将来临之时不忘老朋友，令李达欢呼

雀跃，他毅然选择回到党的怀抱，并申请重新入党，用他的话说，从此结束了"守寡"的日子。当读到这些有血有肉、真切感人的文字时，内心翻腾出的感动和热爱，纯洁而高贵。

叶永烈先生采取报告文学的方式与"T"字形的结构，旁征博引，系统叙述了中国共产党从建党初期的前奏、酝酿、初创、响应、聚首、成立到锤炼的全部过程。在"尾声"中粗线条地勾勒了中国共产党70多年的发展历程，极大地调动了读者的阅读兴趣，令人欲罢不能。无论你身处何地，持何种政治观点，阅读本书都将会因那段峥嵘岁月而动容。客观真实的笔法，细腻生动的再现，不管是对为党做出重大贡献的革命先驱，还是对张国焘、周佛海、陈公博等历史落伍者，都坚持不溢美、不隐恶，进行了客观公正的评说，相当难得。书中有多处记述，虽仅寥寥数行，但实际上作者需要查阅考证的资料何止百倍。特别是其挖掘出的大量鲜为人知的历史细节，更是让人物和事件变得异常鲜活。如中共"一大"召开时一共有15个代表参加，其中有一个是共产国际的代表，叫尼柯尔斯基。过去对于大家来说，他是一个谜。实际上这个人是从远东过来参加中共"一大"的。在中共"一大"代表的资料里，只存有14张照片，唯独他的照片是空缺的。到苏联解体后，蒙古的一个历史学家终于找到了他的资料。如第一个《共产党宣言》中文版是陈望道在浙江义乌老家布满灰尘和蜘蛛网的柴屋里译出的；1920年《共产党宣言》初版时，书名被错印成"共党产宣言"却没人发觉；李达在筹备建党过程中并没有影响与夫人王会悟的热恋。正应了那句话"历史因为细节才更加精彩迷人"。

抚今追昔，红色的起点永远闪耀。

惨无人道"五三案"　天衣无缝"十七字"

大家都很熟悉于右任（1879—1964年）先生感情真挚的诗作《望大陆》（或称《国殇》《望故乡》），这是一首眷恋祖国大陆的哀歌，是一首触动中华儿女灵魂深处隐痛的绝唱。

2003年，在十届全国人大一次会议闭幕后的记者招待会上，国务院总理温家宝饱含深情地背诵了国民党元老于右任临终前的一首诗《望大陆》："葬我于高山之上兮，望我大陆；大陆不可见兮，只有痛哭！葬我于高山之上兮，望我故乡；故乡不可见兮，永不能忘！天苍苍，野茫茫；山之上，国有殇！"温家宝凭借这首触动国人心中隐痛的诗，表达了海峡两岸同胞盼望祖国统一，盼望台湾和祖国大陆早日团聚的共同夙愿。①

人教版历史必修1第22课"祖国统一大业"引用了这首诗，大家都很熟悉。但是，大家对"济南惨案"了解得不多，对于于右任先生哀悼在惨案中以身殉国的蔡公时（1881—1928年）先生的《十七字诗》知之更少。

1928年4月，国民政府派兵北上，讨伐奉系军阀。北伐部队迅速占领济南。日本帝国主义为阻止国民政府"北伐"，出兵侵占济南，大肆屠杀中国军民，制造了"济南惨案"。蒋介石命令部队退出济南，"绕道渡河，继续北伐"。北伐部队逼近京津，奉军退回东北，北伐部队占领北京。②

济南惨案又称"五三惨案"，是日本帝国主义于1928年5月初出兵山东，并在济南残杀中国军民的罪行，其中以5月3日的暴行最为严重。"济南惨案"

---

① 人民教育出版社课程教材研究所、历史课程教材研究开发中心. 普通高中课程标准实验教科书（必修）历史1. 北京：人民教育出版社，2007：102.

② 人民教育出版社历史室. 全日制普通高级中学教科书（实验修订本·必修）中国近代现代史（下册）. 北京：人民教育出版社，2000：2.

中，国民政府驻山东外交特派员蔡公时因拒绝日方无理要求，惨遭割鼻、割耳、割舌、挖眼、断腿等酷刑，后蔡公时及其随员 17 人惨遭日军杀害。据"济南惨案"被难家属联合会调查："济南惨案"中，中国军民死亡 6 123 人，伤 1 700 多人，财产损失 2 957 万元。史学家称，这是南京大屠杀之前，现代国际史上最惨无人道的一幕。

作为一名外交官，蔡公时为捍卫民族的正义与尊严，虽被日寇施以割耳、鼻、舌，挖眼等种种酷刑，但他义正词严，毫不妥协，最终舍生取义，以身殉国，体现了中华儿女的爱国主义精神和不屈不挠的民族气节，李烈钧题词称赞他为"外交史上第一人"。"济南惨案"激起了中国人民的极大愤慨。各省市学生工人开会追悼、游行示威，抗议日本侵略者这一暴行，要求严惩凶手。蔡公时烈士为国英勇捐躯赢得了国人的爱戴，国民党元老于右任先生撰写了著名的《十七字诗》来纪念他：

此鼻此耳，此仇此耻，呜呼！泰山之下血未止！

短短 17 字，就给国人展示了一幅"济南惨案"的悲惨画面，如同一把锐利的匕首，直刺日本侵略者的胸膛。很明显，前两句揭露了日军惨无人道地残杀蔡公时的罪行！后一句点出了惨案的地点——泰山之下，并暗示和预言我国从此将遭受日本帝国主义的武装侵略，后患无穷！日本自明治维新之后，迅速走上了军国主义道路。为满足新兴的资本主义发展的需要，日本把矛头指向了国土广大的中国，制定了对外侵略扩张的"大陆政策"。1927 年"东方会议"的召开和《田中奏折》的出笼，标志着日本帝国主义"大陆政策"的最终形成。1928 年日本出兵山东，制造"济南惨案"不过是其"大陆政策"一次有预谋的施行而已。历史证明，"济南惨案"、"九一八"事变、"七七"事变、太平洋战争，正反映了日本军国主义实施分割"满蒙"、征服中国、兼并亚洲、称霸世界的这一征服计划的侵略历程。

这首诗的格式，甚为新奇！前两句是四言，后一句却是古文的体裁，乍看起来，似乎不大协调，但一经吟诵，就得心顺口甚为流畅，使人感到若不以这样的诗文相结合的创新方式，则无法表现这首诗的艺术特点，成为一首"天衣无缝"的好诗。

2015 年是中国人民抗日战争暨世界反法西斯战争胜利 70 周年。前事不忘，后事之师。中国人在此太平盛世时不应该忘记过去的屈辱困苦，不应该忘记千百万为国捐躯的英烈，不应该忘记沉痛的历史教训。只有真正吸取历史的教训，总结历史的经验，独立自主，强国富民，才能在将来激烈的国际竞争中立于不败之地，不会重蹈历史的覆辙，重演历史的悲剧。"天下虽安，忘战必危。"

民国时期首都的变迁

　　首都是一国最高政权机关所在地，是一国的政治、文化中心，一经定建，不轻易迁徙。然而，在民国（1912—1949 年）30 多年间，因政局变幻和外敌入侵，首都数次迁移。1912 年元旦，孙中山在南京宣誓就任临时大总统，宣告中华民国正式成立，不久又成立了参议院，以孙中山为首的南京临时政府建立。但不久袁世凯篡位，坚持在北洋派势力的中心北京就职，拒绝南下，几经交涉，革命党人最终被迫让步。从此，北洋政府以北京为首都。

　　及至 20 世纪 20 年代，孙中山在广州重建革命政权，1921 年 4 月 7 日，非常国会通过《中华民国政府组织大纲》七条，选举孙中山为中华民国非常大总统，5 月 5 日，政府正式成立。孙中山积极策划北伐，发起了第二次护法运动，但由于陈炯明部队的叛变而失败。1923 年 3 月，孙中山又在广州建立"中华民国陆海军大元帅府大本营"，大本营兼具军令和政府行政双重职能。1925 年 3 月 12 日，孙中山病逝。6 月 14 日，国民党中央政治委员会第 14 次全体会议决定将大元帅府大本营改组为国民政府。次日，国民党中央执行委员会全体会议通过，由代大元帅胡汉民于 27 日宣布改组政府。7 月 1 日，国民政府宣告成立。从此，广州国民政府与北京北洋政权形成南北对峙的局面。1926 年 7 月 9 日，国民政府誓师北伐，直驱两湖，很快安定东南。11 月 8 日，广州国民党中央政治会议为适应革命时势之要求，决定迁国民政府及中央党部于武汉。但蒋介石挑起了"迁都之争"，反对迁都武汉，而提出迁都于由其嫡系部队控制下的江西南昌。由于共产党人、左派国民党人和广大群众的反对，蒋介石迁都南昌的图谋没有得逞。国民政府首都于 1926 年 12 月从广州迁到武汉；1927 年 2 月 21 日，武汉国民政府开始正式办公。

　　1927 年，蒋介石发动"四一二"政变，另立国民党中央和国民政府。4 月 18 日，宣布定都南京。南京国民政府建立后，继续北伐，打垮了北洋各派残余势力，结束了北洋军阀的统治。1928 年 6 月 20 日，明令改北京为北平。

　　蒋介石定都南京后，开始准备首都建设事宜，以作长久之计。1931 年"九一八"事变后，日军对中国的侵略步步进逼，把战火引向关内。大敌当前，南

京国民政府并无抗战的勇气与决心。1932 年"一·二八"事变爆发后，1 月 30 日即仓皇宣布将政府机关迁往洛阳办公，于是以洛阳为行都。未几，复定长安为陪都。直到同年 12 月方迁回南京，但仍进行陪都和行都的建设事宜。

1937 年抗战爆发，南京再度受到日军的威胁。10 月底，国民政府决定迁都重庆。11 月 20 日，国民政府正式发表迁都宣告，宣布移都重庆。26 日，国民政府主席林森率部乘船抵达重庆；部分军政机关暂留武汉、长沙等地办公。1938 年 10 月，武汉沦陷，国民党驻武汉的党、政、军机关亦迁往重庆。1940 年 9 月 1 日，国民政府明令重庆永为陪都。抗战胜利后，国民政府决定还都南京。1946 年 4 月 30 日，国民政府颁布还都令。5 月 5 日，举行还都大典。

民国时期首都的几次搬迁，从一个侧面反映了近代中国内忧外患的政治格局。1927 年"四一二"政变以前，首都的迁移导源于国内政局的变幻；1931 年"九一八"事变以后，首都的迁移则归于外来侵略的冲击。在短短的 30 余年间，作为全国或局部政权首都的先后有北京、广州、武汉、南京、洛阳、重庆六大城市，这在中国历史上实属少见。

1949 年 9 月 21 日，中国人民政治协商会议第一次全体会议在北平隆重开幕。29 日，通过了《中国人民政治协商会议共同纲领》，决定将中华人民共和国的国都定于北平，并改名北京。从此，首都的历史翻开了新的一页。

后 记

光阴荏苒，岁月如歌。自 1986 年参加工作以来，已近三十载矣。这期间，我先后在江西省永修县第一中学（15 年）、广州市泰安中学（2 年）、广州市天河中学（13 年）任教，感谢学校的领导、同事对我的培养和关心、支持与鼓励！

"开胸才见胆，破腹任人钻。胸中天地阔，常容渡人船。"我为人诚实、坦率，做事踏实，很少张扬，与同事们相处融洽、共事愉快。

俯仰不愧天地，褒贬自有春秋。我是一个平凡的教师，做着平凡的事情，过着一种平凡却充实的生活。如果说我的心底还有欲望，那就是"得天下英才而教之，结芬芳桃李满天下"。作为一名师者，应是"乐学、敬业、恬淡、释然"。我憧憬着，奋斗着。

"常恨言语浅，不及人意深。"感谢广州市天河区教育局、广州市天河中学为本书的出版提供经费资助；感谢大学同窗、中国社会科学院近代史研究所黄道炫研究员为本书作序；感谢广东省教研院魏恤民老师，广州市教研院何琼老师、刘金军老师、李渊浩老师，天河区教研室朱全红老师，天河区教育局中教科汪明徽副科长，区科研办容梅主任、祖晓龙老师……感谢所有关心过我的人！

感谢我的妻子——广州市天河区龙口西小学汪朝霞老师和儿子李想，家庭始终是我精神的栖息地，没有家人的爱护、理解和支持，我就不可能潜心钻研，勤奋教学。

感谢暨南大学出版社黄圣英书记和责任编辑为书稿付出的辛苦与努力，他们对书稿的一丝不苟和认真态度让我既敬佩又感动。

爱我的人，我致以感激，无以回报。不论顺境、逆境，我将报以微笑！

李铜玉
2016 年 5 月 5 日于广州市天河中学